高素质创新人才培养：
三位一体协同育人研究

吴丹　李妍雪　李玉娣 ⊙ 著

天津出版传媒集团

天津科学技术出版社

图书在版编目（CIP）数据

高素质创新人才培养：三位一体协同育人研究／吴丹，李妍雪，李玉娣著. —天津：天津科学技术出版社，2023.7

ISBN 978-7-5742-1439-2

Ⅰ.①高… Ⅱ.①吴… ②李… ③李… Ⅲ.①创造型人才—人才培养—培养模式—研究—中国 Ⅳ.①C964.2

中国国家版本馆CIP数据核字（2023）第135647号

高素质创新人才培养：三位一体协同育人研究
GAOSUZHI CHUANGXIN RENCAI PEIYANG：SANWEIYITI XIETONG YUREN YANJIU

责任编辑：吴　顿
责任印制：王品乾

出　　版：	天津出版传媒集团 天津科学技术出版社
地　　址：	天津市和平区西康路35号
邮　　编：	300051
电　　话：	（022）23332377
网　　址：	www.tjkjcbs.com.cn
发　　行：	新华书店经销
印　　刷：	天津印艺通制版印刷股份有限公司

开本 710×1000　1/16　印张 18.5　字数 275 000
2023年7月第1版第1次印刷
定价：79.00元

序

　　现代化的迅猛发展、全球化的大趋势以及教育的深刻变革，是高素质创新人才培养模式探索和形成的巨大推动力。大量的前沿学术研究成果都共同强调了知识信息时代和国际化时代对人才在创新意识、创造能力、人文情怀、科学精神、团队协作、社会责任、自主发展等方面的要求；诸多的实践者都在致力于探索人才素质全方位提升的路径，都渴求学生生命本体的迸发、成就动机的激发、创新活力的焕发。

　　本书立足理论前沿，投身创新实践，研究基于协同育人理论，从学生成就动机激发和职业发展能力入手，致力于打破导致高校与中小学人才培养分割的传统理念，突破固有的划分方式，整合大中小学协同育人功能，边探索边实践；以高素质创新人才重构与系统再造为目标，尝试对大中小学协同育人模式的运行机制进行观念重塑、过程再造和深刻变革，致力于构建体系完备、机构健全、高效运转、融合统一、协同发展、目标达成度高、具有重要理论意义和现实意义的素质教育新模式；努力使基础教育和高等教育从相对孤立走向相互协同，从封闭僵化走向日益开放，从单一育人走向协同育人，旨在推进高素质创新人才培养模式的创新实践中取得新进展。

　　大中小学的协同教育根植于教育理论和实践的创新与变革，作者汲取诸多前人的研究成果，从中提取总结出了许多新理念、新思路和新机制。作者认为：从人才培养的愿景目标出发，高素质创新人才是全面发展与个性发展、整体发展与个体发展的协同；从素质养成的体系结构来看，是通识教育和专业教育的协同，致力于实现学生知识体系的"通达"和"精深"；从知识的整体性观念出发，是人文教育和科学教育的协同；从人格的养成角度看，它又是人文精神和科学精神的协同；从个体发展和社会需求来看，是满足社会需求和达成个体愿望的协同；从人才培养体系出发，是高校与中小学之间的对接互动、协同育人；从素质的内涵来看，是知识、能力和人格的互动互融与协同发展。基于上述理念，作者对大中小学协同育人的培养模式、运行机制、评价体系进行了创造性的设计，建构完成了大中小学协同育人模式的总体框架和结构。作者直面创新人才教育亟待解决的重要问题，创新和发展了高素质创新人才教育培养模式。通过协同创新培养体系的完善来力求改变高等教育与基础教育各行其是的局面，实现了大中小学生知识、能力、人格要素的协同，基础性要素和发展性要素的协同，创新了人才素质评价方式、评价标准和评价体系，整合规范了原本松散的素质教育资源，优化了素质教育内容，实现了真正意义上的协同教育、协同学习、协同管理。就高素质创新人才教育方面的理论研究而言，诸多焦点和难点问题亟待解决，有关高素质创新人才教育培养模式的实践探索很多，但理论基础非常薄弱。在实践基础上进行了大胆的理论探索和尝试，创新理念与创新实践相结合使得这本著作愈发显得厚重有价值。从协同化和整体化着手，以改变对素质教育认识片面化、表面化、简单化等问题为切入点，认为高素质创新人才的培养不仅仅只是一种具体教育教学手段，而是贯穿于人才培养过程整体之中的根本原则和教育理念，不仅只是一种课堂教育的添加剂，而是整体人才培养系统中不可或缺的重要组成部分。在此种意义上，本项研究促成了从传统教育观念向现代教育观念的转变，从灌输教育理念向主题教育理念的转变，从传统课堂价值观到生命课堂价值观的转变，从单一教育理念向协同育人理念的转变。

总之，大中小学协同育人模式的提出和建构是素质教育理念和人才培养模式的变革与创新，该模式是基于对传统素质教育培养模式追问与反思的基础上，植根科学理论，通过大量实践与艰辛探索建构起来的。尤为难能可贵的是，作者运用科学的实证研究方法对该模式运行成效进行了分析：一是采用质的研究方法分析了协同育人模式对创新人才成就取向的作用成效；二是采用定量研究验证了质的研究方法得出的结论，通过更大的样本量了解了该模式对学生成就取向的激发状况；三是运用定量分析方法研究了协同育人模式对高素质人才成就行为的激发作用，验证了该模式的任务绩效和周边绩效；

四是从成就动机作用机制维度，分析了协同育人模式对参与和未参与该模式学生成就动机激发成效的差异；五是采取定量分析方法验证了协同育人模式对学生职业发展能力的影响及成效。作者根据实证研究得出的结论修正了该模式，具有重要的推广价值和借鉴意义。

大学与中小学协同育人模式的建立是双方文化互动、共生共创、促进协同发展目标实现的探索过程。坚持以新时代中国特色社会主义思想为指导，坚持协同共生逻辑，追求真正实现共生、共创，是构建大学与中小学融合型合作关系的理想境界、价值取向和实践发展方向，并且将由内而外更彻底地改变大学与中小学合作的面貌，使其焕然一新，帮助大学与中小学建立互惠共生、协同创新、持续发展的稳定合作关系，更好地助力高质量教育体系的构建。大学与中小学合作不仅要追求双方的互惠共生，更重要的是在共生合作过程中形成开放形态，持续地推动双方协同创新，使大学与中小学不断发挥创造活力，培养高质量的新时代高素质创新人才。

该书凝结了作者的心智和汗水，倾注了作者的理想和希冀，饱含了作者的思想和情感。大学的发展，仰赖教育理论家的认知水平和责任意识，仰赖教育实践家的驾驭能力与担当精神；而大学人才培养模式的创新发展，既需要理论家的思想高度，也需要实践家的亲身实践。因而，它既是一种理念，更是一种实践，是理念与实践协同化的过程。

- 黑龙江省教育科学"十四五"规划2022年度专项课题《教育强国战略：以"5+7+N"模式构建新时代爱国主义教育大中小学思政课实践教学一体化共同体研究》（项目号：GJE1422112）

- 2022年度黑龙江省高等教育教学改革项目思想政治理论课及"习近平新时代中国特色社会主义思想"专题教学改革研究专项（高校思想政治理论课教学研究项目）《以"一核·四翼·五维"教学模式构筑习近平新时代中国特色社会主义思想大中小学一体化共同体》（项目号：SJGSX2022009）

- 2022年度黑龙江省省属高等学校基本科研业务费科研项目《大中小学思政课实践教学共同体：以"5+7+N"模式创新新时代爱国主义教育研究》（项目号：145209711）

- 2021年度黑龙江省省属高等学校基本科研业务费科研项目《伟大建党精神融入大中小学思政课一体化建设研究》(项目号：145109808)

- 2021年度黑龙江省省属高等学校基本科研业务费科研项目《十九届六中全会专项：中国共产党百年奋斗中坚持党的领导经验研究》（项目号：145109612）

- 黑龙省高等教育教学改革重点研究项目《以党史为重点的"四史"教育融入思想政治理论课教学研究》（项目号：SJGSZ2021002）

- 黑龙江省教育厅人文社科研究项目《"四史"教育融入高校思想政治理论课教学研究》（项目号：135509604）

目　录

第一章　新时代新征程呼唤高素质创新型人才 ……………………… 1
 第一节　高素质创新人才的理论内涵及其重要意义 …………… 2
 第二节　现代化建设需要卓越工程师和工匠精神的引领 ……… 13
 第三节　创新型国家建设需要科技领军人才 …………………… 24
 第四节　经济建设需要高技能人才 ……………………………… 31

第二章　大中小学协同育人的理论形成及其重要意义 ……………… 40
 第一节　大中小学协同育人的相关概念界定 …………………… 41
 第二节　大中小学协同育人的理论基础 ………………………… 45
 第三节　大中小学协同培养创新型人才的意义 ………………… 58

第三章　大中小学协同育人现状及归因 ……………………………… 65
 第一节　我国高校与中小学协同办学的历程 …………………… 66
 第二节　高校与中小学协同办学的价值分析 …………………… 70
 第三节　我国大中小学协同办学模式与机制 …………………… 72
 第四节　大中小学协同育人存在的问题 ………………………… 80
 第五节　大中小学协同育人存在问题归因分析 ………………… 93

第四章　国外创新人才培养的实践经验与启示 ………… 106

第一节　国外创新人才培养实践经验 ………………… 106

第二节　国外大中学协同培养创新人才的经验与启示 ………… 118

第三节　国外大中小学协同办学的经验与启示 ………… 130

第五章　我国大中小学创新人才协同培育模式的实践探索 ………… 147

第一节　我国大中小学协同育人模式的实践探索
　　　　——以高校附属中学为例 ………… 147

第二节　我国大中小学协同育人模式的实践探索
　　　　——以高校附属小学为例 ………… 162

第三节　建构多元主体协同机制 ………… 165

第四节　优化教学研究协同模式 ………… 177

第五节　建构生态资源协同系统 ………… 180

第六节　我国大中小学协同育人模式的建构 ………… 182

第六章　大中小学协同育人的主导
　　　　——高素质师资协作培养的制度保障 ………… 201

第一节　大学与中小学合作制度保障的必要性 ………… 201

第二节　大学与中小学合作制度保障现状 ………… 207

第三节　合作培养教师加强制度保障的策略 ………… 219

第七章　我国高校与中小学协同办学的策略 ………… 226

第一节　我国协同培养创新型人才的原则与措施 ………… 226

第二节　合理定位协同办学主体的职责 ………… 237

第三节　加大协同办学的制度供给力 …………………… 243

第四节　完善协同办学机制 ………………………………… 245

第五节　实现大中小学课程建设的协同 …………………… 257

第六节　实现教师队伍建设的协同 ………………………… 260

第七节　实现教学模式的协同 ……………………………… 263

结　语 ………………………………………………………… 269

参考文献 ……………………………………………………… 282

第一章　新时代新征程呼唤高素质创新型人才

大数据和人工智能时代，经济全球化、一体化进程加快，以经济为基础、科技为先导的综合国力竞争日趋激烈，知识与技能已经成为主导经济社会发展的重要因素，高素质创新人才是其发展的基石，已经成为关系国家竞争力强弱的基础性、核心性、战略性资源。人才培养是各学段教育的根本任务，从中小学到高校都肩负着为经济社会发展培养高素质人才的重任。站在新时代新征程的起点上，建设创新型国家需要有更多的高素质创新型人才涌现出来。

创新对于一个国家和民族而言，有着重要的作用，它是国家发展和民族振兴的前提和保证，是一个民族甚至国家赖以生存的灵魂，而高素质创新型人才，承载着实现中华民族伟大复兴的艰巨使命，承载着国富民强的百年梦想，承载着发展中国特色社会主义事业的光荣责任，新时代的发展需要一大批高素质创新型人才引领支撑。党的二十大报告指出，教育、科技、人才是全面建设社会主义现代化国家的基础性、战略性支撑。必须坚持科技是第一生产力、人才是第一资源、创新是第一动力，深入实施科教兴国战略、人才强国战略、创新驱动发展战略，开辟发展新领域新赛道，不断塑造发展新动能新优势。强起来要靠创新，创新要靠高素质人才。进入新时代以来，面对世情和国情的新变化，习近平总书记发表了一系列关于创新人才的重要论述，系统回答了为什么需要大力培养创新人才，如何培养、选拔和使用创新人才等一系列重大问题，为新时代创新人才工作的高质量发展指明了方向。建设创新型强国，走创新驱动发展的道路，都需要我们增强创新意识，重视并大胆起用高素质创新人才，以此实现我国科技事业的自立自强。

第一节 高素质创新人才的理论内涵及其重要意义

一、高素质创新人才的概念与内涵

(一) 人才的概念

了解创新人才内涵首先要对人才的含义进行梳理，厘清什么是人才。第一，人才的起源。学者们认为"人才"一词最早出现于我国古代，《诗经》中"君子能长育人材"便提出人才这一概念。也有学者认为"人才"一词最早出现在《论衡》之中，"人才高下，不能钧同"指明了人的才能、道德品行有高低，要客观看待。第二，人才的定义。不同学科对人才定义的侧重点有所不同。一是语义学。语义学围绕素质解释人才，认为人才是指德才兼备的人或样貌端庄的人。二是教育学、统计学。教育与统计学以文凭、职称等可以量化的标准来界定人才。人事部将人才定义为具有中专以上学历和初级以上职称的人。《中共中央 国务院关于进一步加强人才工作的决定》中指出，只要具有一定的知识或技能，能够进行创造性劳动，为社会主义伟大事业做出积极贡献的，都是人才。这就突破原有以学历、职称、资历和身份的评判标准，使得人才定义更具科学性。三是人才学。最初，人才学将人才定义为对社会发展和人类进步进行创造性劳动并做出较大贡献的人。随着人才学的深入发展，有学者在此基础上，根据马克思主义人的本质理论，指出人才的定义必须置于社会条件及其关系中进行界定。指出人才是指在一定社会条件下，具有一定知识和技能，能以其创造性劳动对社会做出较大贡献的人。

综合以上定义的优点可以得出，人才是指具有良好的素质，能够在一定条件下，通过创造性劳动不断地取得创造性劳动成果，对人类社会的发展产生较大影响的人。

(二) 创新的概念

不同学科从不同视角理解创新，使得创新具有丰富的内涵。一是语义学。创新表示创造、推陈出新，意味着创造新事物或对旧有事物的重新改造。有学者指出"创造"与"创新"两者均强调区别和突破于"旧有"的，表现为"新颖"的特点。但创造更多强调从无到有，具有首创性；而创新的范围更为广泛，在原有基础上的改进、更新和完善，也称其为创新。二是经济学。美国经济学家约瑟夫·熊彼特（Joseph Alois Schumpeter）认为创新主要是指新的发明和技术在生产实践中的第一次应用，是生产要素和生产条件的新组合。三是管理学。美国管理学家彼得·德鲁克（Peter F. Drucker）基于案例分析，提出"创新是通过对已有资源的赋能，提高其创造财富的能力"。他指出人人都可以通过学习与训练获得创新能力，创新并不是一种天赋。① 四是社会学。社会学科认为"创新是在一定目标导向下，经过一系列环节和阶段，从而实现技术与生产要素的组合及其社会化的一种社会行动或行动系统"。② 五是哲学。哲学视域下，学者提出"创新是创造与原来存在的事物相异的新事物的过程"。③ 哲学学科视域下认为创新的根本在于实践，是人类对世界的再创造。认识创新的内涵要正确认识其主客体、哲学依据以及创新是认识与实践的具体历史统一。注重主体能动性的哲学视角认为创新的本质是"实践与超越"，即"主体基于个人体验、社会经验和知识结构"④，利用实践、超越常规，以此创造新的事物。

从各个学科视角定义创新外，学者们也利用系统视角对创新生态系统理论进行了研究和概括，对创新的本质理解具有辅助意义。他们认为创新生态

---

① 彼得·德鲁克.创新与企业家精神[M].蔡文燕,译.北京:机械工业出版社,2018:47.
② 冯鹏志.论技术创新行动的环境变量与特征——一种社会学的分析视角[J].自然辩证法通讯,1997(4):40.
③ 孙雷红,薛辛光.关于创新的哲学思考[J].理论探讨,2005(1):49-51.
④ 母小勇.创新人才培养的条件:交往实践与"自由劳动"[J].教育研究,2017,38(10):29-36.

系统理论包含三个要点。其一,创新是非线性的实践活动。创新作为一个生态系统,是多主体相互作用的结果。创新生态系统建构需要考虑多主体的供需关系、所处政策环境以及现实基础设施等方面。其二,主体构成多元化,政府起主导作用,学术界、产业界等在创新系统中扮演行动主体角色,产出新知识,并进行技术转化,实现基础研究到市场的跨越。其三,创新生态系统包括研究、开发和应用三个群落。

(三) 高素质创新人才的内涵

高素质人才在社会发展中的作用不可替代。党和国家历来重视高素质人才。"发展是第一要务,人才是第一资源,创新是第一动力。""素质"一词在《新华词典》中的解释为"完成某项活动所必需的基本条件"。那么,当这一基本条件上升为超过一般的、优越的条件时,素质也提升为"高素质"。条件是变动的,因而高素质是一个动态的概念,具有相对性。现有研究多从质量、效能、数量三个维度入手,以教育年限、综合素质、工作能力为判别标准,对高素质人才进行界定。有学者将人才所具备的综合素质和能力作为界定是否属于高素质人才的标准[1],也有学者将人才的学历层次、所在行业、工作经验作为判断是否属于高素质人才的标准[2]。相对性的特征决定了人才的素质必须与劳动力的质量相匹配。劳动者的学历水平、知识技能、道德素养等构成了劳动力的质量,也成为判别其素质的准则。而高素质人才的界定更应服务于区域经济社会发展,与地方技术和产业结构相匹配,要以能否促进社会变革为重要评判依据。

目前,关于"创新人才"的概念和定义尚无定论,各持所见。尽管关于创新人才的概念尚未达成一致,但始终围绕着"创新"和"创造"来解释说明,形成了一定的共识。一是个人素质说。最初,学者们更多着眼于创新人才"有何素质"的问题,他们提出所谓创新人才,就是具有创新意

---

[1] 石国庆.高素质人才的培养与高校教育思想的变革考[J].上海高教研究,1998(S1):1-4.
[2] 邢鹏,常维亚,杨静.关于培养高素质人才若干问题的探讨[J].清华大学教育研究,2004(2):89-93.

识、思维、能力并取得成果的全面发展的人才。他们也认为创新人才区别于普通人才，创新人才以创新能力为主要特征，在思维与实践的活动中不断发展其创新精神、创新意识和自由个性。具体而言，创新人才较一般人才更能突破常规定势，具有强烈的创新意识、敏锐的洞察力等，勇于创新创造，其劳动成果更具创新性。有学者从人才类型出发阐释创新人才的内涵，认为创新人才的素质构成为"+"字形，即既具备知识广度，又对某一方面有较深的研究，同时富有创新和挑战的勇气。也有学者从人才创新力对创新人才进行分析，认为"创新是其本质属性"，是"双重论"，从人才素质及其价值解释创新人才的内涵。随着社会实践的发展，对创新人才的研究从理论视域延展至实践视域，创新人才的价值得到重视。学者指出创新人才是指"具备优良品质和创造精神，以自己的创造性思维和劳动在实践中认识并改造世界，从而为人类幸福、社会繁荣和科学进步做出贡献的人"。部分学者更为具体地指出创新人才是以其创新思维和创新劳动成果对社会产生正向贡献的人才。相较于一般人才，创新人才的创造力更高、能力更强、贡献更大。随着我国发展实践的深入，对创新人才的认识更为全面。从素质和价值两个维度认识创新人才，为新时代培养和使用创新人才提供了理论依据。

综上，高素质创新人才可以界定为：在一定时空范围内，在某一专业领域中，具备较高知识层次、较强创新能力和综合素质的人才。时空性、地域性和专业性是这一界定的主要特征。

二、关于创新人才的重要论述

人才是创新的根基，其关键又在于培养出高素质创新型人才。对于新时期创新人才如何培养选用等问题，习总书记在不同的场合以讲话、座谈、考察等形式做出了系列重要论述，提出了富有创见性的人才建设理念和举措，为各级用人主体尤其是高等院校如何全面有效地开展创新人才的培育，切实走好创新人才的自主培养之路提供了重要的理论指引和实践遵循，对

高素质创新人才培养：三位一体协同育人研究

于深入持续推动实施人才强国战略和创新驱动发展战略，实现"十四五"规划和2035年远景目标，把我国建设成为社会主义现代化国家具有重要的意义。

（一）关于创新人才重要论述的理论内涵

在新时代的历史方位下，强调人才对经济发展和社会进步的突出贡献。可见，人才的内涵伴随不同时期的经济发展水平和社会发展状况而动态发展。人才必须具备较高的素质和能力，并且能够在社会条件下，将个人能力与素质外化为劳动成果，以此推动社会的进步与人类文明的发展。创新人才可以界定为：在一定社会条件下，具有较高的专业素质和创新意识、思维等，并通过创新实践认识和改造世界，取得创新性劳动成果，对人类社会产生重大影响的人。创新人才的鲜明特性就是创造性。把握创新人才的内涵，需要从以下三个方面着手。

1. 创新的本质

创新从语义学上理解是创造新事物，既可以是创造前所未有的新事物，也可以是对旧有事物进行改造所形成的新事物。因此，创新的内涵较为广泛。在经济学领域，创新更多集中于生产技术的应用，它能够提高社会生产力。管理学认为创新是对资源的赋能，使资源产生更大更多的效益。社会学认为创新是一种社会化的行动系统，意指创新在社会中加以应用更能彰显其价值和意义。哲学视域下认为创新的根本在于实践，是对原有事物的超越。基于不同领域对创新内涵的分析，可以理解创新不一定是创造全新的、从未出现过的事物。在原有事物上融入新的元素，开辟新领域、产生新认识和新见解，实现对原有事物、技术的超越，也可以称之为创新。因此，创新可存在于我们日常生活之中，人人皆可创新、人人皆能创新，创新并不只是精英阶层的事情。

2. 从素质与价值两个层面理解创新人才的内涵

从人才的内涵出发，不能仅仅局限于在素质维度上界定创新人才，也应注重其社会价值。创新人才的素质表现为意识、思维、能力的创新性和敢于创新的精神，价值层面表现为创新人才以其高素质和创新能力更为有效地推进社会发展和文明进步。相较于一般人才，创新人才拥有更好的专业素质和创造力，成果数量更多、质量更优，对单位或社会的贡献更大。

3. 创新人才的特征

人人都能成为创新的主体，都具备创新的潜能。事实证明，人与人之间的创新能力、创新潜质有所不同。有效激发人才的创新潜质，最大程度发挥人才的创新能力是我们必须面对的重要课题。因此，明晰创新人才具有何种特征、其特征程度如何表现，就成为我们发现和培养创新人才、激发人才创新潜质和能力的有效"捷径"。

首先，创新人才具有较强的创新思维和创新能力，同时他们也能够将这种思维与能力应用于实践之中，取得重要的创新成果，对发展做出突出贡献。其次，创新人才相对来说具有稀缺性，一是在能力上的表现，二是面对未知，富有敢于创新、不怕失败精神的人才相较稀缺。再次，创新人才具有层次之分。创新人才包括高级、中级和低级人才。稀缺性更多表现在高级和中级创新人才之中，而初级的创新人才广泛存在于社会生活中。三种层次的创新人才及其团队中的非主力创新人才都在研究的范围之内。最后，创新人才的组成既包括个体，也包括团体，团体合作也是创新人才在实践中的一大特征。所以，要注重创新人才队伍的建设。个人的力量是有限的，尤其在科学技术的创新更趋复杂的背景下，团队的合作更能助力实现创新的目标。因此，理解创新人才，也要着眼于创新人才团队的合作与开发之上。

（二）关于创新人才重要论述的主要内容

现今，创新驱动已成为实现发展的必由之路。在经济发展、创新驱动、国际竞争和综合国力等维度，创新事业呼吁创新人才、大力培育创新人才、深化人才体制机制改革和科学管理人才等方面的重要论述，为我国创新人才工作提供了理论指导。

（1）创新事业呼吁创新人才实现科技自立自强的战略目标，需要创新人才及其团队充分发挥主观能动性,勇于探索、敢于突破,以及坚持不懈地奋斗。

第一,创新人才是推动科技创新的关键。"一切科技创新活动都是人做出来的"①,人是科技创新的关键因素。首先,科技创新成果是创新人才在活动中通过思维与实践的碰撞所形成的产物。没有创新人才的付出,也难以产出创新成果。其次,创新人才能够推进科技创新成果的转化,以创新链引领产业链的发展。"要完善科技成果转移转化机制,走出一条创新链、产业链、人才链、政策链、资金链深度融合的路子。"要实现创新链、人才链和产业链的协同发展,将科技成果应用于生产实践之中,发挥创新的最大价值。要求科技创新成果要应用于经济社会发展的实践之中,提高科技创新对经济发展的贡献率,为解决困扰我国经济社会发展的难题提供技术支撑。随着我国科技创新人才体量的增大,我国2020年的科技进步贡献率超过60%,已经步入创新型国家行列。创新人才积极将创新成果应用于实践,向产业链转化,为发展提供了更多且质量更高的新技术、新产品,以创新链推进了产业链的新发展,满足了当下新的经济社会发展需求。

第二,科技创新的发展依靠创新人才队伍的合力攻关。"要把科技创新搞上去,就必须建设一支规模宏大、结构合理、素质优良的创新人才队伍"②。创新人才队伍的重大意义,是我国科技创新发展的关键所在。要认识到,科技创新活动最初或许产生于某一个体的"灵光一现",但如何验证以及"灵光一现"的创新想法如何转化为现实,需要团队的合作。尤其是核心技术和关键技术领域的创新研究,更依赖于团队"共生效应"带来的强大合力。从我国航空航天、量子科学实验卫星和单口径射电望远镜等科技领域的现实成就来看,是无数科技创新人才汇聚而成的合力提升了我国科技创新整体实力,助推着我国发展模式向高质量发展转型升级。"我们培

---

① 习近平.为建设世界科技强国而奋斗[N].人民日报,2016-06-01(002).
② 习近平.紧紧围绕坚持和发展中国特色社会主义 学习宣传贯彻党的十八大精神——在十八届中共中央政治局第一次集体学习时的讲话[J].前进,2012(12):51-54.

养造就了一支特别能吃苦、特别能战斗、特别能攻关、特别能奉献的高素质人才队伍,培育铸就了伟大的载人航天精神"。以中国航天科技集团为例,近年来该集团有200多名科技人才获国家科技进步奖、技术发明奖。在创新团队"共生效应"中形成的强大合力的作用下,我国逐步实现了科技创新的突破性发展,向科技自立自强的战略目标靠近。总之,创新人才及其队伍是实现科技自立自强的关键力量。充分认识创新人才及其队伍对科技创新事业的重要价值,努力造就一支数量庞大和素质优良的创新人才队伍始终是新时代我国创新发展的重要任务。

(2)创新驱动发展战略需要创新人才的推动。当前国家和民族长远发展的大计在于创新人才。为了确保经济稳中向好发展和赢得国际竞争胜利,需要积极抢占科技制高点、把握创新人才。

第一,创新人才是推动经济社会新发展的重要动力。"经济全球化表面上看是商品、资本、信息等在全球广泛流动,但本质上主导这种流动的力量是人才、是科技创新能力"①。首先,创新驱动发展战略需要创新人才的助推。"创新驱动实质上是人才驱动"②。创新驱动发展战略致力于将要素累积形成的比较优势转变为创新驱动的智力竞争优势。而智力竞争实质上是创新人才数量和质量的竞争。其次,寻求经济社会的持续性发展以及国际竞争新格局的主动权,要先"破"后"立"。"破"原有资源、人力要素驱动的旧发展模式,"立"创新、人才要素驱动的新型发展模式和产业结构,其重点在于由资源累积向创新驱动的动力转换以及人力低端要素向人才高端要素转变。2021年全球创新指数报告中指出,我国人才竞争力全球排名第37位,相较于2017年的第43位有所提升,且是历史最高排名。同时,我国在最具创新力经济体中的排名已上升至第12位。可见,在新时代人才强国战略的指导下,我国创新事业取得了巨大成就,创新竞争力稳步提升。但我国人才竞争力的全球排名还较低。2021年全球

---

① 习近平.为建设世界科技强国而奋斗[N].人民日报,2016-06-01(002).
② 习近平.在中国科学院第十九次院士大会、中国工程院第十四次院士大会上的讲话[N].人民日报,2018-05-29(002).

高素质创新人才培养：三位一体协同育人研究

人才竞争力排行榜中，我国位居37位，我国人才竞争力有待提升，创新人才工作还需要进一步推进。

第二，创新人才是激发社会整体创新活力的重要引领。高度重视创新人才和创新团队的重要作用。"人才是第一资源、创新是第一动力"①。新时代历史方位下，中国的经济社会发展更需要创新人才提供发展的新动能和新优势。据统计数据显示，"2019年，我国人才资源总量已达到2.2亿人，专业技术人才也增长至7839.8万人。各类研发人员全时当量达到480万人年，居世界首位"。实践证明，我国人才体量逐年增大，创新人才效能也不断增强，迎来了创新驱动的新局面。

（三）走中国自主创新道路需要创新人才的支撑

创新人才是新时代党和国家事业发展的重要智力资源与支撑力量。立足于中国特色的自主创新道路，围绕自主创新与创新人才展开论述。

第一，人才是自主创新的关键。"我们没有更多选择，非走自主创新道路不可"②，而人才是自主创新的关键。人才作为创新中最根本的要素，集聚、配置和激活创新人才及其队伍，一定程度上决定着中国能否走上以及能否走好自主创新道路。《中国创新人才指数2021》报告从城市维度指出北京、上海和深圳以较大的创新人才规模、合理的创新人才结构、更高的创新人才效能以及良好的创新环境位列创新人才指数排行榜的前三名。根据数据分析显示，创新人才指数与经济发展呈正相关，创新人才及其队伍已经成为各大城市驱动经济发展的重要力量。因此，把握好创新人才，才能更好地走上和走好具有中国特色的自主创新道路。

第二，抓好创新人才开发工作，助力自主创新事业发展。"努力在原始

---

① 习近平.深入实施新时代人才强国战略 加快建设世界重要人才中心和创新高地[N].人民日报,2021-09-29(001).
② 中共中央文献研究室.习近平关于科技创新论述摘编[M].北京:中央文献出版社,2016:35.

第一章 新时代新征程呼唤高素质创新型人才

创新上取得新突破"①,走自主创新道路,要在基础研究领域和把握关键技术、核心技术方面上,加大对原始创新人才的培育。因此,抓好创新人才开发工作,一是要加强原始创新人才的开发。原始创新关系着自主创新的实力问题。目前,我国在量子信息、生物工程、航空航天等方面都取得了重大的原创成果。量子计算机、射电望远镜等原始创新成果不仅提升了我国的创新实力,也在重大科技项目中培育了大批自主创新人才。二是要优化创新人才结构。我国创新人才结构存在"世界级科技大师缺乏,领军人才、尖子人才不足,工程技术人才培养同生产和创新实践脱节"② 等问题。我国创新人才体量大,但存在大而不优、大而不强的问题。而合理的创新人才结构才能够更好满足我国社会主义事业发展的需求,推进我国自主创新事业的发展。据统计,我国世界一流科学家仅100余人,顶级科学家占世界4.1%。优化创新人才结构要着力解决拔尖人才、领军人才和高水平创新人才在数量上的缺失问题、创新人才素质和成果的质量问题,以此加强创新人才资源的开发工作,走好自主创新的发展道路。

三、创新人才培养的战略意义

当今世界,全球创新人才匮乏已成为一个普遍现象,在新一轮的产业变革和科技革命的激烈冲击下,各国纷纷加紧制定和采取新的人才战略,加快对高端创新人才的培养和争夺力度,以抢占未来发展的战略制高点和科技创新竞争中的先机。基于国际国内经济社会发展实际情况与创新人才发展新变化,运用马克思主义基本原理和方法,系统地回答了我国创新人才培养工作中出现的新形势、新问题、新任务,内涵丰富。人才是最强大、最活跃的先进生产力,是创新驱动的诸要素中的核心要素,创新人才则是核心中的核心。创新人才的培养培育和在各行各业的引领作用非常重要,

---

① 习近平.在中国科学院第二十次院士大会、中国工程院第十五次院士大会、中国科协第十次全国代表大会上的讲话[J].当代党员,2021(12):3-7.
② 习近平.习近平谈治国理政(第1卷)[M].北京:外文出版社,2018:127.

"人才是创新的根基,创新驱动实质上是人才驱动,谁拥有一流的创新人才,谁就拥有了科技创新的优势和主导权。"① 面对复杂多变的国际形势和社会经济发展的新常态,为主动赢得各类竞争性战略资源,实现民族的伟大复兴,就必须创新,就需要各类人才,特别是富有创新素质的创新人才。习总书记深刻地分析、判断和把握了当今世界创新人才的竞争态势和我国当前的发展现状,提出了要依靠高水平的创新人才,才能够真正实现自立自强的高水平科技。"惟创新者进,惟创新者强,惟创新者胜。"② "党中央要推动创新型人才加速集聚,着力抓好创新型人才培养"。③ 党的十九大报告提出"创新是引领发展的第一动力"与"创新驱动实质上是人才驱动"④ 的重要论断,强调要全面落实"创新驱动发展战略"和加强对高素质创新人才的培养力度。对于新时期培养创新人才的重要性问题,"没有强大人才队伍做后盾,自主创新就是无源之水,无本之木"⑤ "人是科技创新最关键的因素,创新的事业呼唤创新的人才"⑥ 等重要论述说明创新人才的重要地位。在2021年9月的中央人才工作会议上,习近平总书记再次强调:"我国进入了全面建设社会主义现代化国家、向第二个百年奋斗目标进军的新征程,我们比历史上任何时期都更加接近实现中华民族伟大复兴的宏伟目标,也比历史上任何时期都更加渴求人才。"⑦ 因此,实现我国宏伟奋斗目标的关键在于拥有自立自强的高水平科技,这需要通过人才战略来保持在激烈的综合国力竞争中的竞争优势。在未来的科技竞争、经济发展、社会和文化等各个领域中,人才是创新的最关键因素,创新人才将成为关

---

① 习近平.在参加十二届全国人大三次会议上海代表团审议时的讲话[N].人民日报,2015-03-06.

② 同上.

③ 中共中央文献研究室.习近平关于科技创新论述摘编[M].北京:中央文献出版社,2016:66.

④ 习近平.决胜全面建成小康社会 夺取新时代中国特色社会主义伟大胜利——在中国共产党第十九次全国代表大会上的报告[N].人民日报,2017-10-28(1-5).

⑤ 中共中央文献研究室.习近平关于科技创新论述摘编[M].北京:中央文献出版社,2016:107.

⑥ 习近平.在中国科学院第十七次院士大会、中国工程院第十二次院士大会上的讲话[N].中国青年报,2014-06-09.

⑦ 习近平.在中央人才工作会议上强调:深入实施新时代人才强国战略 加快建设世界重要人才中心和创新高地[N].人民日报,2021-09-29.

第一章　新时代新征程呼唤高素质创新型人才

键性的战略资源。我国要在高新技术领域占有优势和主导权，突破制约发展的核心技术瓶颈，就必须牢牢扭住科技创新这个核心、紧紧抓住创新人才的培养培育这个关键。"国家发展靠人才，民族振兴靠人才。我们必须增强忧患意识，更加重视人才自主培养，加快建立人才资源竞争优势。"① 因此，培养造就大批高素质创新人才对创新型国家的建设和民族的长远发展战略有着极为重要的意义。

第二节　现代化建设需要卓越工程师和工匠精神的引领

一、深刻认识新时代卓越工程师的重大意义

当前，"要培养大批卓越工程师，努力建设一支爱党报国、敬业奉献、具有突出技术创新能力、善于解决复杂工程问题的工程师队伍"② 的重要指示，为深化我国工程教育改革、加快建设具有中国特色、世界水平的工程师培养体系，培养造就大批堪当民族复兴重任的新时代高素质工程师提供了根本遵循。

培养造就卓越工程师，无论是在国家层面、社会层面还是企业层面，都具有重大意义。培养造就战略科学家和卓越工程师是建设制造强国的需要。制造业是我国的立国之本、强国之基。装备制造业是制造业的脊梁。当今世界百年未有之大变局加速演进，新一轮科技革命和产业变革突飞猛进，科技创新广度、深度、速度、精度前所未有，科技领域的竞争已经成为国际竞争的主战场，是国家实力和意志博弈的核心所在，谁掌握了科技创新的主动权，谁就掌握了国际竞争的决胜权。卓越工程师是顶尖工程技术人才，是推动我国制造业水平向高端迈进的重要支撑力量。建设制造强国、实现高水平自立

---

① 习近平.在中央人才工作会议上强调:深入实施新时代人才强国战略　加快建设世界重要人才中心和创新高地[N].人民日报,2021-09-29.
② 同上.

自强，迫切需要堪当重任的卓越工程师队伍。

培养和造就卓越工程师是建设世界重要人才中心和创新高地的需要。加快建设世界重要人才中心和创新高地，是党中央深刻把握世界大势和发展规律，准确判断我国发展阶段和历史方位，在更高起点、更高层次、更高目标上对加快建设人才强国做出的顶层设计和战略谋划。纵观人类发展史，科技和人才总是向发展势头好、文明程度高、创新最活跃的地方集聚，并且依靠人才的集聚效应对国家快速发展带来了巨大的促进作用。培养造就大批卓越工程师是打造世界重要人才中心和创新高地的重要标志。

培养造就卓越工程师是建设世界一流企业的需要。人才优势是最有潜力、最可依靠的优势，建设世界一流企业必须依靠世界一流的顶尖人才支撑和保障，目前我国在5G、高铁、航天、核电、水电等高科技领域的中央企业能够进入世界第一梯队，与卓越工程师等战略人才做出的突出贡献密不可分。科技创新能力是打造世界一流企业的重要标志，中央企业只有坚持创新驱动发展，加快关键核心技术攻关，勇当原创技术的"策源地"、现代产业链的"链长"，才能打造更多的世界一流企业。

二、工程师素质内涵与培养现状

1. 工程师素质内涵

工程师的素质直接关乎于工程实践的成败，作为工程活动实践的主体，工程师应该了解自己应具备的工程师通用素质和所在行业与领域应该培养的专业素质。

对于工程师素质能力的划分，工程师培养的阶段不同，包含的侧重点也不同。针对通过工科院校所培养的工科大学生，其素质培养主要通过学校的引导和专业知识的教授完成。在《工科院校学生工程素质培养研究》中提到工科院校学生工程素质的构成要素主要包括工程基础知识、专业知识、工程基本技能、工程能力素质、工程意识等五个方面。为造就优秀工程师，学校需要培养学生们的工程意识，这是一种工程价值观的构建。高校老师在学生学习过程中要培养他们的结构意识、标准意识，帮助他们在掌握专业知识的同时将理性的科学理念、可持续发展的意识融入他们的工程伦理观中。只有拥有职业道德和懂得保护自身生存环境的工程师，才能够在创新运用专业知识的同时维护环境，为进一步的发展提供可以维持的资源。

此外，工程学科的学生在学习过程中要掌握专业知识和基础知识。在打基础的过程中，学生们需要掌握工程图学知识、电工电子基础知识、机械基础知识、计算机基础知识，并通过工程测试技能、基本设计技能、基本操作技能等运用所学知识完成技能的测试。就专业领域而言，不同学科的工科学生需要掌握所在专业的专业基础知识、相关的专业知识、专业基本理论和专业前沿知识以提升工程能力素质，提升自己的工程工作能力和创新能力。国内诸多学者积极投入到工程技术人才素质与能力的探讨中，学者郑超美认为："现代工程需要一大批能综合应用现代科学理论和技术手段、懂经济、会管理、兼备人文精神和科学精神的高素质的工程技术人才。"她认为，具备良好的精神状态和敬业精神与具备分析和综合的能力是当代工程师素质中不可或缺的。只有自身精神状态良好才能够不受情绪影响，按时、准确地完成工作任务，同时在进行工程实践活动中，因为工程实践会面临许多突发状况和工程技术难题，拥有综合的分析能力有利于工程师们找到问题的突破口，在发生问题时可以及时修正，避免损失。就工程师素质的特点而言，其形成受工程特点的影响。王章豹的《试论大工程时代卓越工程师大工程素质的培养》提到，目前全球正处于大工程背景下，由于现代工程具有科学性、创新性、复杂性、社会性、协同性等特征，所以工程师需要具备相应的素质特点。在知识素养上需要注重学科综合交叉。工程本身就涉及多学科领域交叉，因此工程师需要培养专业知识与涉猎专业相关领域知识；在创新思维上要有系统整体的特点，工程本身就是一个系统，只有系统地考虑工程效用与利弊才能达到集成创新。此外，在工程能力结构上应具备多维立体的特点。在当代，一个优秀的工程师需要有多元化、综合化的能力以适应复杂的工程环境。了解工程师素质的内涵与特点，有利于学校和企业针对不同行业需求与岗位需要培养出适合的优秀工程师。

2. 中国工程人员素质现状

就中国工程人员素质现状而言，存在着工业化发展进程中，人们对于工程技术人才需求旺盛与工程师素质水平、与国家和企业对于合格工程师的要求不匹配的现实问题。以造价工程师为例，聂国平提出，我国造价工程师的素质能力还远没有达到标准。造价工程师存在着专业知识相对匮乏，所学专业与从事工作不符的情况。针对100多名造价工程师的调查结果显示，工程造价专业所占比重只有1.92%。此外，造价工程师的知识面过窄，学历较低，思想意识上缺乏前沿性和全局性。这些现状证明我国造价工程师的素质要想达到合格标准，还需要专业知识、技能的进一步培养。我国的工业化建设和国际竞争力的提高，需要高素质的工程技术人才，然而，根据高等工程技术人才的调查报告的结果，说明从专业知识、实践经验和伦理道德，考量我国高等工程技术人才素质，为达到合格工程师应具备的素质水平要求，还有进一步提升发展的需要。从知识素质上看，工科毕业生的实践经验和拥有的国际化知识水平，都没有达到企业对于合格工程师应具备的素质要求。从能力素质方面看，工科毕业生解决问题的能力还远没有达到企业对于合格工程师的要求。从道德素质角度上看，中国工科毕业生的敬业精神还有待提高。中国目前工程师素质水平在知识层面、技术层面和道德层面都有待进一步深化。只有深化工程师的素质能力，才能够壮大工程技术人才队伍，满足企业、国家对于工程人才的素质要求。

3. 中国工程教育现状

就工程教育而言，工科大学生素质的高低和工程教师素质的高低决定了未来中国工程师的素质能力。

了解工科大学生的素质现状和高校工科教师的素质现状为工程师素质能力培养提供了方向。王章豹、吴娟的《工科大学生工程师素质现状调查及分析》针对工科大学生应具备的素质结构，针对工程知识、工程能力和工程精神加以分析。就工程知识而言，学生自我评价自己对工程知识的了解和掌握程度时,回答不扎实和较扎实的学生分别占49.4%和38.8%;而回答扎实和不清楚的学生占7.7%和4.1%。由此可见当代工科学生的专业知识素质有待提高。就工程能力而言,对工科大学生应具备的工程能力进行了多选题调查,其排序结果是学习能力为74.9%,实际操作能力为68.4%,独立分析和解决实际问题能力为58.3%,信息能力为57.2%,组织管理能力为51.7%,系统思维能力为50.8%,语言文字表达能力为50.6%,人际交往能力为48.5%,设计能力为48.5%,创新创业能力为48.1%,外语和计算机应用能力为40.2%,研究开发能力为39.3%,工程实施能力为34.6%,其他为4.1%。这里体现出工科学生的系统创新能力和创新创业能力都比较弱,当代工科学生只重视自己的一般工程能力。为了满足中国工程创新发展的要求,工科大学生的工程实践创新能力有待提高。就工程精神而言,大多数学生认为工程精神是帮助自己取得职业成功的首要条件,但是工科学生对于自己本专业的热爱程度有待提高。因此,根据工科大学生素质调查报告可以看出,工科大学生的整体素质还是比较理想的,但是应该注重提高工程师的专业素质的深度和提供跨学科知识的教授,拓宽学生的知识面。应该着重培养提高工科大学生容易忽视的工程实践创新能力,为有工程创新愿望的学生提供提高创新思维能力的条件和培养环境。在"面向创新型国家的工程教育"调查中,有超过90%的被调查者认为"师资队伍缺乏工程实践背景"。一项地方本科院校青年教师发展的调查显示,高校教师队伍中40岁以下教师有1年以上企业工作经历的不超过20%,到校5年内接受过系统工程训练的不到15%。这显现出当今工科院校老师应具备的工科专业背景存在不足情况。工科院校老师缺乏与企业合作建立合作项目的机会,缺乏提供工科在校生深入企业进行工程实际训练的机会。工科院校老师本身所具备的系统工程训练能力也存在严重不足的情况。对此,工科院校老师应该加强自身工科专业知识的学习,积极参与学校与企业的合作项目,通过参与项目同学生一起达到做中学,提升自身和学生的工程实践能力。从工科院校老师和学生的素质调查现状中可以看出,工科大学生和工科教师的素质能力还有可以进一步提升的空间。为了提升各自的工程素质能力以进一步提升当代工程人员的素质能力,工科院校老师和学生应该互相配合,积极开展工程实践活动,提升工程创新能力。

三、工匠精神价值意蕴

"工匠精神"这个词频繁地出现在公众的视野之中,"无论从事什么劳动,都要干一行爱一行、钻一行。在车间工厂,就要弘扬工匠精神,精心打磨每一个零部件,生产优质的产品。""要建设知识型、技能型、创新型的劳动者,弘扬劳模精神和工匠精神,营造劳动光荣的社会风尚和精益求精的敬业风气。"要大力弘扬劳模精神、劳动精神与工匠精神。这些精神是我们的宝贵财富,是对民族精神和时代精神的完美诠释,是鼓舞全党全国各族人民风雨无阻、勇敢前进的强大精神动力。

中国特色社会主义进入了新时代,对我们国家的发展提出了新的要求。我们要实现中国梦,实现中华民族的伟大复兴,必须要拥有一大批衷心热爱劳动,注重微小细节,追求卓越目标的匠人之才。时代呼唤着更多具有工匠精神的高素质人才的出现,这是我们国家实现良好发展的基础。

1. 工匠精神在国家层面的价值意蕴

中华民族的百年奋斗史是中华儿女初心与使命的最好诠释,百年奋斗史代表了中华儿女砥砺奋进的奋斗精神,同时也表明了一个国家强盛的根基在于是否有强大的制造业。改革开放以来,中国加入世界发展的潮流,在经济全球化的潮流中,中国的制造业得到了蓬勃发展。载人航天、大型飞机、在世界备受好评的中国铁路等代表了中国科学技术的发展,也代表了中国的综合国力,"中国制造"在世界上有了知名度。但是,与德国、日本、美国这些制造业强国相比,中国的制造业却是大而不强。《中国制造2025》指出:"塑造国际竞争新优势,重点在制造业,难点在制造业,出路也在制造业。"在新时代,提高中国在国际舞台上的竞争力,需要中国制造转型升级,而工匠精神是其重要的精神支撑。

(1) 有利于推动供给侧结构性改革。改革开放后，随着社会经济的发展，人们的收入普遍提高，生活得到质的提升，消费者的消费需求也随之发生较大变化。消费需求由"温饱型"向"品质型"升级，人们的消费需求不再仅限于对物质生活的追求，越来越注重产品的品质，更加青睐于品牌。中国虽被称为"制造大国""世界工厂"，但在消费市场上却存在供给失衡，在一些行业产能严重过剩的同时，高端产品却还依赖进口。中国居民出境消费给世界各国留下了深刻的印象：被国人疯抢的日本马桶盖实则为中国制造，马桶盖的80%的零部件都来自中国。疯抢的背后印证了国人对"中国制造"的不信任。居民对国外产品的大量购买，导致了国内市场产品滞销，供需失衡。"我国不是需求不足，或没有需求，而是需求变了，供给的产品却没有变，质量、服务跟不上。""中国制造"的产品往往给人的印象是产品质量低、价格便宜，这在一定程度上是由于某些中国企业过度追求经济利益，忽视了产品质量，尤其是缺乏工匠精神。由此带来的结果是，相比较日本、德国等制造业老牌国家，作为"中国制造"的产品竞争力较低，中国较难产生自己独特的品牌，也就无法以品牌优势来提升自身的竞争力。国人抢购国外产品说明了，任何一种产品受到消费者青睐在于其内在的品质。要想改变这种情况，必须推进供给侧结构性改革，把工匠精神应用于制造业中。供给侧结构性改革是一项系统性的工程，而推进供给侧结构性改革的有效途径是改善服务、提升产品质量。工匠精神的核心内涵是严谨专注、精益求精、追求极致，这与供给侧结构性改革的目标具有一致性。工匠精神爱岗敬业与无私奉献的品质能够激发劳动者的劳动热情，发挥劳动者的主体能动性，促使劳动者以饱满的热情投入到工作中；工匠精神强调的严谨专注与精益求精的品质能够使劳动者在工作中养成优良的劳动习惯，把优秀品质内化于心、外化于行，使优秀的劳动品质成为产品高品质的保障；工匠精神求实创新与知行合一的品质，使从业者能够在实践中提升产品品质，打造自己的特色品牌。

(2) 有利于增强自主创新能力。伴随着改革开放，中国的制造业规模和数量在不断做大的同时，出现了不少较强的企业，但是这些企业所追求的并不是进行科技创新，而是依靠便宜的价格打开国际市场。但这种成功只能是暂时的，无法在日益激烈的国际竞争中取得长远发展。要想实现从"制造大国"向"制造强国"的战略转型升级，创新必须是每个企业的核心价值观。"把制造业搞上去，创新驱动发展是核心。"这表明创新能力是中国制造转型升级的根本。纵观世界历史，以日本、德国为代表的制造强国，他们取得成功的共同点是富有蕴含创新的工匠精神，这是几代人经过数百年的时间沉淀下来的精神财富。美国畅销书作家亚力克·福奇在其《工匠精神：缔造伟大传奇的重要力量》一书中指出，"美国工匠精神的内在本质是突破界限的创新力"。工匠精神的重要品质就是创新，在这个日新月异的科技时代，制造业领域对产品科技化、品质化的要求越来越高，因此以精益求精、求实创新为重要品质的工匠精神日益受到关注。在制造业领域弘扬工匠精神，可以使工匠精神内化为劳动者的工作准则，以严谨专注的态度、严苛的技术与审美标准投入到工作中。外化为劳动者的劳动行为，将自己所掌握到的知识转化到工作中去，以昂扬的精神和娴熟的技术，赋予产品无可挑剔的质量和灵魂，用高品质的产品让世人感受到中国制造的魅力所在。

2. 工匠精神在社会层面的价值意蕴

《中共中央 国务院关于表彰改革开放杰出贡献人员的决定》在表彰获奖人员时提到："他们带头践行社会主义核心价值观，大力弘扬以爱国主义为核心的民族精神和以改革创新为核心的时代精神，爱岗敬业，无私奉献，作风优良，赢得人民群众广泛赞誉。"这种赞扬不仅是对这些杰出人员对改革开放所作出的巨大贡献的肯定，也是对他们带头把工匠精神与践行社会主义核心价值观相结合的高度肯定。这体现了工匠精神是践行社会主义核心价值观的具体实践。工匠精神落在个人层面上表现为爱岗敬业、精益求精，是劳动者职业道德的具体表现，这与社会主义核心价值观在个人层面所倡导"爱国、敬业、诚信、友善"的价值取向高度一致。我们所熟知的一些能工巧匠，他们身上都具备典型的"爱国、敬业、诚信、友善"等精神气质。具备工匠精神的工匠们在进行产品创造时，无时无刻不在展示着自身的职业素养。这期间最具支撑力量的是爱国情怀，是他们的爱国情怀在具体实践中的具体表现。敬业不仅是中华民族的传统美德，同时也是社会主义核心价值观的基本要求，它不仅仅表现为对产品的精雕细琢，而且也是人们在社会层面所构建的一种职业观念。工匠精神在工作中的体现，不仅仅是精益求精的、一丝不苟的工作态度，更是与时俱进、不断创新的工作思维，这些都是一个工匠能够立足社会取得长足发展的根本，也是促进社会和谐发展的推动力量。工匠精神的培育是重塑人与人之间信任的重要载体，工匠精神追求的是严谨、精益求精，这是工作者对自我的要求，也是对自己产品品质的保证，更是对自己、对他人诚信的具体体现。友善使我们在工作中关爱身边的同事，互帮互助共同进步，一个具备工匠精神的人，不会只为了物质利益而与身边的人恶性竞争，他们能够团结友爱，这是社会主义核心价值观中友善的真实体现。党的十九大报告指出，培育和践行社会主义核心价值观的着力点在于"培养担当民族复兴大任的时代新人。"培育和践行核心价值观不能仅仅停留在理论层面，需要在实践中发展，需要全社会成员的行动，党的十九大报告提出要培育和践行社会主义核心价值观，并把它融入社会发展中的方方面面，从而转化为人们的情感认同和行为习惯。工匠精神则是推动核心价值观发展的有效载体。广大劳动者在日常工作中以工匠精神的优秀品质要求自己，在无形中落实社会主义核心价值观。

3. 工匠精神在个人层面的价值意蕴

（1）助力培养高素质劳动者。人民群众是社会物质财富和精神财富的创造者。在社会主义新时代，为实现两个一百年奋斗目标、中华民族伟大复兴的中国梦，离不开广大劳动者的创造，这就需要打造一批高素质的劳动者。站在国家全局发展的高度上，高度重视产业工人队伍建设，中共中央、国务院印发的《新时期产业工人队伍建设改革方案》指出"产业工人是工人阶级中发挥支撑作用的主体力量，是创造社会财富的中坚力量，是创新驱动发展的骨干力量，是实施制造强国战略的有生力量。"产业工人的重要作用决定了必须提高广大劳动者的职业素养。在科学技术快速发展的当代社会，具有工匠精神的劳动者在生产实践中的地位举足轻重。弘扬工匠精神有助于提高劳动者的素质，为中国的经济发展培养高素质劳动者。《新时期产业工人队伍建设改革方案》指出："造就一支有理想守信念、懂技术会创新、敢担当讲奉献的宏大的产业工人队伍。"工匠精神包含的爱岗敬业、精益求精等职业理念有利于强化劳动者的职业认同感，广大劳动者勇于承担自己的使命，把工匠精神引入到劳动者的工作中。工匠精神可以提高劳动者的劳动自信，引导劳动者学习新知识，促使精益求精、不断创新的优秀品质成为劳动者的价值追求和行为规范。《大国工匠》的播出让观众熟知了高凤林等一批大国工匠。中国在焊接技术方面，像高凤林一样掌握高超技术的工匠并不少见，但像高凤林一样对自己的产品能够做到精雕细琢的却凤毛麟角。大国工匠为人称赞的地方不仅仅在于他们所掌握的高超技术，还在于他们对精神境界的价值追求。经他们打造出的产品体现的是自身所具备的优秀工作品质。劳动者把自身的一丝不苟、追求完美的职业理念与产品融为一体。在长久的工作中，工匠精神所蕴含的优秀品质将会融于自己所掌握的技艺中。总之，弘扬工匠精神有助于提高劳动者的职业素养，促进劳动者实现其全面发展，从而使工匠精神成为提高劳动者职业技能的有力推手。

（2）促进主体价值的实现。随着科学技术的进步，社会生产率也得到大幅度的提升，但仍有很多工人被限制在机器面前，重复单一的、枯燥的流水线生产，这不仅限制了劳动者的创造性，更阻碍了劳动者得到全面发展从而实现人生价值。

"工匠可以随意左右自己的行动。因此，工匠可以从工作中学习，在劳动过程中使用并发展自己的能力及技能。"真正的工匠是在精神自由的基础上日复一日地打磨产品，并不是简单机械地不断重复体力劳动过程，正是富有创造性的工匠精神成就了一大批杰出代表，使其在社会发展中实现人生价值。

工匠精神有利于自我价值的实现。自我价值是个体在社会实践活动中对社会所做的贡献，而后社会和他人对个体的肯定。工作并不仅仅是社会中个体谋生的工具，它更是实现自我价值的有效载体，每一件产品中都蕴含着生产者的职业精神。工匠精神中蕴含的敬业、专业、严谨、创新等优秀意蕴能够在生产实践中指导劳动者发挥出全部的热情，让他们能够以高昂的热情投入到工作中，工作不再只是烦琐的、枯燥的简单重复，他们能够在工作中发现乐趣。

工匠精神在让人们发现工作乐趣的同时，还能够促使个体不断学习，提升自我技术水平。对于拥有工匠精神的劳动者来说，产品是他们思想的直接表达，他们把自己的理想、理念寄托在产品中，根据自己的意志赋予产品以灵魂，自我的主观意识通过产品这个客观化的载体得以表达。此外，人是一切社会关系的总和，个体在工作中希望得到社会和他人的认可，获得工作尊严。然而现实社会，人们对部分职业存在认识偏差，部分劳动者也没有得到他们应得的待遇和尊严。

工匠精神的培育使得劳动者能够专心认真地投入到工作中，在一次次的努力中拼搏向上，把自己的工作做到最好，从而赢得社会和他人的尊重。社会价值的实现需要个体努力发展自己各方面的才能和坚定的理想信念，一般来说，全方面的能力能够帮助人们应对不同的环境，解决面临的问题，工匠精神的培育帮助人们排除外界不良工作习惯的干扰，坚定人生理想信念。给火箭焊接"心脏"的高凤林，面对别人给他开出的高薪诱惑条件时，他不为所动，在他身上淋漓尽致地体现出了大国工匠的优秀品质，他有一颗热爱祖国的心，他把自己投身于祖国需要的地方，从而实现了自己的人生理想，为社会做出了巨大的贡献。工匠精神所蕴含的精神价值在一定程度上可以转化为物质力量。工匠精神的价值理念一旦被劳动者所掌握就会内化为劳动者的品格、能力等，提高劳动者的生产率，劳动者在劳动生产过程中受工匠精神的熏陶和影响，能够创造出更多的劳动成果，从而为社会做出贡献，实现人生价值。

新时代新征程，创新型国家的建设需要各类高素质创新人才，而具有工匠精神的高素质创新人才，是我国科技强国战略中不可或缺的人才队伍。在中国制造业的提档升级，逐步从工业大国发展到工业强国的进程中，亟须具有工匠精神的高素质创新人才，我们不仅仅需要实践技能上的大国工匠，更需要各行各业的领域内的"工匠"。工匠精神为中国制造业发展提供了新的发展理念，指明了中国制造业升级的发展方向，为实现这一目标，社会亟待大量的具有工匠精神的高素质创新型人才，完成中国成为制造业强国的目标。

第三节 创新型国家建设需要科技领军人才

随着经济全球化进程不断加快，人才资源已成为最重要的战略资源，知识的力量正以前所未有的方式在社会各方面展示出来。作为知识的载体，人才的地位也日益凸显。在实现现代化的过程中，世界各国和地区对物力资本投资与人力资本投资孰先孰后有不同的选择。通常将物力投资倍于人力投资的做法叫作"物力资本积累优先战略"；而将物力投资倍于人力投资的做法叫作"人力资本积累优先战略"。今天我们已经认识到，迈向新世纪，人才是一种战略资本，是最重要的资本，它将在一个地区的持续发展中起决定性的作用。这是因为科技开发创新已经成为提高生产力的强大推动力，成为经济发展的关键性因素。今后产品的生产、价值的提升和社会经济的增长将主要通过智力因素来实现。因此作为知识经济的核心，智力资本的开发愈来愈重要。我国要继续保持高速发展和可持续发展，必须重视智力资本的作用，加强技术开发，将优化人才战略作为经济发展的支撑，作为我国发展的"第一资源"。当前，我国的发展正处在非常关键的时期。以长江三角洲、泛珠江三角洲、环渤海经济圈等三大经济圈已成为我国经济最活跃的地区。这些区域的发展直接对我国经济发展起到带动和辐射作用，某种程度上也是我国经济发展的助推器。这些区域也构成我国人才最为密集的区域。它们的共同特点，一是有强大的综合经济实力，二是具有高效的城市运作系统，三是具有较强的国际竞争能力。这三个条件每一个都与人才有着密切关系，每一条都由人才做支撑。由此可见，人才的竞争，尤其是高素质的创新型领军人才，已经成为世界各国竞争的焦点。

第一章　新时代新征程呼唤高素质创新型人才

一、科技领军人才的内涵

什么是科技领军人才？目前还难以找到一个明确的定义。上海市人事局局长丁薛祥认为科技领军人才至少包含了两层意思：一是领军人才必须是本业、本领域公认的杰出人物，必须出类拔萃、学有专才、术业有专攻；二是必须具备成为一个团队的核心和灵魂的能力，能带出一支队伍。对领军人才的重视体现出这个时代对人才的最高诉求——兼备个人能力和团队合作精神。

所谓的领军人才是在特定领域做出重大贡献、推动或者引领着特定领域的发展的著名的政治家、思想家、科学家、发明家、工程技术专家等。科技领军人才首先是高层次人才，是我国人才队伍中最杰出的群体，是具有典范作用和领军功能的核心人才。如两院院士、享受政府特殊津贴的高级专家、有突出贡献的中青年专家、长江学者、学术和技术带头人以及国家级重大项目的负责人等公认的杰出人物。因此，科技领军人才的特质可以表示为科技领军人才、杰出团队核心。

科技领军人才是一个相对的、动态的、历史的概念。从某种角度讲，科技领军人才是一个历史的概念，是说这一概念的内涵并不是现在才有，而是存在于各个时代，但这一名词的含义又是随时代的发展而不断发展的。科技领军人才是一个相对的概念。由于地区发展的不平衡性，相对于发达地区，一些传统产业的专业技术人才到了西部落后地区，也能有突出的成就，成为这个行业的领军人才。认为科技领军人才是动态的，是因为随时代的发展，科技的不断进步和更替，某些行业退出了历史的舞台，这一行业曾经的领军人才也随着退出，被新兴的产业或行业领军人才所代替。科技领军人才首先在学术水平上必须是本领域公认的、成绩卓著的专家学者，其次必须具有良好的"学术眼力、管理能力、人格魅力、胆识魄力"等综合素质，能够带领一支创新团队不断取得创新突破，推动和引领该领域的发展。后者正是领军人才与高级专业技术人才的差别之处，也是成为一个团队的核心和灵魂的必要条件。从科技哲学的角度来说，科技领军人才必须具备科学共同体的基本精神。由于科技领军人才首先是杰出的科技团队的一员，所以必须首先具备这个团队的精神。

科学共同体的功能表现在能形成持续的科学研究能力，对科学成果进行同行评议，为科学家提供更多的学术交流的机会等，通过科学研究工作的实际社会效果和在科学共同体中做出过重大贡献的代表人物表现出来，这样的代表人物就是涌现出来的新的科技领军人才。根据科技共同体的要求，科技领军人才必须具有战略眼光，能够准确把握学科发展的方向。科技创新具有很强的探索性和风险性，只有那些站在本学科前沿，具有宽广知识面、较强创新意识和敏锐眼光的人，才能居高望远，认准方向，并以此形成所在团队共同奋斗的愿望，凝聚和带领团队创新进取，少走弯路。领军人才的"眼力"还体现在对于后备人才的发掘能否为自己所在团队源源不断地补充新鲜血液，建立起结构合理的人才梯队，直接关系到团队的战斗力和可持续发展。简言之，科技领军人才，应该是新知识的创造者、新技术的发明者、新学科的创建者，他们站在时代发展和变革的最前沿，具有很强的预见能力，能够准确把握学科发展的方向，并具有非凡的创新能力。

科技领军人才必须是在特定的领域做出重大贡献者，他们是著名的科学家、发明家、工程技术专家，他们的成果已经通过检验并且得到公认，或者必将推动认识或者实践的重大变革。科技领军人才必须具有较强的组织、协调和沟通能力，用先进的管理理念管理团队。科技发展到今天，特别是在应用领域，个别天才科学家单打独斗就能取得重大创新突破的时代已经过去，要产生重大成果，需要汇聚不同人才的智能，需要多学科的交叉融合，发挥团队的整体合力。科技创新领军人才只有尊重团队中不同性格、不同专长的人才，合理定位，用人所长，减少由于人际关系等原因产生的内耗，打破障碍，通畅交流，凝聚人心，众志成城，充分发挥各类人员的积极性和创造性才能产生"1+1>2"的团队效应。

按照科技共同体的不谋私利精神，科技领军人才必须具有良好的思想素质和道德情操。一个人的思想、语言和行为等综合体现出来的一种人格凝聚力和感召力直接影响着他的领导力。科技领军人才应该具有独特的人格魅力，率风气之先，垂道德之范，志存高远，淡泊名利，耐得住寂寞，抵得住诱惑，心胸宽广，任人唯贤，包容个性，兼收并蓄，力排浮躁、杜绝虚假，以坚持真理的勇气、海纳百川的胸怀，积极营造民主讨论、平等待人的学术氛围。这些体现个人魅力的思想和精神会形成团队的价值理念、行为规范，成为一种团队文化和支撑团队发展的不竭动力。科技共同体认为科学家要具有怀疑精神，所以科技领军人才要有胆识魄力、敢于创新、勇往直前。科学研究没有平坦的大道，创新从来不是轻而易举、唾手可得的。领军人才需要在遵循科学规律的前提下，敢于向现有学说及权威提出怀疑和挑战，勇于打破常规思维和方法，善于出新出奇，这就需要长期积累，坚韧不拔，厚积薄发。

二、科技领军人才在科技发展中的作用

科技领军人才是各个领域的"精英"，强调个人的突出能力与贡献，在应用学术技术上有特长，紧跟国际学科和技术发展趋势，研究成果达到国际先进水平并得到业内广泛认可与好评，及时有效地在国内加以应用推广。科技领军人才有不同层次之分，高层次的一般指科学家、院士等，在一定单位、一定部门中，一般指知名度高的创新团队或重大项目的负责人。"千军易得，一将难求"，作为领军人才，一定要在专业上确实走在前沿，高人一筹，同时能够以自身的榜样作用和组织能力带动一大批人，引领团队，培养后继梯队。纵观当今科学技术发展进程，一个杰出的领军人才往往能够带动一项重大技术的突破，乃至一个学科、一个产业的兴起。

培养造就创新型科技人才，首先要抓紧培养造就一批国际一流的科技尖子人才、国际级科学大师和科技领军人物。我们正处在一个亟须科技领军人才的时代，自主创新的时代呼唤科技领军人才。历史上，正是因为有了钱学森、任新民这样的火箭研究方面的领军人物，我们才能在导弹、运载火箭和

高素质创新人才培养：三位一体协同育人研究

航天技术方面取得可喜的成就；正是因为有了钱三强、王淦昌、邓稼先这样的核物理方面的领军人物，我们才能在短短几年时间里实现国防事业的跨越式发展。正因为科技领军人才，通常具有崇高的价值追求、出类拔萃的科学素养、卓越的领导才能、独特的人格魅力、坚韧的拼搏毅力、强大的团队凝聚力和广泛的社会影响力等，所以具有以下的内在素质特征，主要表现在：成就动机高尚，对国家、民族怀有真挚的情感，有正确的人生价值观和社会责任感，知识结构复合，具有包括本专业前沿知识的内核层、相关专业综合知识的中间层、人文及科技基础知识的外围层等优化的智能结构体系个性心理特征坚韧，具有特别强的承受挫折、经受困难的能力，人格魅力非凡，具有吸引、感召、带领团队的卓越思想品格、创新能力和领军水平。这种非凡的人格魅力，存在于领军人才同其所率团队或群体的融洽关系中，体现的是两者之间的心理认同感与和谐性。概括起来讲，科技领军人才的素质特征一般都具有"七力"：超群的智力、心力、专业功力、创新力、领导力、凝聚力和影响力。

领军人才的"精英"作用还体现在他们具有稳定的研究方向、执着的探索精神、合理的知识结构、创新的思维品格、浓厚的团队意识、正确的研究方法、健康的身心状态，加上具有活跃的学术交流、民主的文化氛围、鲜明的政策激励、稳定的条件保障等。这些条件有机结合、互为补充，才能相得益彰，促进科技领军人才脱颖而出。科技领军人才成长的共同特点和规律是祖国需要和个人理想志向结合，名师带教与自身勤奋钻研结合，科技素质和人文素质结合，个体努力与群体协作结合，理论造诣与实践磨炼结合。

科技领军人才是团队的核心和灵魂，科技领军人才不仅是自主创新的先锋、拼搏奉献的楷模，而且是创新团队的领帅、培养和造就科技新秀的导师。他们知识渊博、专业精到、学术造诣深厚，同时，有极大的人格号召力和顶层设计力，热心培养和提携青年才俊，是在科技创新和人才培育上有大建树的"帅才""将才""大师级人才"。科技领军人才和创新团队有着不可分割的联系，任何创新团队都必须有领军人才挂帅，而任何领军人才都必须有创

第一章 新时代新征程呼唤高素质创新型人才

新团队合作平台,两者的紧密结合既是领军人才,也是创新团队成功的必由之路。大凡杰出的科技创新人才都是在引领团队以及与团队密切合作攻坚克难中得以成长为科技领军人才的。他们之所以能成为科技领军人才,更重要的是,他们对人才群体、创新团队起到了不可替代的引领和带动效应,具体表现在师徒相济的传承效应、高能为核心的辐射效应、志趣相投的共振效应、专业互补的放大效应等。当今科学技术的发展,不只是单项技术引领科技革命,而是呈现出群体突破的态势。

新时代的领军人才又注入了新的元素,即重视其在团队中的协调、整合能力,带领人才群体不断前进尤其是在团队中发挥的核心与灵魂作用。这样,就规定了领军人才不仅自身要优秀,所带领的队伍也要优秀,不仅个人的研究能力强,也能够充分调动集体的力量,做出突出成就。领军人才延续了对以往领导人才个体的渴望,又务实地提出了人才集体的作用和重要性。将个人的作用和集体的作用有机地统一起来,强调了个体和集体的辩证统一,即人才存在于群众之中,在群众中发现人才,同时,优秀的人才又善于在人才群体中起统领作用。

科技领军人才应该具有较强的组织、协调和沟通能力,拥有先进的管理理念,在工作中能够充分尊重科研团队中不同性格、不同专长的人才,合理定位,用人所长。由于领军人才的良好管理和协调能力,在其自身发展的同时,还能够很好地带动周围群体的发展,加强人才的团队建设进而形成梯队形人才结构,从而为我国顺利地完成跨世纪人才的"代际转移"奠定良好的基础,进而为我国长期和持续的发展提供强大的人才保障。在两院院士会议上重要讲话精辟地指出院士是全国科技大军的领军人物。院士在学术团队里是领军人物角色,在教师队伍里是导师角色,在政府决策咨询中是智囊团的角色,在人才发掘培养中是伯乐的角色。院士作为一个团队的领军人才,他发挥作用有五个层面或五个结合,一个是政治家与院士的结合,一个是院士与专家的结合,一个是院士与地方政府的结合,一个是院士与企业的结合,一个是院士与社会的结合。

高素质创新人才培养：三位一体协同育人研究

三、科技领军人才在建设创新型国家进程中的战略意义

在新形势下，培养开发更多地能够跨学科谋划组织重大项目攻关的科技领军人才，充分发挥他们的宝贵作用，是落实人才强国战略，增强自主创新能力，建设创新型国家，攀登世界科技高峰，推进改革开放，实现全面建设小康社会宏伟目标重要而紧迫的任务。"国以才强，业以才兴"，改革开放的伟大进程呼唤了各行各业的人才投身于火热的创新实践推动了社会主义现代化建设事业的蓬勃发展，从中又造就了大批为时代和人民做出突出贡献的杰出才俊。其中，作为我国专业技术人才队伍的精英部分，科技领军人才更是与改革开放的推进同频共振。

在新时代新起点上，要培养造就更多的科技领军人才，必须进一步解放思想，拓宽思路。充分认识他们与其他人才的不同特征和产生条件，打破常规去加以发现、选拔和培养。顺应世界新科技革命的潮流，在"科学技术是第一生产力""人才资源是第一资源"以及科学的人才观等先进理念的引领下，大力实施"科教兴国""人才强国"战略，放手培养科技杰出人才，充分发挥他们的创新精神和先锋作用，极大地促进生产力的解放和发展。

在建设创新型国家的新形势下，科技领军人才作为人才资源的精髓、第一生产力的支点，正在以其杰出的素质特征发挥着特有的突出作用。培养造就科技领军人才是一项系统工程，涉及人才建设的诸多方面和环节，涉及政府的多个部门、社会的方方面面，需要齐心协力，共同开展工作。只有这样，才能将这一工作做好做实。结构合理的科研群体是科技领军人才涌现的支撑平台，领衔或参与领先性、前沿性的重大科研项目是科技领军人才成长的实践条件。他们承担领先性、前沿性的重大科研项目，具有创造实践活动优化的发展空间具有创造实践活动的自主控制权，具有一支结构合理的创新科研团队。优化的创造实践活动空间是科技领军人才产生的内部机理，创造实践活动的自主控制权是科技领军人才增长才干的助推

动力。由于科技领军人才的创造实践经验具有长期性和丰富性的特点，创造实践及其成果具有领先性和前沿性的特点，承担和研究的项目或课题成果具有高难度性、高价值性等特点。因此，对科技领军人才培养开发、吸引保留、管理使用等，应有特殊的支撑和保障措施，包括项目支撑、人才支撑、经费支撑、文化支撑等。保障重在机制保障，构建和完善荣誉激励、分配激励机制、知识产权保护机制、身心健康保障机制等，充分调动科技领军人才的积极性和创造性，使他们全力以赴地投入创造性劳动，带领团队不断斩关夺隘，持续获得科技创新成果，着力点要放在大力支持他们完成重大项目或课题上，以项目或课题牵引创新攻关，以创新成果造就领军人才。在对科技领军人才的培养、激励和保留政策上，进一步解放思想，拓宽思路，在树立科学的人才观的基础上，采取更多举措培养造就更多的科技领军人才。培养造就更多科技领军人才的基础和科技创新成果竞相绽放的良田沃土，不断创新人才观念和人才机制，以更开阔的思路、更宽广的胸襟育才育智，引才引智，这样才能有希望建成人才高地，科技领军人才队伍才能生生不息地发展壮大，为改革开放、振兴中华的宏伟事业创造更多的光辉业绩。

第四节 经济建设需要高技能人才

在全国人才工作会议上，党中央和国务院将高技能人才培养纳入实施人才强国战略的总体部署之中，这是人才工作理论和实践的重大突破，是对高技能人才在整个人才队伍中的地位以及在国家经济建设、社会发展中所发挥的作用给予的重要评价和充分肯定，说明高技能人才作为人才队伍的重要组成部分已经引起我们国家的高度重视。当前经济发展需要高技能人才，以满足不断变化的市场需求。为此，政府应采取措施，加强对高技能人才的培养，提高其就业能力，提升其经济价值。此外，政府还应加强对高技能人才的支持，提供更多的就业机会，为他们提供更多的发展空间，以满足经济发展的

高素质创新人才培养：三位一体协同育人研究

需要。鉴于我国经济建设和社会发展急需大量的高技能人才，因此如何培养和造就一支与经济建设和社会发展相适应的高技能人才队伍并能充分发挥他们的作用就显得尤为关键和迫切。人才资源是人力资源中最宝贵和最重要的组成部分，它是人力资源的主体和基础。传统观念认为只有专家、教授等是人才，而那些技术娴熟、默默无闻、甘于奉献的普通劳动者往往不被人们看成是人才。实际上那些在生产第一线的高技能的产业工人也同样是人才，无论是卫星上天，还是使房屋不漏雨都离不开他们的劳动与创造。因此，我们要改变以往对人才认识上的偏差，从全新的理念上看待高技能人才，并使这种人才观得到社会的认同。例如2022年大国工匠胡双钱，生于1960年7月，被称为"航空"手艺人，曾获全国劳动模范、全国"五一"劳动奖章、上海市质量金奖等荣誉称号。他于1980年进入上海飞机制造厂后，一工作就是几十年，经过他制造的零件，没有一次质量差错。他更是不顾私营企业的优厚待遇，毅然决然地参与到了国家飞机制作之中，并最终看到了属于中国人自己的飞机翱翔在蓝天之上。

一、培养和造就高技能人才的意义

高技能人才是指在生产一线熟练掌握专业技能，在关键岗位发挥骨干作用，能够解决生产实际操作难题并具有较强动手操作能力的高级工以上的技能型员工。高技能人才是"科学是第一生产力"思想的实践者，是推动技术创新和实现科技成果转化为生产力的重要力量，在提高产品质量、服务质量，提升竞争力，推动经济发展过程中发挥着主力军的作用。任何先进的科学技术，没有高技能人才的实践和创造都是无法实现的。所以，培养和造就高技能人才的重大意义必须引起高度的认识。

1. 培养高技能人才是经济建设和社会发展的需要

我国正处在一个史无前例的社会大变革时代。在经济建设领域，以产业结构调整为主体内容的产业革命和以技术创新为主体内容的技术革命如火如荼。今天，我国的生产力发展水平超过以往任何时代，作为生产力主体因素的人的因素空前活跃,对人力资源的开发、对高素质劳动者和各类专门人才的培养,已成为党和国家的重大战略决策。纵观世界发达国家经济发展历史,凡是经济发达、工业强盛的国家,其发展和进步的每一步都离不开高技能人才的奉献。高技能人才所奉献的技艺是现代化社会得以产生的条件之一。当今世界,要想成为经济大国,特别是制造业大国,必须加强对高素质劳动者和各类专门人才的培养。在知识经济如此重要的今天,单纯靠低成本的劳动力和低廉的价格来维持竞争优势的状态已不存在,只有培养出大量技术娴熟、手艺高超的一线操作人员,才能生产出高质量的产品,创造出自己的名牌,造就自己的产业优势。只有做到了这些,才能真正形成竞争优势,从而提升我国的综合国力。高技能人才在国家经济建设和社会发展中,特别是生产实践中能解决超常规的各种复杂的操作流程和技术的难题,在科技创新、科学实验和科技成果产业化的过程中,能承担起技术攻关的重任。所以,培养和造就高技能人才是国家经济建设和社会发展的需要。

2. 振兴地方经济离不开高技能人才

地方经济要振兴,最关键的是人才,最紧缺的也是人才。党的二十大提出了新征程上进一步推进区域协调发展的战略部署,我们面临着难得的历史机遇,也面临着严峻的挑战。特别是那些经济发展仍处于工业化水平初始阶段的地方,那些经济建设和社会发展相对落后的地区,那些各类人才匮乏的地区,更应抓住这一机遇乘势而上,加快发展高技术产业,用高技术产业提升改造传统产业,发展新兴产业,培育接续产业,创造具有地方特色的产业发展新格局,要达此目的,培养和造就一大批高素质人才尤其是高技能人才,是提升传统产业和发展新型产业的最坚实的基础。只有加快推进工业化,才能更好地实现工业产业化。没有高素质的高技能人才,就没有高质量的产品。高技能人才是推动企业技术创新和实现科技成果转化不可缺少的重要力量。

二、高技能人才队伍现状

近年来,党中央和国务院高度重视人才工作,把科学技术作为第一生产力,着力实施科教兴国、人才强国战略,并将高技能人才纳入人才队伍规划。各级劳动保障部门加大了技能人才的培训工作力度,在全社会全面推进就业准入制度和支持国家职业资格证书上岗制度等,技能人才队伍建设有了长足发展。但是,全国各个地区、各类单位的发展还很不平衡,有的差距还很大,特别是同世界发达国家相比差距更大。我国每年获取国家资格证书人员在技能人才中的比例很小。据预测,未来我国技能型人才特别是高技能人才的需求会不断增长,而现有高技能人才的数量和实际需要的缺口很大。这就使一些技能型岗位上已经出现技术工人青黄不接、后继乏人的局面。另外,我国技能人才的文化层次偏低,大学专科以上学历人员的比例微乎其微,现有技能人才的年龄普遍偏大,知识结构比较陈旧,人才分布结构不合理,大部分都集中在经济发达的沿海地区和大城市、大企业中。高技能人才严重短缺已经成为不争的事实,已经严重阻滞了经济建设和社会发展的进程。

上述情况的存在,原因有多种,主要为以下几方面。第一,长期以来,高技能人才的培养没有得到应有的重视,没有把高技能人才当成人才队伍的重要组成部分。第二,历史及传统的影响造成技能型人才在经济和社会发展中的地位较低,不被重视,甚至被忽视。第三,近年来,在具体工作层面上出现追求人才高学历带来了人才消费虚热,一些用人单位扭曲了用人标准,片面追求高学历,本来一个高技能型人才能从事的工作,而且是绰绰有余的工作,也要选用硕士乃至博士,结果造成人才的严重浪费,使用起来也不一定得心应手。第四,按照国家现行有关规定,各用人单位要留出一定比例的专项资金用于职工教育和技能培训工作,其中要保证有一定比例的专项资金用于技术工人的业务培训和进修。而事实上,有相当一部分单位将这笔资金挪作他用,即使留出专项资金来搞培训,但大多数单位却将其用在单位管理人员、专业技术人员、科研人员的教育培训上，用于一线技术工人身上的是少之又少，甚至根本没有。第五，现有的技能培训部门和机构、培训场所也存在不足。前些年，不少培训技能型人才的场所（如中专、技校、职业技术学院等）由于资金匮乏、办学条件受限、招生不理想等原因而纷纷停办，即使仍在办学的也大多难以维持。这严重影响了技能型人才的培养。近几年来，情况有了一定的改善，但发展速度仍显缓慢。

三、解决高技能人才培养中存在问题的对策

1. 要提高对培养高技能人才工作的认识

首先要提高各级领导，特别是各级人才管理部门领导的认识，要使他们从内心深处真正认识到高技能人才培养的重要性、迫切性及深远的历史意义，并将这种认识变为自觉为此项工作呕心沥血的实际行动，只有这样才能提高普通百姓乃至社会对高技能人才的认识。

2. 积极营造高技能人才成长的良好社会氛围

高技能人才管理部门、承担高技能人才培养任务的培训机构以及各用人单位要在全社会积极营造有利于高技能人才大量涌现、健康成长的良好氛围，要充分利用各种舆论工具和新闻媒体，采取各种宣传方式和途径，从不同层面和角度大力宣传高技能人才在经济建设和社会发展中的重要作用和突出贡献，宣传国家在高技能人才培养与使用方面的政策、措施，大力宣传报道那些能工巧匠、技术标兵和技术能手在一线生产岗位中所作出的突出业绩和贡献，在全社会弘扬"学技术成才有路"和"三百六十行，行行出状元"的观念，营造鼓励高技能人才成才的氛围，提升高技能人才的社会地位，使他们同科学家、教授一样，受到社会的广泛尊重。

3. 抓好高技能人才培养基地建设，加大培训力度

要充分发挥各级各类职业教育和职业培训机构的高技能人才培训基地的作用，强化这些机构在高技能人才培训中的重要地位。不断扩大高技能人才

培训基地的规模，注重提高高技能人才的培训质量，开展多层次的技能培训，加大投入，不断充实和完善这些培训基地的各项培训条件，在办好学制培训的同时，积极承担高技能人才的委托培训任务。要强化正规化的高等职业教育的体系建设，完善其功能，使其起到多职业、多方面培养高技能人才的作用。要确立好培训任务和培训方向，结合各地实际，适时调整学科和专业设置，改革教学内容和方法，建设以创新为导向的课程体系，以适应技术和产业快速发展的需要。

4. 改进高技能人才评价方式，完善高技能人才国家职业资格证书制度

要加快建立以职业能力为导向，以工作业绩为重点，并注重职业道德和职业知识水平的技能人才评价新体系，要从实际要求出发，注重其实际工作能力，做到能力与业绩相统一，能力与业绩相辅相成，互相促进。国家职业资格证书制度是劳动就业制度的一项重要内容，是人力资源开发的一项战略措施，是一种特殊形式的国家考试，也是国际上通行的一种对技能人才的资格认证制度。按照国家有关规定，职业资格证书是职业学校、职业培训机构的毕业生、结业生从业的凭证。切实发挥国家职业资格证书在就业市场中的通行证作用，为经济建设和高技能人才健康成长提供良好的环境。

5. 加大经费投入，建立健全高技能人才的激励机制

各级政府相关部门要认真按照党中央和国务院有关规定，加大高技能人才培养所需资金的投入力度，确保财政资金投入随着经济的发展逐年增加，并使这些资金真正用于更新实验实习设备设施，改善办学条件，提升综合办学实力。要采取有力措施，深化高技能人才培训基地办学体制的改革，在国家加大投入的同时，要积极吸纳民间资金，吸引社会力量参与办学、捐资办学或投资办学。要逐步提高高技能人才的津贴标准，逐步实现高技能人才与高级工程师、工程师、助理工程师等相应专业技术人员在工资福利待遇方面享有同等待遇。随着经济建设和社会发展步伐的加快，有着较高理论知识修养、较强动手能力的高技能人才所发挥的突出作用日益得到社会各方面的高度重视，以科学发展观和新人才观来促进高技能人才的健康成长，需要各级

政府和社会各方面的共同努力，通过探索建立新的高技能人才成长机制、评价机制和激励机制，以期实现高技能人才与经济社会持续协调发展。高技能人才培养是人才工作的一个重要课题，是人才兴业战略的重要组成部分，将对今后一个时期人才工作政策制定与实施产生深远的影响，相信在党中央和国务院以及各级主管部门的正确领导下，高技能人才培养工作必将进入一个崭新的历史发展阶段，高技能人才也必将为经济建设和社会发展做出新的更大的贡献。

四、高技能人才评价体系的建设与思考

1. 注重市场导向，促进高技能人才评价制度创新

中国特色社会主义事业必须贯彻落实社会主义基本经济制度，要充分认识到市场在整个社会资源配置中所产生的根本性力量，要坚决贯彻以市场为导向，尊重市场经济规律，保障人才与市场的匹配价值。高技能人才属于高层次人才的一种，其评价制度必须与中国特色的社会主义市场经济规律保持高度一致，对于技能人才的考核、评价与激励，也要遵循市场规矩，尊重市场的权威性，凸显市场配置资源的决定作用。第一，高技能人才制度建设要打破对技能型人才成长的限制，大力弘扬工匠精神。在职业资格准入方面，政府要肩负起主导推进的作用，在保障权威性的同时强化服务职能，不断拓展职业资格制度的覆盖面，建立以市场为导向的高技能人才评价制度。第二，正确处理高技能人才评价与社会就业之间的关系，不断健全和完善更加适应当前社会经济发展形势的评价制度，为企业选拔高技能人才提供智力支持和选择依据，逐步推行"谁用人、谁评价、谁发证、谁负责"的治理体系和执行标准，依靠用人单位的实际需求激发人才市场的活力。第三，要动态化调整和优化职业分类，加强职业资格的目录和档案管理，强化市场评价主体的监管职责，以严格的制度保障高技能人才评价体系运行的规范化。

2. 优化目标设置，建立科学的人才评价考核体制

加强高技能人才评价体系建设，必须要全面优化评价考核目标，建立科学、合理的评价体制。

评价目标设置一般包含素质、知识、技能、潜能四个维度，具体设置要求如下。一是遵循正确的评价模式和评价原则。首先，严格遵循国家职业标准与企业实际需求相结合的原则。根据市场紧缺需求开发设计课程，根据企业需要促进高技能人才能力提升。企业的生产专家实践经验丰富，更了解社会市场变化和需求，因此要让他们充分参与到学校的高技能人才开发、课程设计、教育教学以及考核评价之中。其次，要坚决贯彻教育培训与企业评价相融合的原则。传统模式下的教育培训评价考核，主要面向的是推动高技能人才的能力提升；而企业更注重的是高技能人才为企业发展带来的经济效益。两者相互结合、相互补充，既能满足高技能人才自身的发展需要，也能满足企业的用人需要。二是要正确处理素质、知识、技能、潜能四方面的关系，使之保持均衡。比如，对于高技能人才的基本素质、理论知识以及创造能力等可以进行综合考核，对岗位需要的关键能力则要进行单项考核。

3. 强化内外保障，全面拓展高技能人才评价方式

加强高技能人才评价体系建设，必须要强化内外保障全面拓展高技能人才评价方式，使之更加多元化。

一是要在充分尊重高技能人才的成长特点的前提下，积极拓展高技能人才评价方式，构建良好的育人环境。国家、学校和企业用人单位都要大力弘扬工匠精神和工匠理念，对紧贴一线生产服务领域的高级人才给予特别待遇。要不断加强知识产权保护，努力促进成果转化，将高技能人才的优秀成果以及成果转化情况纳入到人才评价体系之中，并逐渐增加其考核比重。二是要在评价内容、评价模式以及评价体系方面与世界接轨，确保高技能人才评价能与时俱进。高技能人才培养不仅仅是学校的事情，本质上是全社会的事情。要建立实施"差别化"评价体系，根据不同的人才类型设置不同的评价标准，对高技能人才实行个性化管理。三是要大力实施

第一章　新时代新征程呼唤高素质创新型人才

"引进来、走出去"的发展战略，鼓励高技能人才出国进修、深造，对国外引进的高技能人才要及时开辟绿色通道，简化程序和流程。政府、企业要设立专项引育基金，从整体上提高高技能人才培养质量。在新时代，面对新的征程，需要高素质的创新人才来推动发展。这些人才需要具备良好的创新思维，拥有丰富的知识储备，并能够熟练运用最新的技术，以及具备良好的团队合作精神。只有这样，才能够更好地推动新时代的发展，实现更大的成就。

第二章　大中小学协同育人的理论形成及其重要意义

令人深思的"钱学森"之问，引起当前教育界和社会公众纷纷针对我国创新型人才的培养问题针对发问。随着国际竞争形势的加剧及我国建设创新型国家战略目标的提出，创新人才已成为提升国家核心竞争力的关键，而如何培养创新型人才、如何做好创新教育已成为需要全社会解答的一个课题。传统教育模式下，高校教育注重理论研究，而中小学偏重教学实践，两种不同教育模式容易造成教育理论与实践的脱节，高校与中小学教育资源不能实现共享，教育整合力也难以实现。自从20世纪80年代以来，为适应世界性的改革潮流和教师教育发展的要求，我国高校与中小学建立了形式多样的合作关系，众多中小学选择与高校进行不同形式的合作办学，中小学由此获得高校优势教学资源的帮扶，高校也在与中小学合作办学的过程中打通了教育理论与办学实践。协同办学被誉为"教育是合作的艺术"和"资源整合的教育力量"，并在初等教育和高等教育领域普及开来。

《国家中长期教育改革与发展规划纲要（2010—2020年）》中明确指出，要更新人才培养观念。深化教育体制改革，关键是更新教育观念，核心是改革人才培养体制，目的是提高人才培养水平。树立全面发展观念，努力造就德智体美全面发展的高素质人才。树立人人成才观念，面向全体学生，促进学生成长成才。树立多样化人才观念，尊重个人选择，鼓励个性发展，不拘一格培养人才。树立终身学习观念，为持续发展奠定基础。树立系统培养观念，推进小学、中学、大学有机协同，教学、科研、实践紧密结合，学校、家庭、社会密切配合，加强学校之间、校企之间、学校与科研机构之间合作以及中外合作等多种联合培养方式，形成体系开放、机制灵活、渠道互通、选择多样的人才培养体制。众所周知,基础教育在创新型人才培养中起着重要的启蒙性和基础性的作用,而高等教育是培养创新型人才的关键阶段。培养创新型人才,要从基础教育抓起,要从教育的起点抓起,要针对中小学生的身心发展特点和把握创新人才成长规律,大力培养中小学生的创新思维、创新精神、创新意识,促进创造个性的自由发展,以为将来大学的创新型人才培养奠定扎实的基础。同时,高等教育要和基础教育做好相互衔接、相互配合,双方都应该关注创新型人才知识结构的完善,要加强学生博专结合的知识培养,发展学生的自由和个性,培养他们的好奇心和求知欲,注重学生创新素质的培养和塑造。因此,探索研究大中小学协同培养创新人才模式,既是针对国家的现实需要,同时又是面向国家长远发展和人才发展的需要,具有重要的研究价值。

第一节 大中小学协同育人的相关概念界定

一、基础教育

基础教育是一个动态的概念,是人们在成长中为了获取更多学问而在先期要掌握的知识,是指人们生存、生活和发展的基本知识和能力的教育。基础教育有广义和狭义两种解释。"广义的基础教育,是指导教育体系中各级各类教育需要普遍实施的,人们在接受专门教育以前所接受的基础阶段的教育。狭义的基础教育即普通教育,是指导儿童和青少年实施的一定年限阶段的普通教育,这以促进学生身心发展为目的,以全面提高国民的思想道德、科学文化、劳动技术、身体心理素质为宗旨的素质教育,主要指中小学教育。其中,要求全体学龄儿童和青少年接受的教育成为基础教育。在我国,基础教育的主体是九年义务教育,也包括幼儿教育、特殊儿童教育与普通高中教育。"

二、高等教育

《高等教育法》规定,高等教育是在完成高级中等教育基础上实施的教育,其任务是"培养具有创新精神和实践能力的高级专门人才,发展科学技术文化,促进社会主义现代化建设"。高等教育一般包括普通高等教育、成人高等教育、高等职业教育等三种类型。潘懋元先生认为,"高等教育是建立在普通教育(或基础教育)基础上的专业性教育,这一定义首先说明高等教育属于教育范畴,是教育的一个阶段。高等教育以培养各种专门人才为目标。高等教育之高是相对于普通教育(基础教育)而言的,只有完成普通教育(基础教育)并获得毕业后的学生,才能进入高等教育。"

三、协同培养

协同即协助和会同,指相互配合、团结统一,最终达到协调一致、和合共同的目的。协同培养,是协调两个或者两个以上的不同资源或者个体,协同一致地完成某一培养目标的过程或能力。创新人才的创新意识和创新精神,主要是在基础阶段培养和形成;而在高等教育阶段,是要求学生具备一定的创新能力并能够做出创新成果的阶段。所以,基础教育是启蒙和养成阶段,高等教育是关键和飞跃阶段,两者作为人才成长的两个阶段同样重要,应相互配合,贯通培养。

四、教育衔接

为什么要进行教育衔接,教育衔接有什么作用?进行教育衔接是因为教育体系需要符合一定的逻辑、遵循一定的原理。首先,教育体系要符合整体性原理。依据整体性原理,系统整体的属性、功能、行为不能简单还原为系统各个要素的属性、功能、行为。因为,系统的整体功能不仅包含各个部分的功能，还包括各个部分间联系、协作形成的新功能。任何系统只有通过相互联系，形成整体结构，才能更好地发挥功能。假如各个部分之间彼此冲突，整体功能甚至可能小于各部分的功能。在教育体系中，我们要确保各种要素间的协调、稳定，使之达成良好的配合与衔接，力争构建一种和谐、健康的结构。反之，我国各教育阶段的人才培养将会大打折扣。其次，教育体系要符合有序性原理。有序性原理是指系统整体与要素、要素与要素的交互作用必须按照一定的顺序、规则，才可发挥系统的有力功效；否则，无序将会干扰、破坏系统的功效。一般而言，有序度高，则系统的功能作用强；有序度低，则系统的功能作用弱。所以说，系统的有序性是系统的本质属性之一。当系统由有序性低变化为有序性高时，系统的组织程度升高、有机程度提高。教育体系也正是如此，只有按照教育规律、学习规律、学生身心发展规律等进行衔接与合作，才可达成理想的目标。无序或是顺序错乱的做法，只会得不偿失。由此可知，教育体系需要衔接，而且需要科学地、合理地、有效地衔接。笔者以为，在教育衔接中我们既要把握不同教育阶段的体系特征，也要注意彼此阶段间的共性对接。在这样的过程里，一般会涉及人才培养理念、方法、制度、配备等多个方面的衔接，同时要注意师资队伍建设、学生身心发展、升学途径改革等相关事宜的处理。

五、大中小学的教育衔接

我们具体探讨大中学教育在培养目标、教学内容、教学方法、教育理念、教育制度等各个环节的衔接。

（1）培养目标的衔接。培养目标决定着人才培养的根本方向，发挥着最基本的指示、指导作用。培养目标的衔接就是要依据学生的阶段特性、年龄需求、心理特征、知识储备等，衔接大学、中学两个教育阶段，使大中小学达成更为一致、合理的共识。为实现培养目标的衔接，中小学教育要积极行动，一方面实现自身教育目标，另一方面逐步与大学教育挂钩，为学生走向大学打下基础；大学也要加强与中小学教育的联系，不断给予其引导，并适当调整自身的理念、做法,让两大教育阶段配合得当。

(2) 教学内容的衔接。教学内容是在教与学的过程中传递的信息、知识、技能。教学内容的衔接,是要依据学生身心发展的规律,科学、合理、有序地安排教学内容,务必使两个阶段连贯统一、循序渐进。可以说,中小学教学内容的得当与否直接关系到大学教学的顺利展开。大中小学要在一致性、连接性上实现稳步、流畅的过渡;要在信息广度、深度、科学性、新颖性、难易度等方面衔接得当;在知识的传授、交流上匹配得当、步伐协调。

(3) 教学方法的衔接。教学方法是师生在教学过程中,为实现共同的教学目的而采取的行为、手段、方法。教学方法的衔接是要依据大学教育与中学教育不同的教育特点,选择适宜各自特征的教学方法,如讲授法、研讨法、实践法、参观法等。在衔接的过程中,尤其要注意方法的综合性、灵活性以及学生学习的可接受性。对于中小学而言,教师除使用讲授法之外,还须注意研讨式等互动性更强的方式,带动学生的积极参与。大学教师则应多运用实践性更强的方法,增加学生的动手能力、应用能力。

(4) 教育理念的衔接。教育理念是对教育发展的理性认识,它是指导教育行为的思想观念、精神理想。大学教育与中小学教育要在教育理念上保持可衔接性,达成共同的信念、理想、目标,确保整个教育体系的系统性和人才培养的连续性。要突破中小学只重升学考试,大学只重毕业求职的不良倾向,让学生在更为和谐、健康、全面发展的氛围中进步提高。

(5) 教育制度的衔接。教育制度是保障教育体系正常运行的规范、规则及相关总和。教育制度的衔接主要是指升学制度、教学制度、管理制度等的衔接。在大中小学教育制度的衔接中,尤其注意入学考试的公平、多元、科学、有效;注意教学制度的匹配,使得学生在升学过程中易适应、易接受这样的制度规范,在转换中有效学习、减少干扰;注意学校管理制度的以人为本、以生为本,让制度符合学生的年龄特征、行为特点、心理需求。

第二章 大中小学协同育人的理论形成及其重要意义

第二节 大中小学协同育人的理论基础

我国启动了基础教育课程改革,大量高校研究者进入了中小学课程改革试点的实践中,中小学寄希望于借助高校力量有效破解中小学课程改革的实际难题,高校与中小学就开始探索相互关注、相互融合与共同发展的新型协同办学关系。《国家中长期教育改革与发展规划纲要(2010—2020)》明确提出要树立系统的教育办学思想,适时推进高校与中小学办学的有机协同与协同,高校与中小学共同积极推进具有时代意义的办学模式——协同办学在全国有序展开,这是一项在国家意志指导下的我国高校与中小学办学模式创新。

本节将从协同理论、利益相关者理论、共同体理论、主体间性理论、深度合作理论、复杂性理论来探讨高校与中小学协同办学的理论基础。选取上述理论作为探讨协同办学的分析工具主要原因在于:从协同理论角度看,高校与中小学协同办学中内含着各类子系统,子系统存在着线性与非线性运行方向,协同办学目标就是要实现教育系统组织有序运行的整体效应,使系统有可能从无序到有序,实现从混沌状态到形成稳定的组织结构的转变,获得教育收益的最大化;从利益相关者理论看,高校与中小学协同办学存在着主导者、核心参与者、间接参与者和边缘参与者等行为主体,各类主体有着自我利益表达与诉求,对其利益进行合理界定是理顺各类主体在协同办学中职责和利益分配的关键;从复杂性理论看,复杂系统具有非线性、随机与偶然性、组织与自组织、混沌与分行、适应性与动态性等特点,利用复杂性理论具有的丰富的内容、高度的概括和抽象性等优势来分析具有多类复杂主体参与的和多重利益博弈的协同文学活动无疑具有相当契合性。

高素质创新人才培养：三位一体协同育人研究

一、协同理论

（一）协同理论概述

协同学是研究开放系统内部各子系统之间通过非线性的相互作用产生的协同效应，使系统从混沌状态向有序状态、从低级有序向高级有序，以及从有序又转化为混沌的具体机理和共同规律的一种综合性理论。最早研究协同办学的学者是 20 世纪 70 年代的德国理论物理学家哈肯，他认为协同办学主要用来研究具有不同特征及其协同机理事物的新型学科和应用型学科。协同办学理论认为，当序参量作用增大到可以引发质变时，起初远离平衡状态下的开放系统通过系统内部作用可以实现无序混沌状态到有序的状态，反之亦然。哈肯认为协同办学作用在于：一方面，它可以解释由许多子系统联合的对象通过联合作用产生宏观尺度上的结构和功能；另一方面，协同办学可以经由多种学科进行的整合，可以较好发现自组织系统运作的原理。

根据哈肯论述，协同学主要的观点包括：第一，系统具有普遍性与开放性，无论生物界与非生物界、宏观领域与微观领域，普遍存在着开放型的系统；第二，系统实现无序到有序或新功能的组合主要通过组织内部因素作用下的自发组织而进行；第三，协同学下的自组织是组织系统具有从无序到有序、从不平衡到平衡的驱动能力和转变机制；第四，各种自组织系统的形成都是由于子系统之间的合作形成序参量，在序参量的作用和支配下形成一定的自组织结构和功能；第五，序参量变化构成系统组织发展的变量，当序参量积累到一定程度，就导致组织结构系统中量子发生变化，最终会导致整个组织系统性质和发展方向的改变。根据协同学理论主要观点，协同学可以概括为"两大原理"和"一大效应"，分别为：自组织原理，它主要用来说明系统在外部一定的物质流入、信息流入和能量流入情况，系统会通过大量子系统之间的协同作用而形成新的时间、空间或功能有序结构；伺服原理，即序参量影响和支配子系统的行为，哈肯认为序参量会以雪崩式的全面统治着全局，规定着整体系统的发展轨迹与方向，即系统在接近不稳定点或临界点时，系统的动力学和实现结构通常由少数几个集体变量即序参量决定；协同效应主要是指在复杂开放系统之中存在着大量相互作用的子系统，它们通过协作方式而产生的整体效应，使系统有可能从无序到有序，实现从浑浊状态形成稳定的组织结构的转变。协同学的创立大大丰富与发展了系统分析方法，既可很好解释自组织由于本身原因导致自发飞跃等现象，又可为物质自己运动提供基本原理与自然科学的论证。

（二）协同理论与协同办学的契合性分析

协同理论认为：如果组织整体系统在子系统相互协调、同步运行的联合作用下，组织系统便会产生"1+1>2"的整体协同效应，形成一个总力量的着力点。一些研究者首先将协同理论应用于对企业新产品的分析，在《雨林效应》一书中指出，协同效应的出现会增加新的网络节点，比起传统的管理更具有创新性与收益，这种多元化战略的协同效应主要表现为：企业凭借人力、设备、资金、知识、技能、关系、品牌等资源的有效整合，形成开放共享型组织，这样就可以极大降低研发和管理成本，分散和规避市场风险，最终实现企业的整体规模效益。根据协同理论研究成果，协同理论与协同办学分析的契合性主要体现在：第一，它是高校与中小学办学质量提升的必然要求，我国教育发展面临着新机遇，又面临着不可预测和复杂多变的挑战，教育理念转变、教育体制更新愈发频繁，伴随着全民教育消费时代的到来，教育消费的多样性和个性化日趋明显，对高校和中小学办学质量提出了新挑战。而协同理论告诉我们，如果教育系统中的组织子系统、环境子系统和社会人文系统等能实现协调配合、齐心、协力运转，就可以实现教育系统运转有序与有效，实现"1+1>2"的教育协同收益。第二，自组织完善对于协同办学的重要性。自组织是指系统内的有序结构或这种有序结构的形成过程，我们将这种无须外界控制和干扰、通过系统自身的调节和演化达到有序的特性称为自组织性。自组织功能越强，其不断创新的潜力和能力也越强，自组织的功能可以自行演化和实现自主性，达到从无序到有序状态，这种功能演进主

高素质创新人才培养：三位一体协同育人研究

要是在组织内部系统中进行的。因此，高校与中小学要实现协同性办学，急需构建起从无序到有序，具有自我完善、自我发展能力的自组织。第三，序参量是协同办学有效运转的主导因素。序参量是系统演化进程中影响着系统状态转换进而形成集体协作行为和结构的主导参量。因此，在协同办学中，影响协同办学系统的因素有很多，有关键因素与次要因素、必然因素与偶然因素，以及本质因素与现象因素，就需要找到影响协同办学起决定性的因素，最关键在于有效厘清与协同办学相关的能左右协同办学发展方向的关键要素中的各种体制、机制。

（三）协同办学与合作办学的区别

合作办学要求高校与中小学双方应该有共同的合作目标——提高学校教育的质量，有共同的兴趣和利益——教育和教师教育，有平等的权利和义务——共同决策和一致行动。我国一些示范性院校与中小学展开协同办学，主要形式有附属小学、附属中学等。国家有关政策虽然也提出了构建高校、地方政府和中小学协同培养教师的新机制，但也没有给出明确的界定。基于此，高校与中小学协同办学是指高校和中小学等各利益相关主体为了实现长远发展的共同目标，在制度、机制、资源、信息技术、课程开发和教学等方面开展全方位的平等参与及合作，在责任共担、利益共享中实现共生、共赢的一种办学模式。这种模式是合作办学模式在更深层次的挖掘和更高层次的开展。

我国启动新一轮基础教育课程改革，高校积极深入到了中小学课堂教学之中，开始实现了教学和教育、研究与教学的有机融合，出现了一批诸如"新基础教育""教育行动研究实验"和"香港跃进学校计划"等项目，这为协同办学进一步积累了宝贵的经验。教育部出台《教育部关于实施卓越教师培养计划的意见》中指出要更加突出高校与中小学构建起协同培养教育的新型办学机制和模式。考察我国不同时期高校与中小学合作内容、形式和效果，协同办学与合作办学具体区别在于：从导向角度看，合作办学主要是以任务或项目形式出现，带有较强的计划导向性，而协同办学更加突出学校与社会层面需求，更加突出教育个性化、社会化和市场化；从目标角度看，合作办学目标具有单一性、临时性，而协同办学目标有可持续发展性，是战略目标、整体目标、单项目标的有机整合；从范围角度看，合作办学更多是高校与中小学单对单的合作，而协同办学将学校、行政部门、地方政府、社会组织等有机衔接起来，是一种区域性的联合体；从实现平台看，合作办学凭借平台办学的意识不强，很多是临时性意愿或协议，而协同办学需要凭借复杂性的实现平台，协同创新平台要将与协同办学相关性的制度、机制、资源、信息技术和课程教学等要素整合进来；从时效性看，合作办学具有临时性，而协同办学具有稳定办学机制和收益机制，不确定性程度大大降低；从体制创新程度看，合作办学由于内容单调、形式单一，要求体制创新程度较低，而协同办学涉及政策制定、政策安排、政策执行等过程各类管理机制，需要体制创新程度较高，而且体制创新程度是协同办学运作成效关键性的影响要素；从办学主体看，合作办学的责任主体和行为主体是高校，而协同办学的主体是具有平等参与、平等决策和利益共享的各类利益主体。

二、利益相关者理论

利益相关者理论最先是一个关于企业管理的命题，随之被广泛用到社会管理和政府管理的研究之中。美国斯坦福大学研究所最早将利益相关者定义为"利益相关者是这样一个团体，如果没有他们的支持，企业就不可能生存"。尽管这是一个广义上含义的表达，却说明了企业利益是一个由股东和受企业目标实现影响着的利益共同体的道理。经济学家弗里曼在《战略管理：利益相关者管理的分析方法》一书中将利益相关者定义为"利益相关者是能够影响一个组织目标的实现，或者受到一个组织实现其目标过程影响的所有个体和群体"。这种论述注重与利益相关者影响的双向性，对于企业来讲，企业目标的实现受制于个体或群体行为，企业目标的实现也将给个体或群体带来互惠。具体来讲，企业利益相关者应包括"股东、企业员工、债权人、供应商、零售商、消费者、竞争者、政府部门及社会活动团体、媒体"。亚洲发展银行和世界银行主张在公共项目管理之中要将利益相关者纳入评估体系之中。美国学者克拉克森从专用性投资角度来界定利益相关者，他认为利益相关者是在企业生产和管理中投注了特定的人力资本、财务资本和一些价值附体性的物质，这个过程也会产生效益与承担风险。

利益相关者被广泛引入到公共管理研究与实践中。我国政府在公共管理之中也注重将利益相关者纳入权衡要素，例如，我国的投资项目可行性研究指南就主张将利益相关者作为项目管理和项目评估的重要指标之一。尽管利益相关者为科学研究提供了一个宽广的理论分析视角，但是它又缺乏相对的可操作性。

利益相关者应有几层要义：①受到管理影响的利益相关者都有权力参与管理中的决策和执行，管理者有服务于利益相关者的责任，管理目标是实现利益相关者的利益最优化而非单一股东利益的满足。②利益相关者理论与协同办学的契合性分析利益相关者是由"利益"和"相关者"组合而成的概念，"利益"可看作为利益相关者概念的质性规定，"相关者"则可看成利益相关者概念的量性规定。管理目标是关注所有利益相关者在组织管理活动中产生的各种影响，满足其不同要求。由此，在不同类型组织中，组织与利益相关者的关联也不尽相同。西方学者对教育领域提出了利益相关者的理论分类。以美国高校为例，划分出四类层次分明的利益相关者：第一层次利益相关者为行政主管、教师和学生；第二层次利益相关者为董事、校友，以及捐赠者；第三层次利益相关者为部分拥有者，包括政府、银行家和评审委员会；第四层次利益相关者为边缘者，包括市民、社区和媒体。一些国内学者也对教育领域的利益相关者提出了独到的见解，李福华在《利益相关者理论与高校管理体制创新》一文中，将利益相关者区分为核心利益相关者、重要利益相关者、间接利益相关者和边缘利益相关者。

结合上述理论与我国协同办学的实际，将高校与中小学协同办学的利益相关者分为三类。第一类为主导机构：教育行政部门；第二类为核心机构：高校、中小学；第三类为核心、利益者：教师、学生和行政管理人员。那么，这几类主体关注利益的立足点在何处？只有回答好了这个问题，才能使利益相关者找到利益聚合点，一致行动推进协同办学。教育行政部门关注的利益：教育行政部门在高校与中小学协同办学之中有依法予以管理与监督等职能，它可形塑协同办学发展的方向，在法律上和事实上承担起对协同办学的管理职能。作为公共部门，教育行政部门关注的利益要在包括教育资源优化配置和教育教学内涵提升的同时，还要关注在协同办学过程中相关性制度支撑的程度、利益整合能力和社会承受能力。高校与中小学关注的利益：高校与中小学是协同办学的核心参与主体，他们关注的是学校整体规划发展和学校教育模式转变，对于高校而言，就是要在强化自身优势的科学研究基础上，借助与中小学的协同办学平台来服务于中小学教育教学和社会的实践，扩大高校的影响，对于中小学而言，要通过转变教学模式为高校培养出具有主流价值观和核心竞争力的后备人才，与高校教育实现无缝隙接轨。教师、学生和行政管理人员关注的利益：教师是协同办学的组织者、参与者，他们关注的是教学理念的转变和教学技能的提高；学生是协同办学服务的对象，他们关注的是协同办学是否能提高他们学习兴趣和增长见识，是否能给他们带来良好的就业前景和收益；管理人员是协同办学的组织者、协同者与服务者，他们关注的是协同办学是否带来管理上的便利、学校办学效益的实现，及是否获得整体社会层面的认同。

三、共同体理论

德国社会学家滕尼斯发表了《共同体与社会》，提出了共同体的概念，其德文中的原意是共同生活，滕尼斯用它来表示建立在自然情感一致基础上紧密联系、排他的社会联系或共同生活方式，这种社会联系或共同生活方式产生关系亲密、守望相助、富有人情味的生活共同体。鲍曼指出共同体本质上传递出一种安全、愉悦和令人神往的满足感，意味着怀念一种传统的稳定生活，或者渴望重新拥有一个团结和谐的世界。"共同体"被社会学家赋予了"为了特定目的而聚合在一起生活的群体、组织或团队"的含义。

共同体在学校层面的分化主要包括学习共同体和实践共同体两类。"学习共同体与其说是学习者群体,毋宁说是一个系统的学习环境,一种多元、民主、平等而安全的开放式学习环境"。实践共同体则指的是这样一个人群,所有成员拥有一个共同的关注点,共同致力解决这一问题,或者为了一个主题共同投入热情,他们在这一共同追求的领域中通过持续不断地相互作用而发展自己的知识和专长。不难看出,共同体在学校教育层面的理解是宽泛的,并没有囿于学校管理内部,而是给出了一个学校为共同体,或者大学校、多学校为共同体的可能。"学校即社会""教育即生活"这是杜威的观点,现在为教育界所熟知并推崇,其负载的同样是一个学校共同体的理解:"人们因为有共同的东西而生活在一个共同体内,而沟通乃是他们达到占有共同的东西的方法。"学校就是一个社会组织,学校内的教育、学习本质上就是一种人与人交往互动的社会活动。这种社会活动是基于学习共同体和实践共同体基础开展的,是以学生、教师、管理者和学校外围的政府、家长以及其他利益主体共同构成的利益共同体。

中小学同大学之间的学校共同体以面向学生成长的教育教学为基础,通过学生主体、教师主体和学校主体间的合作、学习,共同提升为目的结成共同体。这种合作的本质是以培养人才为出发点和落脚点,激发学生的学习兴趣,培养学生的思维能力与素养,同时,教师和学校围绕这一核心工作而进行不同层面的自我提升,是学校共同体体现在大学附中和大学之间的"大学校"观和学校内部的"小学校"观的合作与发展。在共同的目标和实践追求中,学校间、学生和教师、教师和教师、教师和管理者等主体间形成了相互依赖的系统,每个主体都能在系统中获得应有的身份,形成具有共同愿景、相互理解、责任共担、利益共享的"有机团结"。

四、主体间性理论

主体间性理论走出了主客二元形态,强调主体间的独立与合作的关系属性。主体间性理论最大的贡献在于对于主体价值的承认和主体间的共生。依从主体间性理论,本我的价值在于他我的存在,"我"因"他"为"我",不

第二章 大中小学协同育人的理论形成及其重要意义

再是我为主他为客之间简单的从属关系，走出了笛卡尔的"我思故我在"，成为"我在因他在"的更高层次的理念共生关系。因此，主体间性理论的一个基础就是共同体的存在，在这个共同体中，"我"的相对存在、"我"的价值的体现在于共同体的他者。也因此，"我"走出了自然性，拥有了社会性。在社会性共同体中"我"与"他"平等存在，价值共生、转化或者消亡。主体间性不是主体性的反面，而是一种基于社会共同体的进步。"主体间性不是主体和主体之间的在人之外的某种性质，它实际上是主体性在人与人之间关系中的一种表现，在本质上仍然是一种主体性"。主体间性学校关系的建构是在学校共同体下的自然存在，当然，在一所学校内部，主体间性的关系细化为学生、教师、管理者等主体间的关系，同样是一种自然存在。这样的理解就能有效打破传统理解上的壁垒。教师中心论、学生中心论都不成为学校的教育教学的依从者，而是站在不同的主体地位的偏执。大学附中和大学之间的关系亦然。主体独立发现学生的创造性价值、教师的责任、学校的发展。学校间、学校内主体关系都是相互依赖的共生性存在。主体间性理论在大学附中和大学关系上的应用，为理解学校主体关系提供了一个新的视角，相互理解、包容和认同成为学校共同体的合作方式，为共同体内各主体的自然发展提供有力的支撑，达成主体的利益追求。

五、深度合作理论

（一）深度合作的理论

从合作的角度探索创新人才的培养模式的创新，还需要从创新人才的培养以及整个探索过程中寻求理论依据。为此，我们在合作上，提出了"利益相关者理论、主体间性理论、共同体理论"，在培养创新人才的实践过程中，我们在创新人才的培养上主要依据"创造力投资理论"，在具体的工程中主要依据"反思性实践性理论"，从而相对较为完整地构建了在培养创新人才模式上的理论图示。

(二）反思性实行理论及其借鉴

唐纳德舍恩是美国当代教育家、哲学家，他的反思实践和反思实践者的思想对美国"反思性教学"运动产生了深远的影响。舍恩认为在行动中进行反思可以使从业者由实践者变成研究者，并从固定的理论和技巧中解脱出来，构建一种新的适用特定情境的理论。舍恩主张以活动中的反思为原理的"反思性实践"去替代以技术理性为原理的"技术性实践"。

舍恩与克里斯·阿吉里斯合作提出了行动理论，因为人们总是在设计自己的行动，在任何相互作用中，无论是作为一个领导者、追随者还是观察者，人们的头脑中都会形成如何有效行动的计划。他们把人们的这种计划称为行动理论。实际上，这些行动理论就是如何有效行动的因果理论。因果推理是人们在日常生活中非常普遍和非常重要的一种推理方法，人们会预测估计自己的行动所达成的结果及其意义，并以此来理解外在环境，而这些又会回过头来引导他们的行动。当上述行动发生时，人们一边检视自己行动的有效性，同时一边检视自己对环境的理解是否恰当。由于人们不可能在每种情况下都重新设计他们的行动，那么，个人必须掌握一种能在任何情况都有效的行动理论。他们认为，人们的行动理论存在两种：第一种是名义理论，即人们宣称自己的行为所遵循的支撑理论，这种理论通常是以一种固定的信仰和价值观的形式表现出来的，甚至自己也信以为然的理论；第二种是应用理论，即人们实际运用的行动理论，这种行动理论，只有通过观察人们的实际行动才能够推断出来。虽然人们的名义理论是千差万别的，但大多数被研究者却具有相同的应用理论。反思性实践就是"为了帮助我们明确、检查和改变影响行为所使用的理论，从而经历一个由外到内的组织整体变革的过程"。

大中小学深度合作培养创新人才的问题，是一个特定情境下的实践问题。从反思性实践的观点来看，大学附中与大学合作培养人才的教育实践，由其名义上所要遵循的理论即个体发展角度的教育系统性理论——从个体发展的整个历程来看，个体的教育发展是一个整体性的系统，学校教育应该确保系统的整体性、连续性与一致性，然而这个所谓的系统性理论所强调的是不同教育阶段之间的外在的连续性，并不能带来学校教育价值内涵在本质上的改变；因此需要在实践中反思并厘清能够促使大中小学的合作对于人才培养的根本性的改变的实践所使用的理论，经过对教育与社会环境的整体考察与大学附中与大学的学校教育运作状况与整体需求的调查，将大中小学的深度合作培养创新人才的实践理论确定为斯滕伯格"创造力投资理论"指导下的创新人才培养实践探索，因为在此基础上大中小学的学校教育能够真正达成共识，实现可能性的深度合作，其实践活动也能在反思的基础上取得切实的效果。

六、复杂性理论

（一）复杂性理论概述

随着当代科学的发展，出现了一大类横断性与综合性的科学——复杂性理论。复杂性理论主要是以复杂系统为研究本体，以独特思维与时空观等复杂思想为中心思想，揭示较传统科学更为广阔现象的真实世界下的新兴学科群。复杂性理论可以解释诸多的科学难题，许多还原论和众多长期性争议问题可以用复杂理论进行"多重结构性分析"。复杂性理论研究成果进入蓬勃发展的时期，其先后出现了耗散结构理论、自创生理论和超循环理论等自组织系统理论，又相继涌现出不同的学术流派，主要包括系统动力学、自适应系统理论、"结构良好"系统、"结构不良"系统，最为显著的是位于美国新墨西哥州的圣塔菲研究所（SFI）。复杂性理论有几个特征：非线性特征，"线性律与非线性律之间的一个明显区别就是叠加性质的有效还是无效，在一个线性系统里两个不同因素的组合作用只是每个单独作用的简单叠加"；随机性和不可确定性，复杂系统中存在着大量的非理性与非制度规范性的元素，二者互动中如果仅仅靠逻辑推理是很难揭示出复杂系统的发展规律，这种自组织组成的系统会导致随机概率性下的不确定性，而且还有可能出现与初始条件运行轨迹的巨大相异，会出现"蝴蝶效应"，严重威胁组织生存与发展；开放性与自组织性，复杂系统就是一个由个体、成分和行动等共同组成具有相互关联的整体单位，其运行是"组织，可以说是既产生赅也就是说系统的退化和它本身的退化，又产生负赅的（再生系统和再生它自身）"。

复杂性理论是一门崭新的边缘科学，其许多理论问题尚待完全厘清，但是在教育界研究中，出现了一批应用复杂性理论来分析教育问题的思想。

(二) 教育世界中的复杂性理论研究

新英格兰复杂系统研究所以跨学科为分析视角，研究自然科学和社会科学中的复杂系统。其对教育复杂性问题进行了深入研究，提出将复杂性科学的原理与方法应用到教育研究中来，从复杂性理论视角来理解教育系统，转变学习观，重新设计适应复杂性的学习系统。《未来教育所必需的七种知识》一书中就运用了复杂性理论得出了未来教育应需要的知识：①人类认知与知识；②整体与部分的认知原则；③人的地球本质；④人类地位；⑤不确定性的迎接；⑥人类的相互理解；⑦人类的伦理学等。《后现代课程观》一书中就大量运用了复杂性理论来反思来西方教育中的"现代范式"，试图构建起"后现代范式"的教育体系，在书中作者较多运用了耗散结构理论、生态平衡理论、自组织理论等具有复杂性系统元素的理论去分析后现代课程的构建，作者最后预言，如果后现代教育学能够出现，它必将以"自组织理论"为核心。从国内看，教育学术界正在兴起用复杂性理论去分析教育实践问题的热潮。蔡灿新认为利用复杂性理论研究教育问题可以更好地认识教育对象复杂性、信息复杂性和办学层次复杂性。复杂教育力图用一种复杂的思维方式认识与定位教育。在复杂视角之下，教育的前提如对人性论的看法、教育价值观等和教育本身的诸多方面如教育功能、教育的实践操作较之于简单教育的传统都会有质的不同，表现出对简单教育的超越。王洪明、唐德海认为教育是非常复杂的活动体系，如果能运用复杂性理论和树立复杂性教育思维，就会走出简单观念去分析教育的藩篱，归还教育主体的选择权。再从上述有关教育复杂性问题的研究成果看，其核心着眼点是运用复杂性理论去分析传统的教育思想与理论，同时又是一次思想和思维观念的启蒙与解放。从整体上把握

第二章 大中小学协同育人的理论形成及其重要意义

教育系统的复杂性,并运用从整体到部分再到整体的思维方式,找出或发现对于教育实践、教育具体问题行之有效、言之成理的理论、方法和有效的实践策略,指导教育决策,进行各项教育活动。

(三) 复杂性理论与协同办学的契合性分析

复杂性理论强调认识事物要以事物本来面目去认识与把握,复杂系统具有非线性、随机与偶然性、组织与自组织、适应性与动态性等特点,利用复杂性理论具有的丰富的内容、高度的概括和抽象性等优势来分析协同办学无疑具有相当的契合性,具体体现在:①协同办学主体的复杂性。从理论上看,系统必须包括两个条件:第一,包含着若干要素;第二,若干要素必须相互影响、相互作用。而从协同办学系统看,表面上,其系统主要由管理机制与运作方式差异较大的高校与中小学组织系统构成他们本来的差异性,使得协同办学理念、管理和办学方式存在着较大差异性。协同办学是一项教育行为,更是一项政府引导下的社会行为,它将政府、教育行政部门乃至社会、市场等主体都充分引入进来,就是要处理好政府与市场、政府与社会等复杂的关系。从协同办学过程特性看,也与复杂性理论将具有高度一致性。②开放性。协同办学系统需要与外部环境进行制度、物质、信息、能量乃至文化等互动,以获得协同办学系统自身发展与演进的资本,也即协同办学系统不可能独立于外部环境而存在,必须从外部开放性环境中吸取与其发展相关性的物质、信息和能量等资源。③非线性。非线性是复杂系统存在与演进的主要依据,协同办学系统的非线性主要是其系统中的过程要素相互作用组成的关系链,这种组合关系非常复杂,而且难以区分谁主、谁次,谁因、谁果,甚至可能有一果多因、一因多果现象存在,如果是线性关系就与传统的合作办学没有很大差异。④自组织性。这种自组织性反映在协同办学上就是在内外一定控制与指令基础上,协同办学系统的内部组织可以通过与内外环境涨落性的选择行为,实现无序到有序,实现在办学内容、办学层次、办学形式、办学空间等方面的功能性收益。在协同办学的组织过程中,互动与交换是必要的,只有在真正有效互动与交换办学活动中,协同各方才能获得"货真价实"的

高素质创新人才培养：三位一体协同育人研究

实惠。⑤偶然性。由于协同办学系统的开放性，协同办学在发展中可能会出现相对的偶然性和收益不确定性，会阻碍协同办学的有序进行，这就需要通过科学顶层制度设计和安排，通过有效机制予以纠正多元性。⑥复杂理论认为组成成分的差异与多样性会推动互动的可能，以及造就新成分的多样性与差异性。对于协同办学而言，协同办学诸多成分要素存在着多元性，使得协同办学产生创造力，充满丰富性和生命力。⑦协同办学管理与评价的复杂性，协同办学本身就是组合性系统，其管理与评价涉及诸多层次的跨越性，无法用单一的模式进行。

综上所述，协同办学系统是一个复杂系统，它具备复杂理论具有的开放性与自组织性、非线性与偶然性、组分多元性、反馈与评价复杂性等诸多特性，这就要求在分析协同办学时，要超越传统的单一理论局限性，借鉴复杂性理论来审视协同办学，让协同办学焕发出无限的创造力与茂盛的生命力。

第三节 大中小学协同培养创新型人才的意义

一、协同培养创新型人才的必要性和可能性

创新型人才培养是一个具有整体性、层次性和开放性的动态系统，是一项复杂的系统工程，基础教育和高等教育是这一系统工程中相互联系、相互制约的两个重要组成部分，也是创新人才培养和成长过程中的两个重要阶段。其中，中小学起奠基作用，大学主要任务是培养创新人才。小学教育阶段要把培养学生的创新素质放在首位，即培养创新个性品质。这种个性品质包括思维的独立性、学习的独立性和生活的独立性等。创新个性品质的培养是最低层次的教育，但却是创新型人才培养的基石。中学阶段时的学生智力快速发展，身心蓬勃成长，世界观正在逐步形成，这一阶段应侧重对学生进行创新思维及创新方法的培养，创新精神与创新思维能力的养成是重点。高等教育阶段则注重对学生创新能力的培养。创造性思维能力是创新能力的重要组

第二章 大中小学协同育人的理论形成及其重要意义

成部分,而在中学时学生的创造性思维能力已经得到一定的发展,因此大学进行创新能力培养具备了有利的条件与雄厚的基础,大学创新教育应该在中学的基础上提高和飞跃。总而言之,创新型人才培养是一个系统工程,具有很强的层次性和系统性,必须构建一个有利于创新型人才成长的教育培养体系,必须以系统的观点统筹小学、中学、大学的各个环节,形成培养创新型人才的有效机制和体制,实现基础教育和高等教育的相互衔接、协同培养,创新型人才的培养才会取得实效。培养人才必须要遵循其内在规律,创新型人才更是如此,深刻把握人才尤其是创新人才成长的规律是培养创新人才的重点和关键。"从创新型人才成长的规律和特点来看,一个人的创新潜能,包括知识、能力、思维、心理、意志、人格等早在青少年时期已经初步形成,这将直接影响到学生在大学教育阶段的学业水平、全面素质和工作后的成才潜力,中学教育和小学教育在创新型人才培养中起着重要的启蒙性和基础性作用。"而大学生则处于青年中晚期,无论在知识、思维,还是智力、情感等方面基本上具有了成为创新人才的前提条件和可能素质。所以,从总体上看,人的创新能力可以通过各个层次、各个阶段的创新教育进行培养和提高,可以说,小学、中学、大学不同阶段的教育,是创新型人才成长的最为根本性的影响变量。《国家教育事业发展"十四五"规划》的重要内容也是关于强调培养创新型人才,强调遵循创新人才成长的规律,这表明国家已对如何培养创新型人才有了相当深刻的思考和认识。《国家中长期教育改革和发展规划纲要(2010—2020)》的体制改革部分,有两部分阐述是关于创新型人才培养精神落实的基点。在第 31 条提出"大中小学的有机衔接,教学、科研与实践的紧密结合,以及学校、家庭、社会的密切配合";在第 32 条关于创新教育模式部分,又特别强调要"尊重教育规律与人才成长规律"。这两点可谓切中要害,抓住了创新人才培养的本质,同时也为协同培养创新型人才提供了强有力的政策依据。现在全国各地都在开展高校与中学联合培养创新型人才的模式,如北京市的"翱翔计划"、陕西省的"春笋计划"(这是由陕西省的七所中学和九所高校开展联合培养拔尖创新人才苗子的探索),上海交大与上海中学等基础教育的名校也开展了联合培养创新人才的模式等。这些都对基础

高素质创新人才培养：三位一体协同育人研究

教育与高等教育协同培养创新型人才进行了可贵的探索，提供了有力例证，拓宽了基础教育阶段创新型人才培养的途径，更加证明了两个教育阶段协同培养创新人才的可能性与可行性。

二、协同培养创新型人才的重要性和紧迫性

我国构建新型创新型人才培养体系、促进创新型人才培养已迫在眉睫。目前创新型人才培养是我国教育的薄弱环节，尤其是基础教育和高等教育协同培养创新型人才方面，并没有引起社会足够的重视，无论是理论还是实践都处于起步阶段，形势不容乐观。基础教育和高等教育衔接的链条和环节被长期人为割裂，甚至于很多人认为高等教育才是创新人才的最终产出地，基础教育主要是启蒙学生和传播基本知识，谈不上创新型人才的培养。长期以来，高等教育已成为培养创新型人才的主战场，而基础教育这个重要战场却被忽略。然而事实是，创新人才的终端产地虽然是高等教育，但人的研究与创新能力、创造性上的差距，从教育起始阶段就开始拉开，在受教育的整个过程中慢慢拉大。学生的创新精神与创新素质一旦在起点和之后的教育过程中受到了抑制，仅仅依靠高等教育来重新培养创新人才可谓是空中楼阁。当前，世界上创新人才培养的竞争已经前移到基础教育领域，许多国家尤其是发达国家，都不约而同地把改革基础教育作为增强国力、提高国家科技创新力的战略措施。

2020年11月，美国信息技术和创新基金会发布了《2020美国国家创新体系解读》的报告。报告指出，美国国家创新体系正面临挑战。本报告介绍了美国国家创新体系的历史，分析了美国国家创新体系的现状与优劣势，提出发展创新需要依赖"创新成功三角"，并对美国创新体系的未来发展和在全球创新竞赛中取胜的要点做出了解读与展望。在美国政府表示要努力发挥作用的三个领域中，第一个领域就是增加对美国创新基础的投入，在幼儿教育阶段，美国政府通过"早期学习挑战基金"来支持创新，并在"先锋启蒙计划"中引入基于绩效的竞争机制；在小学及中学阶段，"教育创新运动"利用

公—私营部门合力来加强科学、技术、工程和数学教育，另外还有其他补充力量。为此，我们要认清国际基础教育激烈竞争的新态势，认清我国基础教育在培养创新型人才方面存在的问题以及与国外的差距，加快基础教育改革发展，促进创新型人才的协同培养。同时高等教育应成为建设创新型国家中的重要基础和引领力量，确保在此过程中其先导作用能够充分发挥出来，在培养创新型人才的竞争中，高校的战略地位和优势应得到保持和继续，与此同时，作为培养创新型人才环境和土壤的基础教育应得到同样的重视和发展。只有把培养创新人才的任务前移至基础教育阶段，让广大中小学为创新人才的成长奠定宽厚坚实的基础，才能造就出真正的创新型人才。

三、大中小学协同育人研究的优势

（一）有利于丰富协同办学理论的系统研究和创新

在原有理论的基础上，实现对于协同办学理论的系统研究与创新，"没有高水平的定性理论，定量分析就是盲目的数学游戏，甚至连作为计算对象的数字都未必能得到有意义的解释"。目前，学术界对于协同办学理论主要从教育学角度进行研究，将制度创新理论、资源依赖理论、利益相关者理论、复杂理论等纳入协同办学的理论研究之中。高校与中小学协同办学作为我国具有创新性的教育制度，在具体制度设计和安排中需要设计出更为经济、有效、理性的机制来替代现行机制。同化高校与中小学协同办学中将教育行政部门、高校和中小学乃至社会等众多组织融入其中，各个子系统如果要发挥出最大的优势和获得最优的制度溢出效益，主要得益于从战略高度上设计和创新出对协同办学起积极指导性作用的相关性制度和机制。在高校与中小学协同办学中，任何组织想通过自给自足来发展是不切实际的，所有组织都会积极利用外部的稀缺性资源获得有助于其教育发展的关键性资源，最大限度地实现教育教学整体绩效。任何组织的发展不但要立足于内部资源的利用程度，还要依托于外部资源的投入程度。由此，资源依托理论为高校与中小学协同办学提供了新的分析视角。另外，高校与中小学协同办学又是一个充满着相互责任界定、资源投入和利益分配的博弈过程。教育行政机关、高校和中小学由于公共权利、组织目标和组织能力等差异，他们对于协同办学有着不同的选择性偏好，充斥着利益诉求与博弈。运用博弈论与利益相关理论一定程度上可解释协同办学众多的问题，避免就办学论办学的缺陷，增加理论的创新性。运用制度创新理论、资源依赖理论、利益相关者理论、博弈理论和复杂理论等可充分解释协同办学过程中出现的各种不确定性和风险性，为构建起责任共担、利益共享的协同办学机制提供必要的理论依据。因而运用制度创新理论、资源依赖理论、利益相关者理论、博弈理论和复杂理论等可客观地一分为二地分析我国高校与中小协同办学运作现状，又为深入阐述协同办学理论提供更为丰富、更加新颖的分析视角。

（二）有利于构建起我国高校与中小学协同办学的体制

作为一种新型的办学形态，协同办学的实现要由政府、学校和其他社会组织等协同力量共同完成，形成责任共担、资源共享和利益共享的办学整体，产生具有共同受益的办学效应，优化教育资源配置。其中，涉及大学理念、办学组织、办学资源、办学技术、办学环境等诸多机制性问题。目前，我国高校与中小协同办学实践中存在的最大困境来自体制与机制构建的健全性。因此，对我国高校与中小学协同办学机制问题进行系统性研究，可探索我国具有发展不平衡性的高校与中小协同办学体制和运作模式，在协同办学实践中有利于规范和调适各种权力与利益关系，推动玉林、广西乃至全国新型协同办学体制的构建与革新。

（三）有利于教育资源整合，提升不同层次的办学水平

从本质上看，协同办学是高校与中小学以利益协同为纽带，以其共存为办学目标，以教学与科研相结合和服务学生、服务社会为办学重点，以信息、技术共享为办学手段，最终实现整体性教育办学的功效。在办学内容、办学

空间和办学形式上力争新发展,提高各协同主体的办学层次和办学水平。这既是各协同主体加快自身发展水平的诉求,又与现阶段我国教育发展战略有相当的契合性。就高校而言,我国高校的教学和学术存在着创新能力、社会竞争能力和社会应用能力等弱化的困境。而通过协同办学,则可以打破传统体制、机制的束缚与裹挟,促进高校与中小学等外部组织展开协同办学,培养出一批具有创新能力又接地气的高校教师队伍,增强高校科研成果服务于中小学教学实践和社会的能力;就中小学而言,中小学教师通过与高校教师自愿性的协同办学,可以切实解决长期困扰着教学的理论困境,既可以解决教学模式多样化、人性化的问题,还可塑造中小学教师自觉科研意识和巧熟的科研能力,提高他们在科研论文、科研报告和撰写教案等方面的能力。中小学还可在协同办学中合理利用高校优势的人才、信息、基地、科研等资源,不断提高中小学的办学层次与办学水平,实现中小学集一流的师资、学科、科学研究和一流的管理水平于一体化的综合式发展。

(四) 有利于实现与教育"供给侧改革"的理论衔接

在教育领域,随着改革的推进,教育"供给侧改革"也应运而生。教育"供给侧改革"就是要实现教育为社会提供更为丰富、更为多元的教育资源和教育服务模式,而协同办学理论与教育"供给侧改革"核心理念有着相当契合性。教育"供给侧改革"核心理念:其一,创新教育,创新教育要求培养人才以创新能力为核心、实现学生素质的协同发展和自主构建,培养创新能力与实践型人才也是协同办学重要目标;其二,协调教育,协调教育是教育发展要素内部结构的有机统一,并与外在环境处于良性互动,党的十八届五中全会指出协调是持续健康发展的内在要求,协同办学就是探索教育类型的协调发展,拓展教育发展空间,探索教育互补新的体现;其三,绿色教育,绿色教育是指教育发展观念,主要是要求教育发展要追求内涵式发展,注重人才综合素质和全面发展,绿色教育重要的实现点是还权于学生,使得学生学会思考、学会探索和学会创新,在协同办学中,也讲究师生互动、生生互动和人性化管理,突出学生的主体地位;其四,

高素质创新人才培养：三位一体协同育人研究

开放教育，开放教育要求用开放性的教育发展理念，拓展教育发展空间，推动教育事业向高品质和高水平方向发展，协同办学不仅要求教育系统内部实现整合，还要求以社会和市场为导向，利用社会市场兴办协同教育；其五，共享教育，共享教育主要是在共享发展理念指导下的教育公平，实现多样化和优质化教育，协同办学对共享教育提出了更高要求，均衡发展是共享教育核心内涵，协同教育就是通过均衡教育资源，为社会提供相对均衡的优质教育。

第三章　大中小学协同育人现状及归因

创新是一个民族进步的灵魂，是国家兴旺发达的不竭动力，"创新人才培养模式""探索贯穿各级各类教育的创新人才培养途径"等要求，这在我国教育改革发展史上具有里程碑的意义。

"必须坚持科技是第一生产力、人才是第一资源、创新是第一动力，深入实施科教兴国战略、人才强国战略、创新驱动发展战略，开辟发展新领域新赛道，不断塑造发展新动能新优势。"这为深入推进世界重要人才中心和创新高地建设指明了方向，吹响了"冲锋号"。

创新者进，创新者强，创新者胜。当前，我国进入了全面建设社会主义现代化国家、向第二个百年奋斗目标进军的新征程，比历史上任何时期都更加渴求人才，努力抢占创新制高点、牢牢把握发展先机至关重要。勇攀科技高峰、攻破创新难关，需要更有利于创新的环境和制度做保障，如若重论文数量轻创新价值、重学历轻创新能力、重资历轻创新贡献等，必然会束缚创新型人才手脚，挫伤人才创新创业主动性、积极性，"千里马"就不能及时脱颖而出。用好人才第一资源，以人才创新驱动发展，需要坚持以人才为本、信任人才、尊重人才、善待人才、包容人才，努力在健全创新机制、优化创新环境、激发创新活力等方面下功夫，着力激活人才创新"内动力"。要建设创新型国家，科技是关键，人才是核心，教育是基础。改革开放初期，创新教育在我国曾一度被热烈讨论过，在著名的"钱学森之问"之后，学术界和社会公众开始重新关注创新教育问题。

"为什么我们的学校总是培养不出杰出的人才？"——"钱学森之问"给我们提出了一个严峻的命题，它反映出了我国教育中创新型人才培养严重欠缺的现状。长期以来，在创新型人才培养上，我国存在着诸多观念问题和认识误区，协同培养创新型人才的现状不容乐观，而在协同培养创新人才这个问题上，归根结底是要搞清楚高等教育与基础教育的协同培养状况，即要对大中小协同育人的现状及其归因进行分析。

第一节 我国高校与中小学协同办学的历程

我国高校与中小学协同办学随着改革开放事业的全面展开，基于高等教育与中小学教育发展的需求，高校与中小学开展了各种以合作伙伴型为主的协同办学，主要经历了三个阶段。

一、高校与中小学知识型合作办学的阶段

高校与中小学简单办学阶段主要出现在20世纪的80年代中期到90年代中期。在这个阶段中，高校与中小学出于知识仰慕与互补开展合作办学，高校与中小学对于合作办学并无内容和程序上的严格规定，高校与中小学办学重点都放在内部组织管理上，相互交流方式比较少，合作仅限于中小学为高校提供生源，高校为中小学提供师资力量培训。但是，与过去计划管理时代下的完全封闭办学模式不同，中小学已经意识到取得高校支持对他们发展的重要性，为了改变中小学在办学事业末端发展的滞后性，中小学开始积极寻求高校办学资源的支持，高校则为中小学输送教师队伍或提供教育理论支持，一些"合作教育研究"等形式在多地的实施。一大批具有代表性的合作研究项目在教育领域内产生了很大的影响力，这些项目包括"优质学校"建设项目（东北师范大学）、香港跃进学校计划、优质学校改进计划（香港中文大学）、新基础教育（华东师范大学）、教师发展学校（TDS）（首都师范大学）。这些项目在教育研究和实践应用上都产生了重要的影响。在实践上，这些项目研究合作起到示范作用，中小学为了自身发

展开始寻求外部力量和资源，积极开展与高校合作，高校为了扩大其理论研究应用价值和社会影响，也主动与中小学开展合作。从理论研究看，出现了众多的研究成果，学者们纷纷关注高校与中小学合作办学的理论问题。与此同时，这一时期，由于缺乏明确制度设计和合作模式参照，高校与中小学合作内容和形式较为简单，甚至出现了一些盲目跟风的现象。例如，很多高校在全国建立了多个附属学校，一些中小学则打着高校附属学校的名号进行虚假宣传和虚假招生，破坏了公平招生原则，也极大影响了高校与中小学的社会形象。

二、高校与中小学能力型合作办学的阶段

高校与中小学合作办学的阶段主要在20世纪中后期与21世纪初期，突出表现为不同级别学校合作（US）的广泛展开，其中高校与中小学合作的US模式是典型，一些发展薄弱的中小学包括一些名牌中小学都纷纷加入了与高校合作活动，合作办学建立了类似的"资源共享平台""学习港"等合作组织，此类组织的构建提高了高校与中小学资源利用的效率，也反映出二者合作关系更加紧密、地位更加平等。从导向角度看，合作办学主要是以任务或项目形式出现，带有较强的计划导向性；从目标角度看，合作办学目标具有单一性、临时性；从范围角度看，合作办学更多是高校与中小学单对单的合作，其他组织较少能影响合作办学；从实现平台看，合作办学凭借平台的意识不强，很多是临时性意愿或协议；从时效性看，合作办学具有临时性；从体制创新程度看，合作办学由于内容单调、形式单一，要求体制创新程度较低；从办学主体看，合作办学的责任主体和行为主体是高校，中小学还是处于依附关系，二者在合作中主要是依附项目建设，合作具有相对的短期性和不稳定性。这一时期的合作办学取得了一些实质性的收益，高校与中小学关系更加紧密，高校与中小学有一定的人事互动和教学模式的互动，但二者长期、稳定的合作关系构建有限。

三、高校与中小学智能型协同办学的阶段

为了推进全国高等教育的发展，20世纪90年代中期，我国启动了"211"重点项目建设工程，即面向21世纪发展而重点建设100所高等院校和重点学科，发挥高校在服务社会中的主力军作用。我国又启动了"985工程"，目标在于利用高校优势的重点学科、科研实力和高层次人才积极服务经济社会的发展。在此国家教育政策的驱动下，我国高校确立了服务需求支持、以贡献求发展的办学宗旨，高校积极寻求与中小学更深层次办学模式——协同办学。协同办学是一种智能型的革新办学模式，它全面改变着传统高校教育封闭的办学机制，通过建立与中小学的良性互动关系，激发了高校服务社会的活力，建立有益于高校与中小学共同发展的良好外部环境。进入21世纪，我国开始推进高校与中小学协同办学中的顶层制度设计和实践探索。《国家中长期教育改革与发展规划纲要（2010—2020）》指出，要树立系统培养观念，推进小学、中学与高校办学系统的有机衔接，使得教学与科研、教学与实践紧密结合，强化学校之间合作等多重联合培养方式，共塑办学机制灵活、办学渠道互通等开放型人才办学体系。《教育部关于实施卓越教师培养计划的意见》强调要建立高校、地方政府和中小学协同培养教师的新模式。高校与中小学可在制定教育目标、设计培育标准、建设课程资源、组建教学团队、建设实践基地、开展教学研究、评价培养质量等方面展开协同性活动，高校与地方政府、中小学要建立"权责明晰、优势互补、合作共赢"的长效机制。教育部在引导地方高校向应用型转变工作思想中指出，要创新应用技术型和技能型人才培养模式，建立产教融合、协同育人的各类人才培养机制，实现高校的专业链条与经济产业链条的对接。党的十八届五中全会精神将是我国未来相当长时期内教育发展的指导思想，我国教育要以创新、协调、绿色、开放和共享五大理念为根本指引，紧紧围绕提高教育质量的主题，提高学校教学水平和管理创

新能力,主动为国家战略发展与经济社会发展服务。对于高校与中小学协同办学,需要完善高校与中小学融合型的协同育人机制,深入实施推进协同育人行动,通过高校与中小学开展协同办学,实现课程内容与职业标准、教学过程与社会实践的融合,实现人才培养与各层次教育发展需要紧密对接。在实践层面,我国许多高校以新时期的教育改革为契机,积极推动与中小学协同办学,实现了高校与中小学各自成长、共生共赢的格局。其中,以示范性高校与中小学协同办学最为突出。北京师范大学教师教育模式改革:北京师范大学实施了"4+2"模式,即学士后教师培养模式,该模式要求用4年的本科理论课程学习奠定坚实学术基础,后2年以学习教育类课程和完成规定的教育教学实践环节为主来提升实践技能和解决实践问题的能力,以此促进师范生变成研究型教师的基本素质,增强对自身专业发展和对生活需求的适应性。华东师范大学教师教育模式改革:华东师范大学推行"4+1+2"教师教育的办学模式,该模式要突出进行4年本科教育、1年中学实践和2年硕士的联合培养。此模式重视教师教育的实践要求,拉近了高校本科、硕士教学与中小学的办学距离,实现了学科专业理论知识与教育技能的有机衔接,开创了高等教育与基础教育实践的协同办学先河。首都师范大学教师发展学校模式:首都师范大学积极利用了 TPS 与 PDS 模式在北京丰台区与五所小学建立了"教师发展学校",教师发展学校是高校与中小学通过有效的资源整合,在不改变原有学校建制的基础上,通过不断的良性师生互动形式,旨在促进教师专业、技能发展和形成学生素质提升的教学研共同体,它是充分发挥高校教师优势的理论成果与中小学独特实践有效结合的示范,是理论与实践紧密结合的教师教育模式。相对校本培养而言,教师发展学校有效借鉴了西方国家 TPS 与 PDS 的先进模式,又应用我国特有教育的实践,较好地实现了教师专业成长。

第二节　高校与中小学协同办学的价值分析

始于改革开放初期的合作办学到新世纪的协同办学，充分发挥了我国特有的教育制度、政策在教育资源整合等方面的优势，为适应中国特色的国家创新体系全面培养出创新型教育人才。

一、实现了教育整体的创新能力和竞争能力提升

教育创新是实现经济文化发展、科技发展和创新型国家构建的驱动力。中小学教育和高等教育是影响创新型人才的根本变量，《国家教育事业发展"十四五"规划》强调遵循创新型人才规律，培养创新型人才。现阶段，我国各地开展了高校与中小学联合培养创新型人才的活动，"春笋计划""拔尖创新人才苗子计划"等，通过基础教育与高等教育协同办学，取得了单一办学主体无法取得的教育创新优势和创新成果，激发和释放了教育创新的潜力和活力。人类社会发展不会取决于空间、能源和耕地，主要取决于人类智力开发的程度，人力资本是实现经济发展和国家竞争力最重要的推动力。可见，高校与中小学协同办学，构建起了适应性灵活多样的办学机制，从而加快了整合教育资源的步伐，培养出适应经济社会发展的人才，促进了我国教育竞争水平的整体提升。

二、实现了高校更好地服务于经济社会的职能

服务于经济社会发展是我国高校重要职能之一，它要求高校办学以满足社会需求为目标，以培养专业人才和发展知识的职能为依托，多层次多目标地服务于经济社会发展。在知识经济时代，高校在不断发展科学文化知识的同时，又要发挥在经济社会发展战场的特殊作用。高校与中小学协

同办学是高校服务经济社会发展的重要实现形式之一,高校通过主动积极服务于中小学教育教学的创新,为中小学教育传播先进的理论知识和科技成果,持续为中小学教育创新提供人才和智力的支持,提高了基础教育办学层次和水平。例如,我国"2011计划"为主的产学研相结合的协同创新,不仅能够深度开发人力资源、实现国家创新能力、促进经济社会的发展,更是推进我国高水平高校自身建设、自我发展的重要途径。

三、推动了中小学素质教育的发展

在高校与中小学协同办学实践中,中小学教师和学生被共同纳入协同办学系统中,教师成为协同系统的建构者与促进者,学生也是积极意义上的建构者。在这种教育方式影响下,知识被积极建构,知识存在于学习者先前的经历及积累的概念中,学生与教师、管理者成为合作者,共同追求知识和智慧。与此同时,协同办学还提高了中小学教师专业技能的发展,中小学教师可去高校进修,还能够以协同办学的教学基地与平台为依托充分提升效能。在协同办学中,高校教师与中小学教师开展协同活动又可称为文化联系纽带,因为他们跨越了高校、中小学两种文化界限,使得中小学教师更易于实现专业技能的提升。高校教育观念更能积极促进中小学教师智能的发展,中小学教师依托可靠的研究基地,与高校教师不断深入交往而产生强烈的专业性,实现从非传统角色协同办学中获得专业技能的成长。总之,在高校与中小学协同办学中,中小学学生可从现有的知识体系和教学模式解放出来,他们在教学中积极充当探究者的新角色,他们可以成为协同办学的合作者、评价者。中小学教师从单一知识传递者到知识促进者,无疑会全面推动中小学教学效果和质量的提升,能够真正意义上实现中小学素质教育的全面发展。

四、实现高校与中小学办学层次的有效衔接

学校若想变为模范学校,就必须不断地从高校接受新的思想和新的知识,

高素质创新人才培养：三位一体协同育人研究

若想使高校找到通向模范学校的道路，并使其学校保持较高质量，学校和教师培训院校就必须建立一种共生的关系，并结为平等的伙伴。高等教育与中小学教育在国家创新型人才培养中各自扮演着不同角色，高校与中小学如何通过有机衔接形成可供选择的人才培养体系，实现人才培养的协同效应，协同办学模式无疑是较好的选择方式。创新型人才可以依托中小学教育与高校教育的协同，不同阶段教育相互协同，贯通教育培养，修复教育链，创新型人才培养才能得到实效。在实践中，我国许多高校纷纷开展了旨在有效实现高校与中小学教育相互衔接的协同办学，例如，上海高校与中小学协同办学实践就十分丰富与有效。

第三节　我国大中小学协同办学模式与机制

一、我国高校与中小学协同办学模式

中国教育阶梯主要由小学、中学和大学共同构成，高校处于教育金字塔顶端。与此同时，中国教育体系又是相互衔接的，我国高校与中小学可根据自愿、平等原则，以协议等形式规定双方在教育教学、经营管理和教育科研等方面开展协同合作，考察我国协同办学发展历史，包括以下几类办学模式。

（一）准附属学校模式

在我国，传统的附属中小学一般是指高等院校、科研院所和企业等所举办的附属学校。在附属学校体系中，以科研院所和高等院校举办的附属学校的教学质量最好，社会声誉最高，社会、家长与学生较认同，选择这类学校就读成为社会时尚。近年来，在我国高校与中小学协同办学发展中，随着一些知名度较高附属中小学的出现，一大批中小学纷纷效仿，与高校结成"联姻"，成立了准附属学校。准附属学校与附属学校的区别在于：它与高等院校不是直接隶属关系，工作方式不是传统上的领导与被领导方式，而是协同型

的工作关系；从人事关系看，准附属院校有独立的人事任免权力，基本不受制于高校，其人事关系受到上级教育行政部门的管理；从管理看，准附属学校与高校是两套相互独立、差异性较大的管理机制。相同之处在于，按照协议规定这些学校使用高等院校的校名，接受高等院校一定的指导。总之，可将准附属学校理解成只是名义上高校的附属学校，而非实质性的附属单位。需要指出的是准附属学校与附属学校主要区别在二者与高校的依附关系程度不一样，准附属学校的独立性较强，附属学校与高校在人事、业务和管理等有一定依附关系，附属学校不是完整意义上高校与中小学协同办学范畴。因此，不将其纳入协同办学模式进行考察。

（二）联办非基础性教育模式

联办非基础性教育模式是指中小学与高校立足于各自优势而进行协同性的办学行为，较多做法是，高校与中小学通过一定协议与要约形式，整合中小学生源、地理优势和高校专业优势、人才优势，使得中学成为高校某本科函授点或研究生班授课点。中学不仅可以充分利用学校教育资源（如设备、校舍），而且方便了教师提高学历教育，高校可以提升自身的知名度，扩大其社会影响，为高校在其他层面收益提供示范效应。在联办非基础性教育模式中，高校与中小学有着比较明确的专业化分工。一般而言，高校负责非基础性教育的课程设计、教学计划制定和师资管理，中小学负责信息收集、日常事务管理等。在利益分配中，双方在协商基础上，以公平原则突出贡献程度分配利润。这种联办非基础性教育是一种非常灵活的办学机制，其适应力比较强，它解决了我国落后地方教育形式单一化的困境，又大大满足了成年教育的需要。

（三）项目合作模式

20世纪90年代以来，我国出现了师范学院与中小学以合作研究项目为依托的协同办学，其具有代表性的有"优质学校（东北师范大学）""教育发展学校（TDS）（首都师范大学）""新基础教育（华东师范大学）"和"香港跃进学校计划""优质学校改进计划（香港中文大学）"。其中，首都师范大学启动了国内首批教师发展学校的建设项目，合作区域从北京扩展到了河北、广西等广大中西部地区的中小学中。华东师范大学叶澜教授主持的"新基础教育"合作项目影响较大，该项目已经处于成熟发展阶段。"新基础教育"不仅形成了专业素养极高的研究团队，建立了校际合作共同体和学科教学研究共同体，还发表了硕果累累的研究成果。

二、我国高校与中小学协同办学机制

从上述分析看来，高校与中小学协同办学系统中的主体可分为高校、中小学、教育行政部门和社会组织，他们对于协同办学的认识、认同度和参与度将直接影响着协同办学效果。高校与中小学协同办学机制就是高校、中小学和教育行政部门等利益相关主体的责权利得到有效体现，使之构建起平等的、互惠的协同办学关系。

（一）协同办学中的目标机制

对于组织发展而言，其成员具有共同目标十分重要。共同目标是实行卓越行动的标准，又是一切决策达成的前提。共同目标镶嵌在组织发展的传统与现实中，在情境变动中共同目标具有独特的张力与影响力，由此，它会给组织发展注入较好的凝聚力，能够使各方愿意并开展长期合作。高校在与中小学协同办学过程中，为了实现共同发展利益，各方应共同参与制定合作目标，共同目标应具有可操作性和执行性。因为适宜目标才是评价协同办学的标尺，才是协同办学的动力与进行激励和约束的标准。对于中小学而言，应避免目标空洞和泛化，在中小学教育教学中，教师们即使接受了培训，也拿到了学习材料，但准备做某件事情与真正做该件事之间仍然有很大的距离。结果，教师在教室里所做的事情与变革倡导者在脑海中设计的蓝图有可能迥然相异。总之，在制定共同目标时，要充分考虑学校教师群体的意愿，否则就会挫伤他们的积极性。

（二）协同办学中的组织机制

高校与中小学协同办学会形成利益共同体，它作为教育系统中的子系统，是由具有特定功能和相互作用而组合的有机整体，形成新的组织机制。协同办学中的组织机制有角色、结构和文化的适应性，有教学、学习与管理的最佳实践性，有改进所有参与者学习的预期结果性的优势。协同办学中的组织机制要注重吸收高校专家、中小学教师和教育行政人员参加。高校可为中小学提供雄厚的师资力量，高校专家积极参加了中小学师资建设的全过程，且在新世纪课改中，部分高校专家还参加了课程改革规划的论证、各科课程标准的编写和颁布、各科新教材的编写与审定、对教师进行大规模的培训、对课程实施状况的调查与研究等。当出现高校与中小学因理论与实践矛盾的张力时，高校专家因其学术的卓越而在其中扮演着重要角色，拥有话语权的优势。在新课程、校本课程的构建中，大批高校专家热心参与实践的探索与理论的构建，对高校与中小学协同办学关系的构建起了关键性的作用。同时，在长期的共同教学和科学研究之中，出现了值得尝试的新型组织模式。对于中小学教师，在组织机制建构中，首先要重视中小学校长对于协同办学的决定性作用。校长是中小学发展的决策者和引路人，校长是学校权力的金字塔核心层，是中小学教育教学中的决策者、实施者、监控者与评估者。如果中小学校长对于高校协同办学工作是支持的，他们就会用合作眼光将协同办学融入学校规划中，积极寻求制度设计和制度安排，整合相关资源投入其中。同时，教师们在协同办学努力中才能得到认可。中小学教师也是协同办学的主体，是承载着完成协同办学任务的主要力量，中小学教师要做有责任的行动者，以参与者、研究者来审视整个协同办学活动，不断进行更新教学理念、研究教学方法。在协同办学实践中，要积极开展与高校协同办学，通过不断反思和学习来提升他们的素养和专业发展水平。

教育行政部门在协同办学中主要发挥着领导和保障作用。教育行政部门在协同办学机制建构中的主要职责包括：重视推进高校与中小学开展协同办学；从资金和物质上给予支持；积极行使协同办学日常工作的管理与调控职能，检查协同办学的达成程度和质量；完善协同办学相关性的评估制度。

（三）协同办学中的动力机制

促成高校与中小学协同办学的关键在于内在动力的激励程度，这种内在动力包含了激励机制和约束机制。不被激励的行为其工作能力只能发挥其潜能的 20%~30%，而被激励后其工作能力就会发挥到 80%~90%。激励不仅表现在个体对于追求目标与意愿的程度，还包括外界所施加力量对其的吸引力与推动力。对于协同办学而言，就内源性动机看，主要源于学校在自信心和成就感等方面的动机，即学校对于协同办学的兴趣，主动探析参与程度，实现提升自我发展能力的动力。从外源性动机来看，主要包括外在奖励引发的动机或避免惩罚引发的动机。根据激励理论，外在的激励应包括正强化（激励）和负强化（约束）。对于高校和中小学教师而言，他们都有着繁重的教学育人和科学研究的任务，不管是自愿性还是行政命令性的参与协同办学，都会增加其负担。如何在协同办学中，最大限度发挥出高校与中小学教师参与协同办学的积极性，规避他们的职业倦怠行为，激活教师的需要和参与热情，从而全面实现协同办学目标，是十分重要的。

（四）协同办学中的保障机制

由于协同办学需要相当的政策、制度、信息、物质和技术保障，处理协同办学的纠纷甚至需要法律保障。因此，为了推进协同办学和处理各种矛盾事件，构建好完善的保障机制是有必要的。具体对于协同办学实践需要完善如下保障机制：法律保障，高校与中小学协同办学过程中需以法定合同、要约等方式明确各方的权益、责任、义务等事项，避免出现由于管理不善、合作方的权益、责任、义务等关系不明确而出现影响协同办学的现象；政策保障，主要是为了旨在推进协同办学的各种制度设计，包括宏观层次（一般意义）的政策、中观层面和微观层面上的管理政策；物质保障，在协同办学过程中，无论是教学课程开发还是开展科研活动，都需要一定的资金、信息和技术的支持，用于完成协同办学的任务；组织保障，围绕着协同办学实践，需要相关人员进入组成机构，这样才能保障协同办学战略规划的整体推进。

（五）协同办学中的评价机制

在高校与中小学协同办学中，既需要对协同方进行评价，又要对协同过程与结果进行评价。这就需要构建出科学的评价机制，才能激发协同的热情和潜能，提高工作效率，又能使得协同方反思出现的问题，为未来协同办学工作进行提供可借鉴的经验。科学构建出协同办学过程中的评价机制需要考虑如下问题：以结果为导向，需要把学校教学整体发展与教师专业技能发展和学生素质发展紧密联系起来；充分评估利益相关者的各种行为，在协同办学实践中要明确利益相关者的构成，尽可能将利益相关者全面纳入过程考核之中，这样有利于利益相关者树立主人翁意识，又可有效实施对他们的监督与控制；广泛发布与应用评价结果，在确定评价结果后要及时发布评价结果，评价结果的发布要考虑不同利益相关者获悉这些结果的最佳路径，包括具体的时间和地点，以便实现评价结果发布到最广的范围，发挥其最大价值。在此基础上，还要将研究结果与各组织机构和合作机构的决策联系起来。

三、我国高校与中小学协同办学中的角色定位

我国高校与中小学协同办学中主要存在着政府、高校和中小学等三类利益主体，这三类主体行为和功能有着特定渗透与重叠性，需要明确政府、高校、中小学各自职能。在协同办学中，三类主体既有各自的目标和任务，又有高度协同与互动的使命，形成三类关系模型：其一，政府主导型关系，政府控制着高校与中小学的关系，二者被置于政府权威性领导之下，他们关系

高素质创新人才培养：三位一体协同育人研究

是被构建的，协同办学的动力极其低下，这种关系类型主要形成于改革开放之前和之初；其二，自由放任型关系，政府、高校、中小学之间有高度明晰的边界关系，三方彼此缺乏前瞻性的互动和协同，彼此割裂，难以真正实现的协同办学，这类关系主要形成于20世纪80年代到90年代中期；其三，重叠型关系，政府、高校和中小学除了传统职能分工之外，他们具有很强互动性行为，每类主体在完成自身目标同时，也兼顾扮演着其他参与者角色，在协同办学时，他们会通过制度联合或组织共构的方式形成交叉影响、三方协同发展，实现教育资源和教育信息整合，提高各自的办学效率。

相关主体在协同办学的角色定位如下。

（一）教育行政部门是协同办学的纽带

在协同办学之中，教育行政部门主要角色为联系纽带，它在协同办学中起到作用主要是通过宏观指导、制度引导、财政支持和利益整合等方式实现的，即政府在协同办学中的关系纽带角色是政府在制度设计、政策安排引导下，规避子系统群体非理性选择，防止整个协同系统框架的散落且无序。从公共治理角度出发，政府对协同办学活动进行宏观指导与政策引导，政府通过利用宏观调控，为协同办学营造良好的环境，协同主体在政府提供的战略引导、制度政策体系等强有力的支持平台上实现协同合作和互惠互利，这种以政府作为联系纽带为特征实行的协同办学比单纯高校与中小学或市场化的自由协同更加通畅与有效。从财政看，我国高校与中小学协同办学的资金主要来自自身内部，虽然政府加大了协同办学资金支持力度，但是还未能真正支持协同办学系统的有效运转。因此，政府要成立专门机构负责组织与协调高校与中小学协同办学，不断推进财政、信贷等机制创新，使得高校与中小学协同办学获得充实的财政支持。建立协同办学机制就要把政府的联系纽带作用积极纳入进去，突破高校与中小学协同办学的内部机制障碍，突破狭隘单一办学体制的壁垒，以政府主导下系统性推进，充分释放协同办学在人才、信息、技术等方面的活力，营造起有利于高校与中小学共同发展的社会环境氛围。

(二) 高校是协同办学的领导者

高校被认为是培养与造就高素质人才的摇篮，是传承知识与创新知识的主阵地，也是将知识成果转为现实生产力的重要推动力。如果没有高校积极参与的协同办学，就难以在教育系统中形成协同办学的体制与机制，也难以形成与我国经济社会相适应的充满活力的教育体系。高校与中小学相比而言，无论是理论成果、社会资本、技术人才、信息等方面都具有优势。因此，高校在协同办学之中，应责无旁贷地承担起协同办学的主要责任。高校依托特色学科与研究平台，可以改变中小学单一的讲授教学方式，着力实现教学与科研、教学与实践的有效衔接。作为协同办学的主要发起者和责任承担者，高校还要发挥专业引领作用，高校在丰富理论研究的同时，要加强对中小学实际的教育教学问题进行研究。高校可组织专门性的高水平的研究队伍，充分发挥高校在专业的引领作用，特别是针对中小学教师们在实际教学中存在的困境进行跨学科、多层次的研究，为解决中小学教育教学实践问题提供专业性指导。同时，高校为充分发挥这一功能，需要重新思考和制定相应的教师职称评定、成果认定、学术水平评价等方面的标准，激励和支持更多的专业研究人员深入中小学教育教学实践，开展针对学校和教师实际需求的研究与服务。

(三) 中小学是协同办学的执行主体

中小学与高校相比，它在协同办学中的权力与利益分配往往陷入被动境地，中小学对于协同办学认识不够，对协同方不够信任，即使现存的协同办学也多是形式与内容相脱离，各自为政，高校与中小学难以实现可持续性的协同办学。因此，中小学作为协同的重要一极，作为生力军要积极参与到协同办学之中，任何回避或者选择性、变相参与协同办学都是不可取和不明智的，越发会使中小学陷入教育最末端，也是与国家教育战略规划相背离的。中小学只有从形式和内容上充分参与到协同办学之中，才会得到教育创新的溢出效益。

第四节 大中小学协同育人存在的问题

高校与中小学协同办学成为我国当前教育发展新趋势和研究新热点，我国协同办学实现了从制度设计到实践运作，实现了从点、线、面到全面推行阶段，取得了较好的社会收益和教育收益。但是，作为新生事物，协同办学存在着发展中的诸多问题与困境，与国家教育发展规划目标和民众诉求有一定差距。造成这些困境的原因是多方面的，有体制机制层面的，有环境文化层面的，还有历史差异层面的，需要对此进行系统性研究，才能得出全面客观的分析结果，并采取有效应对措施。

我国高校与中小学合作办学历史不长，而真正意义上的协同办学始于 21 世纪初。协同办学存在的困境十分突出，尽管高校教师与中小学教师基于许多协同办学问题的认识不具有显著性的差异，但是总体得分较低，协同办学整体绩效不高，不能得到教师群体的普遍性认同，众多培养模式未能真正适应教育和经济社会的发展。

我国从小学教育到大学教育，教育系统内在一定程度上存在着教育理念和教育手段在认识和实践上没有达到真正的统一问题，由于基础教育和高等教育之间缺乏沟通，教育改革都是在各自设定的框架内进行，缺乏统一的改革思想和统一的目标体系，从而导致教育的阶段性目标与人才培养目标的偏差。

一、创新人才培养概念化

目前，我国无论是基础教育还是高等教育，对创新教育在很大程度上还处于思想理念宣传层面，尚未将其贯穿于创新人才培养过程各环节之中，没有从基础教育和高等教育的教育目标、教育观念、教育内容、教育形式、教育方法、教育评价等方面进行协同和创新，更多的是把创新的标签贴在原有的传统培养措施上，教育目标、课程设置、教学内容和方法、考试和评价制度等方面并未产生根本改变，因此走入创新人才培养概念化的误区。

二、教育理念和教育方式不一致

基础教育和高等教育各有任务和特征，但实施创新教育和培养创新人才应成为两者共同的教育理念和方式。长期以来，在我国学生成长成才问题上，以知识灌输为主要特征的传统人才培养模式没有结构型突破，一定程度制约了我国创新人才的培养。

三、教育内容未能有效地衔接与融合

能力的培养和提高，必须掌握大量的相关知识，必须通过系统和科学的训练。基础教育和高等教育阶段既要整合与创新知识和技能，又要使两者有效地衔接与融合，便于学生高效地获取知识，避免两个阶段知识的重复和冲突。但我国中学和大学一些教学内容的重复和空缺，造成学生不适应，如大学人文学科与中学文科教学有某种程度的交叉和重复，造成部分学生大学学习缺乏新鲜感，而空缺部分的内容又容易造成部分学生的无所适从。

四、忽视思维方式的基础性

基础知识的基础是思维科学，同时具有很强的实践性与应用性的人才成长与发展的基础也是思维科学，而只重视知识的传授与掌握，忽视思维能力的发展是我国各级教育的普遍问题。爱因斯坦说，发展独立思考和独立判断能力，应该始终放在首位。著名物理学家劳厄也说，重要的不是获得知识，而是发展思维能力。但在我国基础教育阶段，未能把科学思维的培养放在首位，未能把学生从传统的思维定式中解放出来，因而学生没有形成和掌握科学的思维方式和方法，科学思维的能力也得不到提高，基础教育在这方面的基础和奠基作用未能有效发挥和有力体现，从而使得组织能力弱、规划能力差、批判思维弱和问题意识低等问题成为我国高校学生的通病，而实际上到了高等教育阶段再来从头培养学生创新的基本素质为时已晚。

五、协同办学认同度不高

协同办学中的各方由于存在着权力与资源、知识背景与社会地位等方面的差异，正是基于这种差异才构成了双方协同办学的基础。这种协同办学效果首先取决于相互之间身份的认同度，身份是"人的外在形象的社会、文化和历史的特征"，身份的建构过程是和作者在复杂的实践关系中，"进行意义协商的过程"。高校与中小学协同办学打破了办学的藩篱，在高校与中小学之间建立平等互惠的关系，实现办学资源共享、信息技术共享。然而，高校与中小学毕竟分属于不同组织系统，二者有着不同的组织发展目标与任务，实现有效地协同办学存在价值选择障碍，这种价值选择障碍集中表现为协同办学的认同度不高，主要体现在对于协同办学价值认识不高。从协同办学驱动力看，不管是高校还是中小学，都视协同办学为一项政策任务，并没有认识到协同办学对于实现教育资源优化配置的作用，即使在进行协同办学过程中，协同方也不尽了解国家政策和教育规划，协同办学仍无法按照政策设计轨道进行；从协同办学方的信任关系看，协同办学双方都有种先入为主的怀疑主义态度，中小学预先被定位为附属地位，高校预先被定位为主导性地位，在没有真正实现协同办学之前，彼此间有着相互不信任关系，双方难以形成良好合作关系，一些合作项目因此被搁浅；从协同办学的实现价值看，协同办学的互利共赢格局难以真正实现，它可以部分改变中小学教师技能提升、教学模式等问题，也有利于高校进行实践性教学和科研模式转变，但是各自学校整体发展、教学和科研模式的根本性转变以及培养复合型人才全面目标的实现等尚未有根本性突破。

六、协同办学参与度有限

协同办学不是封闭办学,也不是单一主体办学,协同办学教育资源的整合、制度设计、组织构建、师资配备和组织管理工作,都需要高校、中小学乃至教育行政部门和社会各界的共同参与和努力。因此,必须激发协同办学相关方的积极性,共同推进协同教育。而实际上,协同办学主体中,由于权力、资源以及办学目标各异,使得他们在协同办学中表现有所差异,他们常常选择有利于自我小集体发展的行为。

中小学渴望通过协同办学提高教师技能,改变教学模式,同时希望与高校建立良性互动关系,为学生考取好的高校积累社会经验;高校参与协同办学的积极性比较低,他们关注重点是实践基地和实训基地建设,而对于教学模式转变以及科研方式转变,高校并不指望通过与中小学协同办学来实现,与中小学协同办学工作仅仅是高校日常工作的小部分,投入的资源相对较少;对于教育行政部门而言,他们的主要任务是传递有关国家协同办学政策,由于没有现成模式可循和现有条件的限制,他们的参与度不高。

在协同办学中,能积极摒弃说教式、填鸭式而积极探索开展对话式、启发式、讨论式、合作式等教学方式的比例大多为大于20%而小于或等于50%。中小学教师群体希望获得更多协同办学的次数,一方面,他们可以获得高校教师更多理论指导,在教学与学生管理方面获得足够帮助,另外一方面,他们由于繁重的工作压力,担心过于参与协同办学会增加他们教学和管理负担,甚至还会出现华而不实的结果。高校教师对获得协同办学的渴求度并没有中小学教师群体高,他们参与的意愿为一般程度,且多为临时性的个体行为。高校与中小学协同办学绝非只是高校、中小学和教育行政部门办学行为,任何教育都是公共产品范畴,势必会影响到整个社会体系。因此,社区等其他社会力量也应参与其中。

高素质创新人才培养：三位一体协同育人研究

七、协同办学平台缺失

中小学在协同办学平台构建中难度较大，难以组合资源进行平台整合。协同办学中的平台构建都没有得到教师群体普遍认同。中小学平台构建注重于实际操作层面，而高校平台构建注重宏观调控层面。在协同办学平台构建中虽然有一定认同度，但是与教师的期待有明显的差距，要进一步改进。协同办学的平台主要是指创新办学组织形式，此类组织构建应遵循"共享、整合、完善"等原则，将办学资源与要素进行汇集与创新性的整合，突破办学主体之间的制度性、体制性和技术性障碍，充分释放协同办学主体在人才、资源、技术等多层面展示各自活力，加大主题教育办学的深度、广度和价值创造度。协同平台建设是成功实施高校与中小学协同办学的必要条件。高校有集人才培养、科学研究和服务地方等各类的发展平台，中小学在人才培养和实践基地建设有一定优势。目前，高校与中小学的协同创新平台没有得到很好的建设。从高校看，高校作为事业单位仍然是垂直型管理体制，这种管理体制比较僵化，其组织模式也比较单一，缺乏与中小学搭建协同平台的动力机制，从中小学看，组织结构相对简单，权力资源总量相对较少，更加无法搭建协同办学的创新平台。协同平台不足与缺失，是制约着高校与中小学协同办学进入高质量轨道的不可回避的问题。具体体现在以下几点。

（一）开放共享互利性不足

开放共享互利要求打破办学主体的壁垒，通过各种形式的合作与交流，促使各协同主体之间的信任和学习，也促进平台内部和外部之间的资源交换，最终实现互利、共赢和共同发展的良好局面。在问卷调查和访谈中发现，协同平台的开放共享互利性显著不足，教师群体比较注重非正式网络沟通，一些高校教师打着学校名义做的是属于个人的事情，没有或不重视正式平台沟通，协同平台的组建并没有充分尊重教师群体的建议，现有的协同平台主要以校校协同平台为主，学科协同和国际协同平台较少。

(二) 技术创新度不强

高校与中小学协同办学不仅是价值耦合,也是技术上的相互衔接。在问卷调查和访谈中发现,现有的协同平台没有专业机构和专业技术力量支持,在"是否有基于网络同平台内、外之间资源、要素的交换和互动,最终形成学习平台的学习共同体,并开展教研活动"的调查中,有75.34%的受访教师群体选择的"没有"选项,尽管我国现阶段正在推进"互联网+"的经济社会发展新形态模式,也为教育创新与发展提供了更为广阔的应用平台,但是要真正将新技术应用于协同办学之中,仍然任重道远。

(三) 风险共担与利益共享缺失

协同平台可以依托平台组织力量,加强高校与中小学的共同努力办学,有效规避碎片化办学收益的不确定性,获得预期收益。同时,收益需按照责任大小与实际贡献度等要素进行共享性分配,各取所需,利益共享,共同发展。在高校与中小学之间搭建的协同平台中,并没有签订完全具有责任、义务和权利等的协定或要约,协同办学行为都是临时性的,缺乏必要监督、评估,也没有固定的利益共享模式,使得协同办学形式多于内容、风险大于收益。

(四) 协同平台的组织柔性度不够

高校与中小学协同办学将分属于两个系统的组织组成一体,这是典型的具有高度柔性的矩阵式组织结构形态,它可以灵活地运行机制缩短信息传递通道与时间,实施扁平化、民主化和专业化管理,提高管理效率,完成组织目标。然而在调查中发现,在协同办学实际运作中,协同平台多为摆设,有92.35%的平台没有固定机构,没有固定人员、办事程序和运作方式,更没有灵活的管理机制,其主要工作是为了应付临时性检查。在进行"师生对协同办学平台的管理水平和服务质量的满意度"选项的调查中,教师群体有87.61%选择了"一般"的选项,说明协同平台效果低下。

八、协同办学配套机制不全

中小学在协同办学配套机制方面已经响应国家政策，致力于制度机制设计中。但是在所有选项中，得分值总体并不高，有的差距还比较大，高校与中小配套机制不能实现互通和共融。

在协同办学建设中，学校在完善教师培训制度、制订教师培训规划、指导教师制定专业发展计划等方面与中小学教师的期待有明显的差距，中小学渴求通过系统化又富有人性化的计划赴高校学习，提升自我专业水平，但是大多中小学的培训只是自发性的，缺乏系统的稳定性。

协同办学需要严密的组织将各类主体、各类环节的管理活动严密组织起来，形成一个目标相对合理、权限分明、相互协调与促进的有机整体。这种整体效应的实现取决于协调办学本身系统，也与协同办学相关性的配套机制密切关联。在这些配套机制中，最重要的是制度设计情况，因为无论是目标机制、动力机制、监督机制还是评价机制，都与制度设计有着直接关联。实现协同办学的人才培养创新，需要通过合理的制度设计与规定，打破原有制度的束缚，用新制度营造适合高校与中小学协同办学的环境。目前，现有的协同办学面临较大的问题在于既有制度的"惯性作用"和新制度缺失的"陷阱"。

（一）协同办学的宏观政策有待完善

高校与中小学协同办学离不开国家层面的宏观政策创新和制度设计，就协同办学而言，有效的宏观政策创新和制度设计应有如下成效：有效降低高校与中小学协同办学过程中由于制度摩擦导致的不确定性，有效降低高校与中小学协同办学过程中由于技术、市场等要素导致的不确定性，有效降低高校与中小学协同办学过程中由于收益分配不合理导致的不确定性，有效降低高校与中小学协同办学过程中由于环境原因导致的不确定性。从我国协同办学的宏观政策现状看，首先，协同办学的宏观政策不健全。健全的宏观政策是协同办学正常进行的重要保障，目前我国没有专门性协同办学的宏观政策，相关性的规定只零碎出现在有关教育发展规划中,且多是一些原则性规定,缺失可操作性。由于没有一项专属的协同办学宏观政策,就不能摆脱协同办学中责任承担与利益分配等诸多困境。其次,协同办学激励政策的缺失,世界上协同办学发展较好的国家都有明确的激励政策与机制。为了提高协同办学质量,美国教育部特别资助 640 万美元专项基金,用以改进巴尔的摩市公立学校的教师质量和学生就业状况。在马里兰州的倡导与帮助下,马里兰州高校与巴尔的摩市公立学校构建起了新伙伴关系,新伙伴为公立学校的学生发展提供新的知识资源和教育机会。最后,协同办学的动力不足,协同办学健康有序进行的动力在于协同方之间的利益驱动,再完美的协同办学模式都有可能出现不确定性,组织性质差异和文化差异永远会带来一定阻力,无法实现协同办学完全预期的收益,而目前宏观政策只是倡导性内容,政策设计难以规避协同办学的不确定性。

(二) 协同办学中的政策设计不尽合理

这里的政策设计,主要是设计协同办学中管理系统的政策,整个协同办学系统的协同效应发挥,需要有一种具有聚合力的政策力量或制度安排,将高校、中小学、政府行政部门和社会组织有效组织起来,利用公共政策非线性增值效应,激发协同办学各方的创造性,适用新形势下教育创新,就需要对协同办学进行科学管理,包括组织管理、资源管理和项目管理等。协同办学系统管理存在的问题主要体现为:协同组织管理的不协调,协同办学不仅涉及中小学、高校、教育行政部门和社会组织,甚至还涉及科技部门、财政部门等诸多部门,由于缺少一个良好的协调机构,又缺乏一个跨部门的领导机构,因而难以凝聚组织力量、难以协调部门关系、难以化解各种矛盾和冲突;资源投入机制不健全,协同办学是一项创新性与实践性的办学活动,它又是一项投资大、周期长又具有不确定性的办学活动,需要有足够的资源投入。目前,我国缺乏可靠、稳定有关协同办学资源的投入保障机制,协同办学的项目管理不科学,我国协同办学最普遍形式是以项目出现的,项目运作情况一定程度上决定着协同办学的成效,我国协同办学项目多数是缺乏统一管理、监督和评估机制，基本是由高校与中小学自我管理实现的，教育行政部门、社会和第三部门难以知晓和参与管理。

（三）协同办学的微观政策设计需完善

从微观政策设计的内容看，协同办学内容基本覆盖了权利义务机制、评价机制、培训机制等相关性问题，形成了体系化的内容建设；但从微观政策实施效果看，却是不容乐观。

"在协同办学系统中，学校在保障教师权利的管理制度方面做得"的回答中，有80.02%的受访者选择了"一般"的选项；在"您所在单位学校在奖励教师参与协同办学的管理制度方面做得"的回答中，有56.72%的受访者选择了"较差"的选项；在"您所在单位学校在完善教师考核评价的管理制度方面做得"的回答中，有56.34%的受访者选择了"一般"的选项。当然也有例外情况，在"在协同办学建设中，学校是否有完善教师培训制度、制订教师培训规划、指导教师制定专业发展计划"的回答中，有84.59%的受访者选择了"多数有"的选项。总的看来，在微观政策设计领域，政策缺失或政策实效性不强，协同办学管理的声誉度不高。协同办学还处于初步探索阶段，其中还面临着许多管理信誉问题，如何保证协同方诚信，规避机会主义、形式主义，是不容小觑的问题。关于协同办学的人才管理问题，高校与中小学比较注重专业人才的培养，忽视人才对于协同办学的创造性作用，难以满足协同办学的高层次与宽视角的人才需求。上述问题的解决主要靠微观政策调适来实现。

九、协同办学内容有限

高校教师更能认同协同办学对于他们整体办学的影响，中小学教师更加认同协同办学对于他们教学内容、教学方式、教学模式等都产生的积极影响。中小学比较认同协同办学对教师技能的提升意义，而高校教师则认为协同办学对于他们教学能力和科研能力并无直接提升作用。

第三章 大中小学协同育人现状及归因

高校与中小学协同办学的最终目标是改变传统人才模式，培养出具有复合型、应用型、符合社会发展需要的人才。对于高校与中小学而言，协同办学中的内容是核心，它直接决定协同办学目标实现和质量水准。高校与中小学协同办学是一种跨越边界跨越专业的教育行为，跨越边界会促使参与者以新的眼光看待他们长期从事的专业实践，为了应对挑战，在协同办学开始之前可能促发其深度学习。由此会形成跨界的"第三空间"，"第三空间"是新思想、新技术、新机制孕育的温床，它所引发的管理边界交融、利益多元汇聚和认知重组，最终会深刻引发人们行为的革新。对于高校与中小学而言，"第三空间"价值在于借助另外视角最大限度弥补各自人才培养的劣势。我国高校与中小学协同办学的主要内容涉及教师的科研能力、教学实践以及中小学的实践实训基地建设等问题，而在事关人才培养模式，包括课程建设、教学模式、教学规划等方面难以展开真正合作，在"在实施协同办学后，能改变教师基本知识和技能"的回答中，有86.11%的受访教师选择了"影响有限"的选项。在国外，高校与中小学合作培养教师注重对实习生的指导和培养，高校与中小学教师一起合作指导实习生，在中小学进行课堂观察，帮助实习生独立开展教学，提高实习生的教学实践能力，为他们以后的教育教学打下坚实的基础。我国高校与中小学协同办学内容存在的问题体现在如下方面。

（一）协同办学内容的功利性

高校教师乐意进行科研项目的合作，他们往往将中小学视为研究样本，以期实现理论研究的突破。中小学时常处于被动地位，同时中小学教师由于没有科研压力，又得听命于校长指令，即使有部分教师有科研项目，他们也会经常花费高额费用聘请高校教师作为专家指导，在这一过程中高校教师可以获得经济利益，中学教师获得科研成果，在"在实施协同办学后，能改变科研工作认识程度"的回答中，有90.23%的受访中小学教师选择了"无影响"的选项，有38.75%的受访高校教师选择了"有较好促进"的选项，说明协同办学的收益是单一性，高校教师与中小学教师具有收益不对等性，当然也难以从根本上激发中小学教师参与协同办学的热情。真正推进有利于学生实践能力发展的协同办学内容和管理方式欠缺，例如，现在很多师范院校在中小学建立了实践实训基地，师范学院可以指派学生到基地进行实习，师范院校和中小学共同指派实习教师，学生被分配到相应班级接受实践性教学的训练。但事实上却是，一名指导教师要负责很多所学校的多名学生的指导工作，难以有足够时间对其进行有效指导，指导教师不完全属于高校或中小学管理，但又对实习生有指导的责任与义务。因此，指导教师对实习生的指导是非常有限的，实习生本来缺乏实践经验，又缺乏必要的业务指导，这样的实习充其量只是感受教学，而非真正意义上的进入教学、学会教学和体会实践。

（二）对实践性内容的重视不够

高校与中小学协同办学不只是理论研究，不是形式主义、玩弄花架子，而是实实在在的互惠与收益。随着经济社会发展与文明进步，教师职业具有越来越强的实践性和专业性，如何拓展教师的教学技能，很需要他们在具体的教学实践中去适应与提高，这样培养出的学生才能真正适应国家素质教育改革和社会发展的需要。事实上，实践性的协同办学成了西方很多国家主要的做法，美国不断推进"在实践中教学"——PDS标准建设，PDS的构建核心就是以取得高校、社区、学区和基金会等支持为前提的。我国许多协同教学内容的实践性不够，高校与中小学许多课程是在课堂上用理论教学完成的。当然，也有些实践教学的尝试，例如，现在很多中小学聘请高校教师去中小学讲学，但是高校教师关注焦点在于方案理论分析，可行性和操作性不足，尤其是校长们接受了多次培训，见识了诸多"重量级"的专家，随着时间的推移，他们发现专家们的报告不再有新意。中小学教师也逐步淡化了高校教师的理论价值。

从实际效果看，协同办学内容的收益甚微。由于协同办学内容实践针对性不强，从学校整体发展看，协同办学对高校与中小学影响比较有限，实质上，各类学校组织发展评价指标很少受到协同办学的影响，因而对教师影响也是十分有限。在教学技能影响方面，有92.43%的高校教师选择了"影响有限"的选项，有45.62%的中小学教师选择了"有较好的促进"的选项，说明了高校与中小学对于教学要求和目标是有所差异的，中小学将教学放在最为突出位置；在科研能力方面，有90.23%的受访中小学教师选择了"无影响"的选项，有38.75%的受访高校教师选择了"有较好促进"的选项，说明高校对于科研重视度，又充分说明了协同办学的功利性；对学生影响微乎其微，在"在实施协同办学后，中小学学生的成绩与综合素质是否得到同时提高"回答中，有82.53%的受访中小学教师选择了"成绩和素质影响均不明显"的选项，在"在实施协同办学后，高校生的就业前景"回答中，有67.31%的受访高校教师选择了"不乐观"的选项，说明了学生培养是一个系统工程，要想培养出适应社会主义现代化建设需要的人才，要想通过协同办学去创新中小学与高校的人才培养模式，需要一个较长过程，又需要进行一些实质性的变革。

十、协同办学整体绩效不高

在协同办学中，高校教师认为更要加大改革力度设计、顶层制度设计，整体推进协同办学发展；中小学教师认为通过不断实践协同办学、不断进行探索和制度改进，在整体性地推进。

协同办学的效果在优化组合办学要素，形成整体性办学合力，推进高校与中小学的共同发展。协同办学是培养创新型人才的重要实现方式，也是世界性教育发展的趋势。近年来，我国高校与中小学协同办学在观念、制度设计、组织和管理中取得了显著的进展。但是，在实际运作中协同办学整体绩效不高问题仍然突出，严重阻碍了协同办学的健康发展，制约了创新型人才培养，必须努力整合高校与中小学教育层次，重点工作就是要推进高校与中小学协同办学。协同办学整体绩效不高具体表现如下。

（1）从培养模式看，我国协同办学还处于探索阶段，协同办学培养模式主要以课程培养和项目培养为主要形式，这两种培养模式在满足了高校与中小学发展不同需求的同时,又容易造成碎片化的培养模式缺陷。原因在于:课程培养模式只注重理论知识整合的培养,项目培养模式只重视合作能力的培养,这都会导致人才培养价值观、成就导向和人才属性发展的局限,与协同办学倡导意义上的知识与能力、理论与实践、专业与学科并重的培养目标背离。

(2) 从运行机制来看,协同办学在组织载体、管理能力、文化整合等方面都不同程度存在着缺陷。从组织载体看,协同办学缺乏必要平台,现有的实习、实训基地、创新中心、创新平台等远远不能满足协同办学的实际需要,很多平台表面设置得很细,实际运行分割却严重,不利于差异化的平台整合,很多协同办学平台成了虚设机构,而又有一些协同平台仅仅是立了牌子而已,没有组织和资源相支撑,造成了协同办学平台运作"只见树木、不见森林"的碎片化分割;从管理能力看,从问卷调查和访谈中看出,管理中的静态机制、动态中的运行机制、监督机制和事后的评价机制仍然不能实现有效衔接。

(3) 从文化整合看,协同办学中,协同办学形成的组织文化在发展中既要有分化又要有整合,并形成一种新的文化体系,这样才能为协同办学提供发展的动力。当前,协同办学中存在着中小学不敢质疑高校,文化壁垒界限明显的问题。在访谈中发现,在一些项目合作中缺乏足够的文化沟通平台,难以寻找高校与中小学协同办学的兴奋点,两类组织难以形成跨组织的文化认同与整合。

(4) 从协同主体看,协同办学绝非高校与中小学单一的学校系统所能完成的,教育是一个牵一发而动全身的事业,协同办学势必影响教育系统内部利益与资源的分配与组合,更会引发教育系统的外部关注与利益调整。在我国,教育行政部门作为教育的主管部门,理应承担起协同办学的领导、协调与评估等责任,而事实上,由于我国相关政策制度缺失,教育行政部门常常倾向于"公共选择",由此出现地方利益、行业利益、部门利益甚至会出现个人利益,这很容易导致协同办学主要由高校与中小学"单腿"走路,唱"独角戏"的不良局面。同时,我国市场经济发展还未尽完善,第三部门、社会组织、准政府组织等发育尚未完全,他们尚难全面进入教育产品供给与管理中，且协同办学是一项边界更加模糊、责任难以明确、利益分割更加复杂的工作，指望第三部门承担起协同办学责任与使命是不切实际的。

第五节 大中小学协同育人存在问题归因分析

高校与中小学协同办学是当前教育改革的一项重要任务，我国协同办学在实践层面现已分层次有序展开。然而，协同办学大多处于低层次的办学阶段，整体效能较差，并没有对教育整体性发展起到实质性推动作用，高校与中小学也并没有实现共同利益联合体。教育学家沃德、哈蒙德、皮尔等认为高校与中小学协同办学有效条件包括：共同利益与目标的组合、相互信任与尊重关系的组合、决策科学性与可行性、管理的有效性、核心领导的支持、财政的支持力度、信息化的共享程度。根据以上论述，可以得出协同办学有效实施的条件，具体如下（表1）。

表1 协同办学实现的有效条件分析

	有效的实践	无效的实践
1	合作主体之间相互信任与尊重	合作主体之间缺乏信任
2	基于知识与需要的愿景型领导	缺乏共同的愿景或领导过于集权
3	对于共同利益具有坚强的承诺	个体利益至上，共同利益不真实
4	愿意促进变革的灵活性	抵制教育的变革
5	管理与应对变革的灵活性	恪守和强化已有的政策
6	开放与持续的交流	缺乏交流或交流不充分
7	合作伙伴营造合作性气氛	合作主体之间存在竞争性
8	稳定与详尽的项目型领导	方案抽象，领导属于集权型
9	足够的财力支持	财力支持不足
10	对于双方合作成功的庆贺	忽视或者只关心己方的成功
11	共同利益的报酬与激励体系	缺乏合作双方的报酬体系

基于此，以某校实证调查，我国高校与中小学协同办学存在无序和无效的原因是多方面的，包括组织文化、管理情境、制度设计、机制运行、办学实践模式等方面存在的具体问题。

一、观念层面：组织文化差异

教育家哈瑞斯认为，从表层看，教育管理是技术性事务，从内涵看，教育管理最主要的是组织文化事务，因为组织文化是学校发展中的核心部分，它塑造着学校各类行为规范与发展方向，组织文化可以影响学校的发展战略目标、组织管理风格和社会形象。学校最主要使命就是教书育人，但学校教育的性质、对象、教师专业技能等的不同，致使中小学与高校在组织文化上有特质上的差异。因此，不同层级的教育组织的协同办学，必须重视双方的组织文化差异。要想使高校与中小学的合作深度地、可持续地推进，要想使高校与中小学的共同发展切实地、可持续地推进，双方在合作中的文化融合乃是必由之路，文化融合型办学是高校与中小学协同办学的最高形式。

（一）高校"研究型文化"与中小学"实践型文化"冲突

高校是理论型、研究型组织，中小学是教学型、实践型组织，两类组织必然有着文化冲突。高校与中小学分属于性质差异的亚文化，这种差异性是客观存在的，同时又有两类组织目标的冲突。一般而言，高校文化是研究型理论性文化，高校教师注重理论分析与推导，追求理论的一般性和普遍适用性，关注抽象概念，对于具体教学实践不太重视；中小学由于有直接升学压力，中小学教师比较关注具体教学模式和教学实践，焦点聚焦于如何提高学生的应试成绩，对于抽象理论不太重视。这两种性质不同的亚文化在协同办学系统运行中，会造成文化共存的剧烈碰撞与矛盾。高校崇尚学术的价值方式，理论的完备和逻辑严密是其学术追求的品位目标，他们往往忽视或遗忘中小学的教育教学实践需要；而中小学教师的价值取向主要为实用性和可操作性,如何执行、怎样操作和如何实现最佳效果是他们所关注的重点。因此,教育学者的话语方式和学术思维方式常常令中小学教师产生一种疏远感,而中小学教师对理论可操作性、对模式、策略等的过度关注又常常使教育学者感受到合作与沟通的艰难。高校文化与中小学文化的差异性导致了在协同办学中会出现冲突现象,高校教师往往在协同办学中重点关注于理论研究或者课题研究,而不愿真正花时间与中小学教师开展有效的教学模式转变的协同性办学,中小学教师由于对理论研究的兴趣较低或者理论修养不高,又由于教学和学生升学率是评价他们的重要指标,他们很难与高校教师进行理论研究合作。文化上的冲突造成理论研究与实践结合的困境,导致协同办学中出现"阻碍、断裂和形式主义"的现象。高校应改变忽视教学实践环节的观念,树立新的教育实践观,将理论研究与实践紧密联系起来,使得理论研究成果在中小学教育实践中得到巩固和深化,增强高校主动服务的意识和能力,承担起中小学教育教学实践改革的重任。中小学也不能只灌输学生知识,也应考虑中小学培养出的学生能否真正适应社会需要,也要强化理论来引导教育与学习。中小学教师应在实施、开展研究性教学中做到:专业知识结构从单一型转向复合型;从重视对学生知识传授到对学生学习进行导航与促进;从知识的权威建构者向协作者和帮促者转换;从重学生知识的掌握和智力的开发向重视学生整体素质的提高,特别是对学生创新能力的培养和良好个性的塑造;从教学型到教学科研型转变。协同办学为我国高校与中小学提供实现理论与实践有机结合的探索空间,进而推进两类组织文化撞击与融合。

(二)高校"话语霸权"与中小学"话语弱势"冲突

长期以来,我国高校主宰与控制着教师教育话语权,而中小学却只关注教育教学实践,二者之间缺乏有效的合作,无形之中二者形成了事实上的中心和边缘关系,这是一种纯粹"高校主导型"的协同办学模式。高校教师长期从事理论研究,理论研究成果较好;中小学教师由于缺乏足够的理论修养,在协同办学中,他们只能成为高校教师的辅助力量,其话语权基本被高校教师覆盖甚至替代，对高校教师存在心理崇拜和畏惧。高校教师的"话语霸权"和中小学教师的"话语弱势"事实同时存在着，以至于二者的话语权不平等，中小学教师始终受制于高校教师思想的影响，在协同办学中始终处于弱势地位。高校文化形塑下的话语霸权与中小学文化下的弱势文化之间的冲突，无形中扩大了高校与中小学的距离，制约了协同办学的质量发展，特别是制约着中小学教师专业技能提升。

（三）高校与中小学知识地位的差异

高校是新知识、新信息的创造和探索的场所，中小学被视为知识复制和传授的地方。早在19世纪末20世纪初，杜威试图发展以学校为基础和以教师为指导来探索儿童是如何学习以及教师应如何更好地教好他们，但是当他离开美国芝加哥高校的学校实验室，这些取代他的人强调了高校的知识地位，中小学则是在复制这些知识。高校与中小学的知识地位差异，致使在协同办学中高校容易直接干涉中小学的具体办学，甚至于一些高校权威人士和专家凌驾和干涉中小学办学和具体管理，一旦二者有矛盾与冲突，高校教师就以权威为自己论证，毫不顾忌中小学办学的实践，久而久之妨碍二者之间共生关系的形成。一些中学教师普遍反映，一些高校之所以热衷于与他们协同办学，主要是为了塑造高校的品牌，增加业绩和社会声誉，高校真正在中小学教师技能提升、教学模式转变和学生受益等方面的影响微乎其微。

总之，高校与中小学在协同办学之中，双方要克服文化差异带来的影响，克服单纯利益选择性带来的短视行为，双方需坚持以人为本的协同办学理念，通过二者共同努力以有效转变办学模式和人才培养模式，充分实现高校与中小学教育价值耦合和文化融合。

二、目标层面：协同办学动机差异

正确与合理的目标经过科学的制定设计和严格的执行落实后，就会对协同办学系统产生作用。从协同办学组织行为的影响维度看，一致性的协同办学目标可以实现正效能。

(一) 协同办学目标的功能分析

定向功能，协同办学如有了一致性目标，就会将高校、中小学包括其他利益组织的智慧与力量引导到一个共同方向，通过共同目标的开展，将协同办学目标层层落实到各利益主体上。

控制功能，协同办学系统中，高校与中小学都已有既定目标，他们都有自主管理与自我控制能力，一致性的协同办学目标会通过总目标对于子目标的制约作用实现各类目标的整合。

激励功能，一个振奋人心而且可以实现的共同办学目标，具有鼓舞与激励作用，它可以直接诱发高校与中小学等利益主体的协同办学行为，增强他们的工作热情、满足感和自信心，当遇到困难时，可以赋予他们乐观心态去克服困难。

凝聚作用，对协同办学系统而言，如果协同主体的工作目标不尽一致，就会产生各自为政或本本主义的情况，抵消协同力量；一致性的协同办学目标会协同各种关系，将协同办学子系统串联起来，增强协同办学主体的整体和组织观念，增强协同办学整体系统的向心力和凝聚力。

(二) 协同办学目标功利性导向

严格意义上看，我国高校与中小学协同办学是非本质意义上的合作行为，因为其本质意义上行为则表现为高校与中小学具有一致性的目标，这种目标最终要反映在促进各自教学质量提高和学校整体性发展的程度上。从实践看，我国高校与中小学的协同办学并不能实现目标的一致性，高校协同办学目标主要是为了完成实习、实训等目标，而中小学主要是想利用高校的师资完成其教师培训等目标，这种情况下的协同办学仅仅是实现双方资源上的借用，并没有实现协同办学在广度、深度和社会影响度层面的

高素质创新人才培养：三位一体协同育人研究

合作，更难以触及协同平台建设和体制创新等，与传统意义上的合作办学形式并无根本区别。应该看到，尽管高校与中小学有着不同的教育任务和发展重点，但他们的发展目标具有一定的共性，他们都是教育系统中的子系统。对于高校与中小学而言，全面实现教育发展是其共有的目标，提高人民素质、促进社会文明进步则是国家科学发展的战略目标。但从实践操作层面看，高校与中小学协同办学目标具有极大的不一致性和显著的功利性，我们将协同办学的目标分为最低层次的"谋取自身名利"，中间层次的"优化自身智慧"，最高层次的"建构共同世界"，访谈发现，无论是高校还是中小学都会出现选择最低层次动机、中间层次动机和最高层次动机呈现逐步递减的规律，高校表现更加明显。

三、制度层面：制度建设缺失

"所谓制度就是节制人们行为的尺度，它对人的行为具有规范、引导作用……社会学关注制度，重在考察其维系社会组织、凝聚社会共识的功能"。高校与中小学协同办学的实现可凭借系统性的制度来促使具有回环的自组织生成，协同办学在自组织形成过程中，不单是事实层面上的背景，更是系统制度生成合力的结果，各种制度设计和制度变革形成的制度建设是协同办学最为重要的外部支撑条件。制度建设在协同办学的自组织中的作用表现在：协同办学发展提供了实现自组织的条件，制度建设在其开发输入的平权化，促进协同利益主体之间的非线性互动将起到积极作用，因为必要的制度建设使得协同办学有可靠的平台，比抽象合作口号更为实在与可行，为自组织的形成提供足够的条件；协同办学发展提供了动力演化，从自组织的形成看，协同办学可以看成是利益主体尝试构建关系的互动，教育理论与教育实践的互动，思维的普通层次与元层次的互动，这些关系的互动必须依赖着竞争与协同才能实现自组织的演化，而制度建设既可以促进系统竞争（高校与中小学的差异性），又可以制度性地保障构建协同办学平台，促进高校与中小学实现共生与共赢。目前，我国高校与中小学协同办学缺乏制度性和组织安排，因此被认为是存在着突出的问题，高校与中小学缺乏进行协同办学的制度激励与保障，常常导致协同办学陷入困境。具体表现在：

（一）顶层制度设计缺失

"顶层设计"（Top-Down）是针对某一具体的设计对象，运用系统论的方式，自高端开始总体构想和战略设计，注重规划设计与实际需求的紧密结合，强调设计对象定位上的准确、结构上的优化、功能上的协调、资源上的整合，是一种将复杂对象简单化、具体化、程式化的设计方法。顶层制度作为设计理念也被用在协同办学研究之中。与传统的合作办学相比，我国的高校与中小学协同办学在办学理念、办学主体、办学空间和机制创新等方面有明显的进步。与此同时，应该看到协同办学的发展与完善需要经历一个漫长的过程，协同办学在制度层面存在问题不容小觑，协同办学在顶层制度设计方面存在问题：协同办学的宏观政策需要完善，我国没有一项关于协同办学的专属政策制度，虽然国家层面的教育发展规划和教育部下达的政策中有关于高校与中小学协同办学的宏观性指导意见，但是非常笼统，很多政策制度规定只停留在倡导性层面，至于高校与中小学协同办学进行实质性事项，例如，办学资源筹集、权力责任区分和利益分配等具体办学机制的内容并没有具体统一政策规定。目前，我国高校与中小学协同办学政策还不到位，协同办学还处于起步初创阶段，即使有些宏观性政策也不能很好指导与激发高校与中小学进行协同办学创新。高校与中小学协同办学的依据多是基于双方达成口头协议或意向，缺乏法律的合法性、规范性和约束性，一旦双方在协同办学中出现分歧，很容易导致协同办学的失败，影响教育事业的整体推进。因此，需要制定出具有战略性、前瞻性和科学性的政策制度，为我国协同办学提供可靠保障。

（二）制度运行安排障碍

高校与中小学的管理体制有较大差别，目前，在顶层制度设计缺失或欠科学性的形式下,而与协同办学相关性的激励、评价等制度安排又缺失或不够完善。高校在协同办学中占据着主导话语权,中小学处在听而任之的地位。即使在高校,由于许多管理模式和机制缺乏灵活性,高校参与协同办学的难度也是相当大。在高校,教师有着繁重的科研压力,他们为了职称晋升,将其主要的时间、精力等主要投入到科研任务中,这就严重制约了高校教师与中小学教师就教育教学等实践问题进行共同探讨、交流乃至共同协作的机会。通过访谈发现,制度安排缺失是十足的事实。高校教师不愿意与中小学进行协同办学的首要原因在于资金投入的不足。高校教师与中小学进行协同办学的主要动机为经费,如果没有项目和经费支持,仅仅依靠鼓励和说服让高校教师与中小学进行协同办学是不现实的,又是不合理的。其次,评价机制不合理,在现有评价机制下,科研仍作为高校教师获得晋升和奖励的最重要条件,能否在本专业领域赢得学术地位要看其研究的成果和发表文章的数量和级别,而不是看其为中小学提供了多少帮助。在这种评价机制的规约下,大多数高校教师,尤其是想获得更高职称、威望的中青年教师,往往会选择阅读有关教育教学的文献,而不是亲自下学校;高校普遍崇尚教育教学理想化的状态,而实质上,教育教学是包含着人、制度、环境等多要素于一体的活动,理想化的教育教学是难以实现的。对于高校教师更是巨大的挑战,高校教师作为教育教学的一线主体难以承担起重任,任何完美教育教学就算有完美的教育发展规划与政策都不足以完全实现,仅凭高校教师力量更无法解决,用一些符号化的理论面对实践者的实践时,常常会产生无力效果。

高持续性的协同办学需要有足够的外部政策支撑和自身内部的配套机制,才能形成真正持续、开放和创新的协同办学系统,但是对于广大中小学而言,却是难上加难的事情,具体分析如下。

中学校长不愿意进行与高校的协同办学,原因在于:资源投入机制的不完善,中小学没有可自由支配的费用来支撑协同办学,而财政部门并没有专门的费用,即使去申报,财政部门一般不把此项目经费列入日常开支范围,基本得不到批准,没有足够资金投入,协同办学多数为一纸空文;

第三章 大中小学协同育人现状及归因

利益协调机制不能实现互补,协同办学对于大多数中小学而言,仍然是新事物,如果过度追求协同办学,一旦教学质量和学生考试成绩下降,学校生源和社会形象将会受到严重的负面影响,随之而来,校长职务晋升、经济报酬等利益也难以得到保障,在没有足够的利益保障机制之下,中小学校长不敢贸然去选择与高校展开全面的协同办学。

中小学教师也不愿与高校进行协同办学,原因在于:时间困境,访谈中,中小学教师普遍反映他们承担着繁重的教学压力,其他活动时间十分有限,他们也很难参与协同办学活动,由于社会、学校、家长、学生给老师的压力比较大,他们只有将全部时间和精力投入到教学和管理学生之中;实际运作困境,高校教师习惯性地关注理论问题,只从理性高度判断教育教学问题,对于具体的教学实践关注度并不够,中小学教师未能真正从协同办学活动中受益,这无形影响了中小学教师的积极性;角色困境,高校与中小学协同办学多数以科研项目出现,而多数科研项目为中小学教师所不熟悉的领域,中小学教师要从教育教学者角色向理论研究者角色转变还面临着许多困难。

四、机制层面:协同办学机制不健全

协同办学机制主要是指协同办学系统中的内部要素和内部结合方式的组合,主要用来揭示协同办学系统中的内部结合原理。协同办学是一个复杂系统,包含着若干性的子机制,子机制通过并行和串行联合的方式共同作用于协同办学系统。就协同办学机制而言,它包括协同办学的动力机制、权力责任机制、利益分配机制、共享机制和绩效评价机制等。着重是对高校与中小学协同办学中的利益分配机制、协调机制进行分析。人们所奋斗与争取的一切与利益密切相关,利益有一发而动全身效果,因为利益机制是贯穿于其他机制的核心,通过分析利益分配机制就可以推导出协同办学机制整体运作情况。在协同办学中,不同利益主体有着不同价值观、目标与利益诉求,他们在协同办学中相互博弈,如果利益分配机制能体现以效率优先又能兼顾各方

的意愿与利益的价值取向,就会出现"非零和博弈"利益均衡的格局,将会大大有助于界定各协同主体的利益范围和边界责任,创建起有利于维护和巩固协同办学主体的各种机制与和谐关系。而事实上,在协同办学中,利益主体习惯性从短期收益出发将其看成是一个"零和博弈"的过程,势必会导致利益分配混乱与不均的严重后果。

五、环境层面:缺乏必要的外部支撑系统

高校与中小学处于复杂的社会网络系统之中,他们与教育行政部门有统属关系,与社区、家庭有密切的利益关系。如果将协同办学看成是一次教育变革,则教育行政部门是协同办学走向自我生成的得力外部环境支撑,富兰认为:来自上层的政治力量既可以为地方改革施加必要的压力,又可以提供各种机遇使地方的改革努力合法化。换句话说,自上而下的强制压力和自下而上的变革动力是相互需要的。在高校与中小学协同办学中,教育行政部门如能以无形的力量对协同方以参数递增形式发挥其应有作用,它就会成为协同办学积极的第三股力量。当然,教育行政部门介入需有一定的限度,如果教育行政部门以有形的、非规律性的强有力行政命令干预协同办学,那么就很容易导致协同办学系统陷入无序与混乱。从我国协同办学实际来看,教育行政部门对协同办学介入并不是过度,而是介入缺失或发挥作用有限。

国外协同办学实践证明,协同办学机制很难自发形成,即使在自由市场体制国家也难以实现,教育行政部门在协同办学中具备制度创新优势与管理优势,其作用程度对于协同办学发展方向至关重要。我国尽管有了一些协同办学的政策,但是教育行政部门缺乏对其进行系统性的制度安排与指导,协同办学的碎片化、无序化的现象普遍存在;教育行政部门的扶持力不足,往往协同办学需要足够的外部资助,尤其是政府的公共财政支撑至关重要,但目前,政府除了缺乏足够的财政投入外,还缺乏相应的优惠政策来促使协同办学形成的环境建设;教育行政部门协调能力不够,目前,

我国协同办学中的主体间缺乏通畅的协调渠道和合作平台，而教育行政部门并没有对各协同方进行有效引导、扶持，教育行政部门也并没有制定出有效的协调机制，利益耗散与分散，其效果不尽如人意也在情理之中。

六、微观层面：高校与中小学专业发展的差异

高校与中小学协同办学实现需要借助微观操作层面来进行。对于中小学教师而言，微观教育教学的核心是整合专业，专业协同性发展可以使中小学教师提升他们自觉反思意识，提升其备课质量，借助有效理论解决教学中的问题。对于高校教师而言，可以拓展他们的科研方法，提高科研能力。比较而言，高校专业发展方式相对自由，自主权较高，高校教师对于专业有较高的探究精神，中小学受制于严格的教学管理，中小学教师在协同办学中相对不积极。高校与中小学在微观专业发展差异主要体现在如下。

（一）教学对象的差异

高校教育对象大多为成年人，高校教育就必须把握专业发展的前沿问题，对事物采取探究式的研究态度，用理性去回答与批判问题。中小学教育对象为儿童与青少年，他们处于发育阶段，对事物比较好奇，思维简单，缺乏理性思维能力，因此，中小学教师必须用儿童与青少年的思维去教育学生，较少用质疑进行理性分析和问题探究。教育对象差异使得高校与中小学在协同办学时，出现教学思维错位或混乱。

（二）关注重点的差异

高校教师对教育问题关注理性的认识，寻求理论上阐述问题的由来，揭示教育所反映的本质问题以及在教育应然下如何有效地去解决。中小学教师则关注教育问题是如何发生的、问题的现象是怎样的，关注解决这些问题的

已有经验，关注操作层面的内容以及在突然状态下怎样使问题得到解决。如果让高校教师去教育中小学生，尽管他们讲得头头是道，可能也只是徒有其名而已；如果要中小学教师深入大学进行教学或管理，他们拥有的实然经验也难以引发大学生的共鸣。高校教师与中小学教师固化的关注点长期形成，也阻碍着协同办学在微观层面更好地开展。

（三）工作方式的差异

高校教育秉持探究态度，追求批评与理论创新，中小学教育追求对已有问题的解释与接纳，对问题的解决方法的把握，二者专业生活态度差异性明显。高校教师多数为自主性的专业工作方式，高校教师在大学课程大纲与教学方法的确定、教材、考试内容与方式的选择上拥有一定的自主管理权，而且他们对进修也有较大的自主权。中小学教师的专业生活有较大的组织性。中小学实施教研、备课制度，同年级使用相同教材和教学计划，使得教师在教学内容、教学进度方面保持着高度一致性，加之考试制度相对固定与统一，"趋同性"成为同年级同学科授课教师教学的特点。此外，中小学教师的继续教育由专门机构负责，中小学教师在选择专业进修的方式与内容受到已有模式的限定，缺乏自主性。

由于高校与中小学专业发展存在着特质上的差异性，协同办学如不能有效整合这种差异性，就会使协同办学演变为无序与无效。从对玉州区中小学的教师专业化发展的统计情况看，教师专业发展整体状况较低，情况不容乐观。学校专业化发展仍需要不断推进协同办学，通过高校与中小学共同构建深层次的保障机制和沟通、交流的有效平台去实现。

七、传统教育的障碍

目前，我国创新型人才培养还是采取传统型教育，传统型教育虽有不少优点，但在培养创新人才方面，也存在一些弊端。①从教育观念上看，重共性轻个性，教育模式追求大一统，忽视了教育的多样性和复杂性，忽视了不同部门、地区教育对象的特点和特长；重理论轻实践，只重视课堂理论知识教学，忽视实践性教学；重复制轻创新，表现为缺少引导学生去怀疑、分析、审视前人的理论，缺少引导学生去提炼、总结、概括新的观点、理论、学说。②从教育内容上看，重知识轻能力，重视文化知识的传授，忽视知识的应用和解决实际问题；重智育轻德育，智育发展状况成为社会对人进行评判的简单标准；重系统轻综合，比较强调学科知识的独立性和系统性，造成知识缺乏综合性和关联性以及知识结构不合理；重结论轻过程，忽视学生的思考和个性，从源头上剥离了知识与智力的内在联系，把教育过程简化为仅凭听讲和记忆就能掌握知识的简单灌输。③从教育方法上看，重内容轻方法，只注重课程内容，很少引导学生自己去研究和探讨；重灌输轻启发，多采取满堂灌和题海战术，课堂教学成为"讲、听、记、画、背、考、忘"的机械重复；重主导轻主体，学校只强调听话、顺从，强调学生与教师的一致、与标准答案的一致。

高素质创新人才培养：三位一体协同育人研究

第四章　国外创新人才培养的实践经验与启示

提高国际竞争力，确保在激烈的国际人才争夺中立于不败之地，世界发达国家把创新型人才作为经济社会发展的战略性资源，纷纷制定实施创新型人才优先发展战略，充分利用自身的软硬件方面优势大力开发全球创新型人才资源，在促进创新型人才发展方面取得了突出成效。从世界性范围看，以教师教育领域为开端全面开启了高校与中小学协同办学。因此，考察国外典型的协同办学进展与模式，可以从不同视角审视协同办学的多样化模式，也可为我国未来高校与中小学协同办学的体制和机制设计提供弥足珍贵的借鉴。

在系统地分析了我国大中小协同办学的现状基础上，我们找到了一定的理论支撑。同时，我们也有必要站在国际比较的视角，研究国外发达国家创新人才培养以及大中小协同育人的发展状况以及实践经验，以期为后续的建议与对策寻求他山之石。

第一节　国外创新人才培养实践经验

从人类社会的发展进程看，世界发达国家获得成功的决定性因素在于拥有人才尤其是创新型人才资源优势。特别是进入20世纪以来，美国、日本、韩国等许多发达国家都清醒地意识到，世界正迈入知识经济时代，创新型人才是"最重要的资源"，是决定国家竞争力、影响力的关键所在，因此都在努力开发本国创新型人才资源并积极挖掘吸引其他国家的创新型人才资源。

第四章 国外创新人才培养的实践经验与启示

一、美国创新型人才发展的基本做法

(一) 坚持"教育优先"

长期以来,美国高度重视通过教育培养创新型人才。苏联卫星上天引起世界轰动,尤其对美国形成巨大冲击。然而,在震惊之余,美国深刻认识到要赶超苏联、引领世界必须大力发展教育、积极培养创新型人才。从此,美国逐步确立了"教育优先"战略,通过调整培养目标、创新教学模式、优化课程设置、提升教师素质等措施发起以培养创新型人才为核心的教育革新。

在教育目标上,美国于20世纪70年代发表了著名的《2061计划》,明确提出要培养造就一大批面向21世纪的高素质创新型人才,以提高国家的技术创新能力和核心竞争力。在该计划的引领下,美国每隔一段时间就对教育进行反思,逐步走向以高等学校为主体的创新型人才教育培养之路。美国发布《国家教育目标报告》,对培养什么样的学生提出明确要求,认为培养既对学术领域问题又对现实生活问题有批判性思考能力的学生不仅是教育的重要目标,而且对于培养会思考的公民和有能力的劳动者进而维护民主社会都具有深远意义。因此要积极培养大量的具有较强批判性思维能力、能进行有效交流沟通、会解决实际问题的大学生。美国颁布的国家科学教育标准指出,大学创新型人才培养"重点应是教育学生掌握人们每天使用的多种技能,比如创造性地解决问题,批判性的思维和在工作中具有合作精神"。美国博耶研究型大学本科生教育委员会(the Boyer Commission on Educating Undergraduates in the Research University,简称Boyer委员会)在重建本科生教育中美国研究型大学发展蓝图中提出:研究型大学应积极采取综合教育的方式培养造就出一种"特殊的人才"。这种"特殊的人才"要具有积极探索的精神、勇于解决问题的渴望、清晰敏捷的思维、熟练的沟通交流技巧并且拥有多方面的经验。进入21世纪后,科学、技术、学术、政治等领域中的领袖将是这样的人才。

在教学模式上,通过借鉴心理学、教育学等学科成果探索形成了"一中心三结合"的创新型人才培养模式。具体来说,美国学校不断进行教育创新,坚持实施一个中心、三个结合,即以学生为中心同时做到课内与课外相结合、科学与人文相结合、教学与研究相结合,逐渐形成了独具特色的创新型人才培养模式。这种培养模式的价值取向是,注重学生综合素质的提升,以增强其在复杂社会环境中的适应能力。也就是说,要"培养学生所必需的口头和文字表达能力,以使学生适合大学、研究生和个人生活需要;培养艺术、人文科学、自然科学和社会科学的欣赏能力,并让学生在合适的深度和范围中体验这些学科;为学生毕业后做细致而又广泛的准备,不管将来是进入研究生院还是专业学院或是寻找工作"。

在课程设置方面,就美国大学尤其是研究型大学而言,一般从本科一年级开始就开设由有经验教师主持的研讨课,力求通过课堂研讨激发学生的科研兴趣;普遍开设多种跨学科综合性的专题学术研讨课并让新生根据自己的兴趣报名选学,重点是让学生围绕主题查阅相关的文献资料,并在此基础上听取教师的辅导课以及开展小组合作学习、撰写学术报告。在这种课程开设中,教师通过设定与授课内容密切相关的问题情境为切入点,激发学生的学习兴趣、培养其探究意识。

在教师队伍上,把建设高水平的教学科研教师队伍摆在学校发展战略的重要位置,集中优势资源、创造各种条件促进教师能力素质的提高。比如,美国的研究型大学特别强调教师在创新型人才培养中的作用,他们认为一所大学拥有具有高瞻远瞩的战略眼光、能够及时捕捉到科学进步带来的新机遇、有自己的长远发展规划并有策略实现自己梦想的理想家,以及能够在自己所从事的专业领域不断创造机会、善于并不懈努力使自己的研究产生革命性变化的探索家,才能在理想家和探索家的领导和影响下培养出不受任何经验、行业、市场限制且没有任何束缚敢于自由突破和实践的执行者(学生)。因此,为打造这类理想家、探索家式的教师队伍,学校通过提升教师专业水平、培养学科带头人、加强教风建设、改革教师人事制度等措施,努力提高教师的能力素质。

(二) 放宽移民政策

在加大创新型人才培养的同时，美国采取多种方式积极吸引国外创新型人才及智力。

首先，建立完善的移民制度。为确保吸引海外创新型人才智力的长期性、有效性，美国制定了移民法，从制度层面加强创新型人才引进工作。美国移民法规定：每年至少要保留 14 万个名额来吸收国外各类创新型人才，其中在备受关注的国籍问题上不要求人才放弃他们原来的国籍，也不强制他们只能拥有其他的国籍。在推行移民政策的过程中，为适应日趋激烈的国际竞争的需要，美国逐步加大技术人才的移民力度。美国开始实施"移民配额法令"，把技术人才作为移民重点并减少一般移民的数量。美国又多次修改移民法，明确提出对在学术、技术方面有突出成就的人才可不考虑国籍、资历、年龄、信仰等因素一律允许优先进入美国。在这种政策引导下，一段时间内，美国从国外吸引各类科学家 2000 多名，其中包括著名物理学家爱因斯坦。美国又进一步优化移民结构，重点鼓励投资移民和技术移民。据不完全统计，自二战以来美国从世界各地吸纳的专门人才超过 50 万人；所取得的科技成果中 80% 以上是由外国人才完成的。

其次，实施灵活的 H-1B 签证计划。在积极推行有效移民政策的同时，美国开始实施专门吸收外国创新型人才的 H-1B 签证计划，这一灵活的计划让美国在创新型人才引进方面收益颇丰。每年大约有 11 万外国人才持此类签证进入美国大学和高技术公司工作。美国又根据市场需求将签证年发放量提高到 19.5 万个。近几年，为保证在美国获硕士以上学位的外国人尽可能拿到这类签证，签证有效期为 3 年并可以再延长 3 年。在这期间，只要度过市场淘汰关就能够让这些外国人拿到绿卡，也就是说美国巧妙地利用签证将真正有用的创新型人才留在了美国。

(三) 积极营造宽松环境

美国的宽松环境首先表现在对个体价值的尊重上。一是个人的经济价值，

高素质创新人才培养：三位一体协同育人研究

主要是对"财产权"的保护，法律许可公民拥有财产（公民自由产权）和获得财产（自由企业制度）的权利；二是个人的知识价值，美国宪法强调应给予作家和发明家保证其作品及发明在限定期间内不受侵犯的专利权，以促进科学与应用技艺的发展；三是个人的社会价值，其核心是强调对个人自由选择权利的保障。上述权利构成了美国国家的基石，也成为吸引世界创新型人才的关键因素。

1. 重视投资

为加大高层次创新型人才培养力度，美国的教育和研发投资方向主要集中于大学，和高等教育相关的联邦立法几乎都含有财政补助的条款以鼓励各州兴办高等教育，并且还把公立高校教师的工资福利待遇提高至公务员以上，因此造就了一批世界一流大学、培养和集聚了大量高层次创新型人才。同时，制定实施多种资助、奖励措施以保障和激励创新型人才脱颖而出。比如，为避免学生因经济困难而辍学，美国政府决定减免在校大学生家庭所得税、提高面向低收入家庭的佩尔奖学金最高限额、实行大学费预付计划项目等。在创新型人才奖励方面，美国政府、企业和民间团体还筹资设立多种科技奖励项目，国家奖包括美国国家科学奖、国家技术奖、费姆国家发明者大厅大奖、沃特曼奖、青年探索者奖等，公司及民间奖有公司科技奖、西屋科学天才奖、民间学术团体科技奖等，这些奖项对促进创新型人才成长发挥了积极作用。

2. 提供周到服务

为吸引国外创新型人才到美国创业，在资金筹集、科研条件、工资待遇、生活保障、子女教育、减免税收、给予声誉等方面予以倾斜，让他们乐于来此兴业、舒心在此工作。比如，为方便个人融资创办中小企业，建立了多元化的风险投资机制；在机构上专门成立"全美中小企业管理局"，主要是为中小型企业的发展和壮大提供必要的信息服务以及技术指导；重视知识产权和专利技术制度的建立完善，及时为中小型科技企业发展和个人创新提供坚实的法律保障。此外，通过强化医疗、住房、保险等社会化服务来促进创新型人才资源合理配置，使他们在政府、企业、高校、科研机构之间自由地流动，确保达到才尽其用。

二、日本创新型人才发展的基本做法

（一）"智慧创新立国"

日本是一个岛国，相对而言其环境恶劣、资源匮乏。正是出于对自身先天条件不足的清醒认识，日本在强化忧患意识教育以使国民居安思危进而激发奋发拼搏精神的同时，通过大力开发人才资源来弥补其地理环境和自然资源方面的缺陷。尤其是二战后，日本为赢得比较优势，以便更好地在日趋激烈的国际竞争中生存，坚持实行"智慧创新立国"方针，把创新型人才发展放在突出位置，努力培养适合国家发展需要的富有创新精神的优秀人才。这类创新型人才的基本素质是：有独立思考、判断和行动的能力；除国民所必需的基础知识和基本技能外，有丰富的个性，能生存于国际社会并主动地造就社会变化；有丰富的内心世界及坚韧不拔的毅力。进入21世纪，为适应新的国际竞争形势，日本进一步深化实施"智慧创新立国"战略，于2001年发布第二期《科学技术基本计划》，提出"科学技术创造立国"的战略目标，强调重点培养创新型科技人才并发挥他们在"知识创造"中的作用，目标是：通过知识创新和灵活运用，在新知识创造方面成为对世界做出贡献的国家；依靠知识创出活力，成为有国际竞争力并持续发展的国家；凭借知识创建富裕社会，成为使国民安居乐业的国家。同时，为造就顶尖级创新型人才，《科学技术基本计划》还明确提出，要使日本的国际科学奖获奖者与美欧国家一样人才辈出，力争今后50年有30人荣获诺贝尔奖。

（二）"化育英才，所以兴邦"

日本坚持"化育英才，所以兴邦"理念，高度重视发挥教育对创新型人才培养的作用并把其放在优先发展的位置。尤其是二战后，日本准确把握创新型人才发展与经济增长的关系，大力普及义务教育来培育经济社会发展急需的各类人才。正是因为长期对教育的重视和投资才积累了丰富的创新型人才资源，而这些大量的人才对日本迅速崛起发挥了关键性作用，使其在短时期内成为世界最发达的国家之一。进入21世纪，面对竞争日趋激烈的国际形势，出于对未来发展的战略性考虑，日本进一步就创新型人才教育培养目标提出要求。一是有博大的胸怀、强健的体魄和较强的创造力。二是有自由、自律及公共精神。关于自由、自律精神，主要是要求学生具有总结归纳自己思想、独立判断、善于决定、敢于负责的意愿、态度和能力。关于公共精神，主要是要求学生具有为公共事业尽心尽职的精神，关心他人、服务社会的精神，爱国爱家的精神，尊重法律秩序和社会公共规范的精神。其中，只有在自由、自律精神的基础上，公共精神才能培养建立起来。三是做全球范围中的日本人。具有面向整个人类、整个世界的视野，在文化、艺术、体育、科学技术、经济社会等领域中，力争成为能够为国际社会发展做出贡献的日本人。此外，为适应"科学技术创造立国"战略要求，进一步加大创新型科技人才培养力度，日本政府出台《关于科学技术相关人才培养与使用的意见》，强调从基础教育阶段就加强对创新型科技人才的培养。

为多出人才、快出人才，日本还积极打造创新型人才培养专项工程。一是"240万科技人才开发综合推进计划"。该计划以大批量培养创新型科技人才为目标，从2002年6月开始实施，为期5年，由日本经济产业省、文部科学省共同负责。这项计划的内容主要是：积极实施实战技术人才培养计划、240万人终身教育计划以及人才培养机构考核评价推进计划，其中重点为信息技术、环境、纳米材料等高科技领域培养240万名高层次科技人才，以满足各类企业对具有较强实战能力的技术人才的迫切需求。就实战技术人才培养而言，以大学生、研究生及科研人员为对象，在强化学校教育的同时注重实际锻炼，定期派遣他们到国内大型企业实训、研修以增强其研发及技术转化方面的素质和能力。二是"21世纪卓越研究基地计划"。日本文部科学省决定每年对全国50所大学的100多个重点科研项目给予为期5年的资助，每个项目每年资助金额为1亿~5亿日元。实行该计划的目标在于，通过建立一流

第四章 国外创新人才培养的实践经验与启示

的研究基地,既促进取得国际领先的科研成果也培养造就出世界范围内顶尖级的创新型人才。三是"科学技术人才培养综合计划"。为培养造就有创造性的世界顶尖级研究人员和社会产业发展所需人才,营造吸引、用好各类人才尤其是有利于科技人才培养的环境,日本文部科学省制定实施该项计划。主要措施有:于2004年至2008年期间选择有发展潜力的基地给予重点资助,以便集中人才、增添设备,着力建造具有国际竞争力的研究基地;对有发展潜力的博士研究生实行生活费补助制度以确保其专心投入科研活动,力争到2008年获得补助费的博士生达到4500人;为提升青年科学家的能力和水平,派遣他们到国外一流的研究机构进行长期研究,并将派出时间由两年延长至三年。正是由于日本不惜投入巨资大力培养创新型人才,尤其是一系列创新型人才培养计划的实施,从2001年至2008年8年间日本涌现6位诺贝尔奖获得者。

(三) 国外就地取材

在吸引国外创新型人才和智力方面,日本采取了一些行之有效的做法,走出一条适合本国国情的招揽人才的路子。日本的民族成分比较单一,具有明显的排外倾向,如果采取美国、加拿大等国的移民政策很难吸引创新型人才直接安家定居。但是,日本独辟蹊径,立足人才本土化在国外就地取材,措施主要包括:在国外设立研究开发机构,以购买、资助方式占有或部分占有国外的实验室,并通过提供优厚条件吸纳优秀人才;"重金"招揽人才,通过购买、吞并外国企业或公司将其人才据为己有;在海外设立跨国公司,大力推动公司管理人才、技术人才的本土化;设立各种管理学院和培训中心对员工进行各方面的培训,以加快人才的本土化;在国外学校设立奖学金,以培养、挖掘苗子人才。正是由于在人才竞争中实行"国内竞争国际化、国际竞争国内化"战略,国外大批创新型人才无须跨越国界就为其所用。尤其是日本的跨国公司,为了迅速占领国外市场并提高竞争力,以优越待遇为诱饵不遗余力地抢夺所在国的各类创新型人才为公司服务,收到了良好效果。据统计,近年来,日本大约有40%的大公司把基础研究设施放在国外,其中许多在美国和英国；日本在欧美已建有数百个研究开发基地，有数万名外国科学家和工程师为日本工作。

（四）官产学合作

面对激烈的国际竞争，尤其是知识经济时代的到来，日本积极实施以大学和公共研究机构为主体的官、产、学合作，注重在政府的引导下促进大学或研究机构与企业良性互动。

（1）增强大学、公共研究机构的创新能力，使其根据科技发展战略、经济社会需要开展研究，他们取得的科技成果投入应用产生经济效益和社会效益，其中部分收益将返还到科研活动中，这样就形成有利于创新的良性循环。

（2）强化学校教育的同时，促进企业为学生提供实践锻炼。仅就日本的高等教育而言，非常重视科研方面的训练，尤其是通过引入市场竞争机制让高校与生产科研单位以签订培养合同等方式取得直接联系，目前已建立联合研究制度、合作研究制度、合同研究制度等多种形式的横向联合培养研究机制。为强化对研究生的教育，日本学习借鉴德国讲座制和美国研究生院制创建了有自己特色的本土研究生院，逐步形成了以政府主导为特征的"产官学一体化"研究生培养模式和以"工业实验室"为主的研究生教育模式，其中"工业实验室"已经发展成为研究生教育阶段的主要教育基地和科研中心。在这种研究生培养模式下形成了一种科技创新的良性循环：企业负责提供资金、课题和就业机会，而研究生承担科研任务；研究生的科研成果转化为企业的生产效率，进而使企业对研究生教育以更大热情投入更多资金。

三、韩国创新型人才发展的基本做法

从严格意义上说，与欧美传统发达国家相比，韩国是一个新兴发达国家。作为一个追赶者和后进者，韩国之所以能在短时期内成为新兴发达国家，并且长期保持世界领先水平，主要得益于大力实施创新型人才发展战略。

第四章　国外创新人才培养的实践经验与启示

（一）强化精英教育

精英教育与大众教育的关系问题是涉及提高全民素质与提升国家国际竞争力的关键问题。当然，从某种程度上说，大众教育是精英教育的基础，如果不注重大众教育，那么精英教育将失去根基。因此，韩国首先立足教育公平，比如通过学校校长、教师定期交流轮换等方式推动教育均衡发展，积极发展大众教育。韩国成园初等学校崔洋大校长介绍说："在一所学校里，教师工作7年、校长工作5年后必须轮换到其他学校工作，其中包括去最艰苦的农村学校。轮换范围一般在道（相当于中国的省）内，个别情况下也有跨道的。由于各地区的条件不同，轮换的时间也有差别，在边远农村地区工作5年可抵在其他地区工作7年的时间。在不同学校轮换工作，是教师和校长职务职称提升的必备条件。"可以说，韩国实行的学校教师轮换制促进了教育资源的合理配置和利用，为创新型人才培养提供了重要保障。更为重要的是，为保证大众教育得以落实，韩国教育法规定：公民有权根据自己的能力接受适当教育；所有人至少接受初等教育及法律规定的其他方面教育；接受义务教育是公民的基本权利；国家积极推行终身教育。此外，韩国对教育进行高额投入，教育经费增长率从20世纪60年代开始就持续超过GNP的增长率，尤其是近十年来韩国教育经费占GDP的比例基本保持在7%左右，在新兴工业化国家中最高。由于大力实施大众化教育，韩国15岁以上的国民平均受教育年限已由1970年的4.9年提高到10.8年，在全球207个国家和地区中仅次于美国、新西兰、加拿大、瑞典和澳大利亚，排名第6位。精英教育的目标是培养创新型人才，与国家竞争力密切相关，因此韩国在积极发展大众教育的基础上不断强化精英教育。一是设立专门的创新型人才科研机构。20世纪70年代，筹备建立了韩国科学院，以便集聚、培养高层次创新型人才。二是实施创新型人才培养工程。注重依托项目研发促进创新型人才发展，在制定实施"特别工业技术研究财政计划""产业技术开发计划"等项目的基础上，韩国于1991年制定实施"G-7"高科技研究与开发计划，选取14项技术为主攻方向，于10年内对此工程投资62.5亿美元。这样做的目的是：到21世纪初，力争韩国的高级科研人才达15万名，其中10%达到世界最高水平，从而推动韩国跨进世界科技强国之列。三是推进大学教育改革。在精英教育理念的引导下，教育部门、高等学校采取多种措施培养创新型人才。主要做法有：进行大学入学考试制度改革，尤其是从2002年开始实行灵活多样的方式录取学生，以便发现更多有创新潜能的"苗子"；为早出人才、快出人才，进行学制调整，允许部分大学生在本科学习期间攻读博士课程；为充分调动教师积极性，从2002年开始对大学新聘副教授以下教师实行合同管理，并严格限定新聘教师中从本学校毕业的人数，以避免"任人唯亲"、促进交流创新；允许企业以产学研合作的方式在大学设立培养定向专门人才的系或专业。正是由于推行有效的教育改革，在很短的时间内，韩国的高等教育就取得了明显成效。据2003年韩国教育部统计，1990年韩国普通大学107所，在校大学生1040166名；而到2003年普通大学增加到169所，在校大学生1808539名。

（二）吸引人才回流

在强化国内创新型人才培养的同时，韩国积极实施吸引利用海外创新型人才政策，尤其是立足自身特点争取流失在海外的高层次人才回国工作创业。

实际上，自开展选派出国留学工作之初，韩国就遇到极其严重的人才外流问题。早在20世纪50—70年代，留学人员学成不归现象非常突出，其中相当长时期内留学人员中回国的仅6%。1968年，在工程技术、自然科学、社会科学领域学成不归者分别达87%、96.7%、90.5%。更为严重和奇怪的是，海外韩国高层次人才总数比国内的多，1965年在国内各领域中有博士学位的共79人，而留在美国的自然科学和工程技术领域的此类人才就有869人。为扭转这种人才流失局面，自20世纪70年代开始，韩国通过实施"长期回国计划""临时回归计划"等引导留学人才积极回流，到90年代经济腾飞期"60%的韩国留学生学成后都会回国工作"。韩国吸引海外人才回流之所以取得明显成效，主要得益于以下措施。一是搭建创业平台。人才看重的是事业，创立专门化的工业园、科技园等不仅有利于科技发展和科技产业现代化，而且可提供较多的创业机会，扩大对高级人才的市场需求，是吸纳海外高层次人才的重要基地。自 1974 年开始，韩国在大德、光州、釜山、大邱、全州、江陵等地建立吸引海外创新型人才的科技园区，其中比较著名的是大德科技园区。大德科技园区创建于 1974 年，最初侧重吸引教学、科研类创新型人才。经过几十年的发展，大德科技园区利用先进的基础设施、优质的服务吸引众多的专业研究机构、大学、企业入驻，并以"一体化"为目标促进人才、设备等资源共享，同时通过技术成果转让、联合开发生产等多种形式促进科研成果迅速转化为生产力。此外，园区还积极发挥"孵化器"功能，通过技能培训、创业指导等形式培育创新型人才。据有关资料统计，截至 2003 年底，入驻大德科技园区的科研单位、教育机构、企业近 220 个；具有博士、硕士学位的高层次创新型人才 1 万余名。为进一步加大创新型人才吸引力度，韩国又于 2005 年将大德科技园区定格为"研究开发特区"，力争到 2015 年吸引 20 家外国研发机构进驻、园区的企业数量增至 3000 个。二是提供丰厚待遇。工资待遇是影响创新型人才流动的重要因素。在韩国，对海外人才实行高薪政策，当韩国人均月工资只有 50 美元时，回国人才每月的工资却在 250 至 400 美元之间，这极大地吸引了留学海外的人才。除了给予回国人才较高的工资报酬外，还设立不同的资助项目对其科研开发活动进行补助，向他们提供安家费或免费住房、子女教育津贴等。三是实行灵活多样的吸引方式。对海外人才如何回国工作或为国服务，韩国允许他们根据自身情况确定。关于在国内工作时间的长短，可以永久定居也可以暂时回来，并允许保留外国国籍。对暂时不能回国的人才，鼓励他们通过学术交流、科研合作等形式为国服务。

（三）实施重奖政策

为推动创新型人才快速发展，韩国实施重奖政策，设立数十种奖励项目加大对他们的奖励力度。韩国"总统奖"有四项：科学奖、技术奖、技能奖、科技服务奖，每年都由总统亲自颁发，奖励的对象包括科学家、工程师和技术工人。1985 年还设立了旨在奖励重大发明者的"韩国科技大奖"，除给予获奖人员荣誉表彰之外，在物质方面还有 3500 万韩元的奖金；将其任命为终身研究员并保证其研究所需的经费;在医疗、就业、就学等方面,其本人与家属还可以享受特殊的待遇;把其事迹拍摄成电影进行广泛宣传从而激励他人。在青年人才激励方面,1996年韩国设立了"青年科技工作者奖",对35岁以下成绩突出的理工科研究领域的青年人才进行奖励。教育人力资源部发表2003年度无偿援助理工科大学生的国家奖学金和助学贷款基本计划,提出政府拿出309亿韩元资金对优秀学生给予资助,其中215亿韩元作为无偿奖学金提供给理工科大学新生或研究生,其余94亿韩元作为助学贷款提供给理工科大学生或研究生。在具体实施中,各大学按照规定的标准组织优秀生进行申报,最终由韩国学术振兴财团确定后向各大学通报获奖名单。事实证明,门类众多的奖励项目极大地激发了创新型人才的内在发展动力。

第二节 国外大中学协同培养创新人才的经验与启示

一、美国大学附属中学的发展概况与特点分析

为了更全面地了解美国大学的附属中学,通过美国中学校长推荐、对美国教育相关文献的阅读以及网络的搜索,系统地收集了50所美国大学附属中学的数据。笔者认为美国大学附属中学主要呈现以下特征。

(一) 大学创办大学附中的动因多样而复杂

美国大学附属中学蓬勃发展的背后,有着复杂多元的动因。作为大学附属中学,其创办的首要原因还是为了满足大学教职工子女的就学需求。尤其是在一些大城市,即便是一些著名大学的教师,其子女要就读公立的名校都会十分困难。这一点在纽约市体现得特别明显。为此,哥伦比亚大学于2003年成立了哥伦比亚大学附属学校(The School at Columbia University),其首要目的是服务于大学的人才引进和人才稳定计划,为大学的教职工子女提供高质量的教育,以此来增强大学对优秀人才的吸引力。美国大学附属中学创办

的第二个原因是地方教育局主动牵线搭桥，通过创建大学附属中学聚焦特色办学，为创新人才培养提供更好的环境。纽约市教育局设置的9所特殊高中（Specialized High School），旨在为精英人才培养奠定基础。这些学校办学特色鲜明，成绩突出，在全美享有很高的声誉，几乎在任何一个全美公立高中排名榜中都可以位列前100名。在这9所特殊高中当中，有3所是大学附属中学，它们都是在2002年创建，这三所高中分别是利文学院美国研究高中（High School of American Studies at Lehman College）、纽约城市学院数学、科学与工程高中（High School for Mathematics, Science and Engineering at City College）、约克学院皇后区科学高中（Queens High School for Sciences at York College）。美国大学附属中学创建的第三个原因是开展教育实验，践行教育理想。很多大学附属中学的校名都采用的是实验学校。通过与大学教育学院的深度合作，创建大学附属中学。一方面能为大学教师从事教育科研提供便利，另一方面在大学教师的支撑下提升学校的教育质量。例如，休斯敦大学特许学校（University of Houston Charter School）是一所以建构主义理论为指导的实验学校，旨在为提供以学生为中心的课程，促进学生的智力发展、技术应用和领导力的培养。学生所获得的知识将伴随着他们进入更高一级的学校，给他们带来特有的优势。休斯敦大学特许学校在陈述自身发展目标时特意强调，学校将为休斯敦大学的教师和研究生创设平台，学校提供研究所需要的测试、教学的机会。

（二）部分传统的大学附中自身转型

近年来，美国大学附属中学在快速发展的同时，过去一些传统大学附属中学也遇到了发展上的困难，甚至不得不从大学附属划归地方所有。这一现象的主要原因是经费不足。第二次世界大战之后到20世纪六七十年代是美国高等教育发展的黄金时期，一系列法案的颁布体现了联邦政府对高等教育的重视。但是进入80年代之后，随着美国经济增长的下滑，州政府对大学拨款的减少，公立大学的发展遇到了很大的挑战。大学内部组织结构的重组是大学渡过难关的重要举措，一些排名相对落后的非强势学科面临着重组甚至关停的境地。通常而言，现代大学具有人才培养、科学研究和服务社会三大职能。举办大学附属中学属于社会服务，并非大学的核心使命。因此，一些公立大学附属中学的发展受到了很大的冲击甚至面临着转型。伊利诺伊大学厄巴纳-香槟分校（University of Illinois at Urbana-Champaign，缩写为UIUC）实验高中（University Laboratory High School）就遇到过这样的困境。伊利诺伊大学实验高中是一所公立的、在招生上有选择权的高中，它与伊利诺伊大学香槟分校有一定的关联，在学校网站上陈述自身与伊利诺伊大学关系时用的是"associated with"，从中可以看出双方合作的程度并不是很强。伊利诺伊大学实验高中创建于1921年，校址在伊利诺伊大学校内，主要以招收伊利诺伊州的资优生为主，在校生300人，横跨五个年级。在长达90多年的办学历史中，该校培养出了三位诺贝尔奖得主，辉煌的办学成绩使得它被《新闻周刊》（*Newsweek*）杂志评为公立高中当中的精英学校。学校在建校之后的很多年时间都是由伊利诺伊大学教育学院提供办学经费，学校也自然成了教育学院实验基地，但是1980年教育学院因为经费紧缺，停止了对实验高中提供办学经费，但大学仍然给予高中学生一些特殊的优待。高中学生在上学期间可以自由进入大学，他们能像本科生一样，使用大学的图书馆资源。从这个意义上说，学校的图书馆应该是在所有高中学校中资源最丰富的，此外，高中学生可以使用大学的运动场。作为一所不能收学费的公立高中，伊利诺伊州教育委员会对学校的办学非常重视，因为学校招收全州的学生。实验高中当前年度预算中60%来自伊利诺伊州教育委员会的拨款，大学虽然停止了对学校办学经费的支持，但是大学仍然对学校在设备维护、校舍维修等方面提供帮助。而私人捐赠对学校的发展发挥了重要作用。学校筹集了近百万美元的经费。近年来，该校大约40%的高中学生最终能进入伊利诺伊大学香槟分校。尽管在外界看来，学校被认为主要招收大学教工的子弟，但从现有的数据看，教工子弟仅仅占高中学生人数的1/3，学校招生来源也变得更加多样，香槟分校来自不同学科的学者经常把实验高中作为文化和种族多样性的典型案例。

(三) 在线大学附属中学发展迅猛

部分美国大学附属中学以网络教育为载体，尽可能地将优质的高中教育资源辐射向全国甚至全世界。这一现象在其他国家并不常见，对于中国来说，也是新生事物，但是美国在线高中教育的发展速度却非常迅猛。很多在线大学附属中学均通过了严格的专业机构的认证，它们的授课形式多样，学习时间也比较弹性化，学费相比于寄宿制或者走读私立高中要便宜很多。斯坦福大学在线资优生教育项目每年的学费是12000美元，而其他在线高中的学费则要便宜很多。印第安纳大学附属高中则是一所提供远程教育的中学，总部设在印第安纳大学布鲁明顿分校，它由印第安纳大学分管本科生教育的副教务长办公室（Office of the Vice Provost for Undergraduate Education）管理。它为世界各地的学生提供个性化的课程和学历项目，除了提供在线课程或者邮寄的函授课程之外，该校也开设了职业规划类课程和一些生活体验类课程。印第安纳大学附属高中被"最好的学校"网站评为排名第二的在线高中。而密苏里大学附属高中由密苏里大学教育学院举办，它是一所在线高中。学生来自65个国家，全美每个州都有学校注册。学校开设了众多课程，甚至包括NAP课程（网络接入点课程）和一些荣誉课程。这些在线大学附属中学能为学生提供丰富的课程选择，虽然这一类学校不是关注的重点，但是美国在线大学附属中学迅速发展的现象仍然值得我们关注。

(四) 培养创新人才是大学附中的追求

从目前现有的美国大学附属中学来看，规模并不大，即便囊括在线大学附属中学也只有五十多所中学。但其中很多不乏能雄踞各类高中排行榜前列的顶尖学校，如肯塔基卡罗马丁高顿数学与科学高中等。

虽然美国大学附中的创办也有类似于我国为了解决大学教师子女就学的原因，但是可能由于美国大学本身的创新追求，在美国的大学附中几乎都把创新人才的培养或者说学生创新精神的培育作为重要的办学追求。

高素质创新人才培养：三位一体协同育人研究

二、美国大学附属中学的典型案例

（一）案例之一：纽约城市学院附属数学、科学和工程高中

在2015年《美国新闻与世界报道》中全美公立高中排名中位列第78位的纽约城市学院附属数学、科学和工程高中（The High School for Math, Science and Engineering at The City College of New York，简称HSMSE）是近年来新崛起的一所大学附属中学。它创建于2002年，由时任纽约市教委主任哈罗德·列为（Harold Levy）和纽约市立大学系统（The City University of New York）总校校长马修·歌德斯坦因（Mathew Goldstein）共同商议创建。它是纽约市九所著名的特色高中之一，学生通过纽约市教育委员会专门组织的高选拔性的考试择优录取。纽约城市学院是纽约市立大学系统中的旗舰大学，它在科学、工程和建筑领域处于领先地位，同时它的人文和艺术学科也有很强的实力。因此，纽约城市学院附属数学、科学和工程高中在创建伊始就将办学定位在很高的层次，这可以从学校的使命陈述中得到体现。

"学校提供一种独一无二、无与伦比的充满合作性的教育体验，在这里天才学生能够充分地接受挑战，不断地提升他们的智力水平，培养探究的习惯，提升表达能力、批判性思维、问题发现以及问题解决、研究和演说的能力。学校追求为学生提供学术严谨的学习环境，专注于数学、科学和工程，同时也强调对学生公民责任的培养和对知识内在价值的追求。教师、学生、家长以及学校的合作伙伴组成了一个学习共同体，旨在发展学生获取和分析信息的能力，从不同的角度看世界，在不同学科之间建立联系，发现其中的规律，畅想所不曾想。我们希望学生能成为知识渊博的、有思想的、能言善辩的公民，他们在大学、在工作场所和今后的人生能够充分利用好各种机遇。"

纽约城市学院附属数学、科学与工程高中提供了一套整合的科学、技术、工程、数学与人文学科的课程。学校倡导以合作方式营造一个支持性的学习社群，在这样的环境中人人得到激励，水平不断提升。学校通过与纽约城市

第四章　国外创新人才培养的实践经验与启示

学院格拉夫工程学院（Grove School of Engineering）和西奈山医学院（Mount Sinai Medical School）的密切合作，倡导学生在实践中学习。学校富有经验的教师非常敬业地教授学生知识，通过严格的要求和自身真情的投入促进学生的发展。

正是基于与纽约城市学院的合作，学生能够有机会在高中阶段就接触到结石问题的处理，阅读莎士比亚著作，探讨果蝇遗传学，设计电路，辩论中世纪的法院系统，或了解德国的文化。学校的生源来自纽约市内的各个区的公立中学或者私立中学，来源非常广泛。他们的宿舍坐落在纽约城市学院的巴斯克维尔公寓，从这个意义上说，与大学的合作伙伴关系为学生创造了独特的学习机会，给学生提供了一个提前体验大学生活的环境。学生可以在纽约城市学院的食堂就餐，可以使用纽约城市学院的图书馆和运动设施，可以得到在一些实验室做研究助理的机会，甚至很多附中的课程可以被授予大学的学分。

除了与纽约城市学院的合作之外，学校还与西奈山医学院建立了伙伴关系，允许十年级学生选修工程、数学和生物医学研究方面的选修课。高年级学生每周也可以有半天时间进入大学实验室做实验。而与歌德学院（Goethe-Institut）和美国德裔教师联合会（American Association of Teachers of German）进行的德国项目合作是最大的合作项目，每年夏天都有不少学生能够得到经费赴德游学。

附属中学除了利用大学资源进行课程开发与整合之外，从附属中学的课程目录中我们可以看到，纽约城市学院对学校课程建设方面所给予的大力支持。因为附属中学所招收的都是纽约市最顶尖的学生，因此，纽约城市学院开放了部分大学的课程供高中学生选修，并给予大学的学分。

12年级学生的《经济学基础》是一门由纽约城市学院开设的为期一学期的课程，学生通过考试之后能够获得纽约城市学院的学分。这门课旨在提升学生的财经素养。学生将学习微观经济学的基本概念，例如机会成本，供给与需求，比较优势和生产效率。他们学习个人理财的基本知识，包括存款、预算、个人信用、投资和保险。最后，这门课程会简单介绍GDP、失业、通货膨胀和货币政策的基本概念。

12年级的《政治中的民主参与》是一门由纽约城市学院开设的为期一学期的课程，学生通过考试之后能够获得纽约城市学院的学分。这门课程将向学生介绍联邦政府、州政府以及市政府的特点。这门课程同时鼓励学生充分参与到对当前政治事件的讨论与辩论中，培养学生的批判性思维能力。

（二）案例之二：芝加哥大学实验学校

芝加哥大学实验学校（University of Chicago Laboratory Schools，简称 Lab Schools）是享有国际盛誉的著名学校，它由教育家约翰·杜威于1896年创办。学校从幼儿班到12年级，现有学生2004人，其中高中部学生516人；学校为学生提供150门富于挑战性和多样性的课程，现有40多个社团。学校体育运动也蓬勃开展，高中部有34支运动队。学校的生源中60%的学生家庭与芝加哥大学有直接的关联。

卓越的学校几乎到处都有，但是一所世界一流的研究型大学附属的卓越学校，芝加哥大学实验学校可能是非常少有的。实验学校的培养目标是"使得每位毕业生都具有创新能力以及获取、分析和交流复杂性知识的能力，并且具备了使得他们能够在大学以及今后的世界能够不断超越的自信"。

作为芝加哥大学的实验中学，学校所形成的文化氛围与其他普通中学有很大的差异，芝加哥大学注重思考和探究的文化深深地影响着实验中学的学子。实验学校与大学之间的合作不断发展，形式多样，这为我们研究美国大学附中与大学的深度合作提供了很好的案例。

第一，实验学校的部分学生能够直接进入大学选修课程。以2013—2014学年为例，有9位高三的学生、5位高二的学生和1位高一的学生共同选修了44门大学的课程。从学生选择的范围来看，涉及了各个学科，包括数学系的代数、数学分析，物理系的基础物理、机械、电学、电磁学、光学、热力学和声波学等，生物系的生态学、传染病的演化，计算机科学。语言类课程也深受高中学生青睐，主要包括基础意大利语、波兰语、基础阿拉伯语、基础法语和德国文学。有些学生学习的时间甚至超过一个学年。除了语言类课程

第四章 国外创新人才培养的实践经验与启示

之外,文化心理学、经济分析基础和美国战略等人文社科类课程也有学生感兴趣。

第二,学生参与大学教授的研究项目也是一种重要的合作形式。在2013年,简·迪森特(Jean Decety)教授的实验室在研究儿童在道德情境中的反应,分析儿童的同情心和作为团队成员中的个体,在面对道德基准选择时,主体与客体的真实反应。这项研究。此外,还有2位高三的学生参与了芝加哥大学医学院的影子内科医生项目,1位高一学生参与了大学睡眠实验室的研究项目。

第三,高中生进入到大学实验室参与团队研究毕竟只是少数,从实验学校的经验来看,开展了15年的暑期科研实习项目(Science Summer Link Internships)已经非常成熟。该项目最早起源于实验中学的科学教师莫里·郝金斯基(Murray Hozinsky)帮助高中生寻找暑期进入大学实验室实习,在郝金斯基退休之后,继任的科学教师莎朗·郝新格(Sharon Housinger)逐步将它制度化,正式建立了暑期科研实习项目。郝新格充分利用了家长资源,邀请在芝加哥大学担任教授的家长组成了专门的委员会,审议学生的实习申请,同时积极联系芝加哥大学校内各个实验室,寻找暑期实习的机会。2010年,实验中学的教师克里斯托弗·简娜斯(Christopher Janus)和安德拉·马腾菲(Andrea Martonffy)将该项目扩展到著名的芝加哥大学布斯商学院(Chicago Booth School of Business)。

正是有了这样的深度合作,实验中学的高中生才有进入世界一流大学实验室带薪实习的机会。在现有的24个带薪实习职位中,一半是生物、物理、化学和计算机科学学科,还有一半是在商学院、法学院、出版社等人文社科领域。通过暑期科研实习项目,高中学生能够更多地了解真实的世界,能够亲历高中学生很难获得的研究经历。过往较为成功的项目有:

芝加哥大学材料科学与工程研究中心化学系教授卡伊里(Ka Yee C. Lee)、芝加哥大学计算科学研究所与美国阿拉贡国家实验室的研究项目、海德公园银行、国际权威评级机构晨星公司、芝加哥大学出版社;领衔的有芝加哥大学化学系卢宇平教授、芝加哥大学法学院教授、美国诉讼法庭大法官理查德·波斯纳（Richard Posner），芝加哥大学经济法学教授威廉·兰德斯（William Landes），芝加哥大学劳动经济学杰出教授斯蒂文·卢威特（Steven D. Levitt），芝加哥大学医学院杰出教授简奈特·劳利（Janet D. Rowley），基因工程学陈建军教授等等。

由于暑期科研实习项目每年都在变化，能保持一定的规划开展十多年非常不容易。实验中学对这样难得的合作机会也是做了充分准备。学生在申请暑期科研实习项目时，必须提交一篇论文，说明为什么对该学科感兴趣。科学课的分数在申请过程中也起了重要作用。对于一些非科学类的实习项目，则需要解释为什么愿意参与该项目，你希望能从中学到什么。实验中学各个年级的学生都可以申请，申请成功者将利用暑假时间全天参与为期7周的项目，同时可以拿到一定的薪水。

第四，实验中学的学生也积极创造机会能更好地利用芝加哥大学的资源，实验高中与大学之间的艺术交流非常频繁。实验高中的铜管乐队与大学乐队一起排练，在科特演出中心（Court Theater）表演。在2013年，高三的两位学生经过一年的精心准备，在科特演出中心展示了自己编排的舞蹈。同时有部分学生参与了大学的午间音乐会。实验中学的戏剧老师奥德·伯杰斯纳卡斯（Audre Budrys-Nakas）带领整个高一年级学生观看了大学表演艺术系演出的剧目，同时还邀请大学的教师来给高中生讲课。

第五，每年实验中学会定期邀请芝加哥大学的不同学科的知名教授到学校给学生开设讲座，如诺贝尔奖得主、著名的科学家等，这些资源是其他高中很难提供的。2015年，芝加哥大学法学院艾米丽·巴斯（Emily Buss）教授为实验高中的学生开设了"未成年人的正义"研讨课。大学著名教授的授课增加了实验高中课程的深度和广度。

实验高中能获得成功，原因是多方面的，但从背后的关键因素来看，至少有几点值得重视。

第一，传承了芝加哥大学的文化。芝加哥大学创办于1890年，建校之初，芝加哥大学就以开放的心态兼收并蓄地包容了德国威廉·冯·洪堡与英国约翰·亨利·纽曼两种大学理念，建构了独特而卓越的组织、研究和教学

第四章 国外创新人才培养的实践经验与启示

理念,在很短的时间内成为美国乃至世界一流大学。芝加哥大学的教育观念强调"宏观与实验"精神、注重对纯理论和大师经典学习研究的教学方法,奠定了它在美国教育史上独特而重要的地位。教学中十分注重培养学生的独立思考精神和批判性思维,鼓励挑战权威,鼓励与众不同的思维方式和观点,培养了众多诺贝尔奖获得者。这样的文化在实验中学也得到了很好地体现。实验学校的使命陈述是:我们是芝加哥大学学术群体中的最年轻的成员,我们点燃和培育学生具备持续的学术能力、好奇心、创新能力和自信心。我们注重经验性学习,鼓励学生展现自己的善意,尊重文化的多样性。

第二,实验学校的高层领导同时拥有在大学和附中工作的经历。大学附中能够与大学进行深度合作的重要前提是,附中的校长同时了解附中和大学的文化。芝加哥实验学校的现任校长贝斯·哈里斯(Beth Harris)本科毕业于芝加哥大学,之后在西北大学获得法学博士。在芝加哥大学有过30年工作的经历,她曾担任13年的大学副校长和总法律顾问,具有深厚的管理复杂的大型学术机构的经验。她在担任芝加哥大学副校长时分管了四个学部、五个专业学院、阿拉贡费米国家实验室、大学出版社、科特剧院和两个大学博物馆。她同时还担任了多个学术机构的董事,包括实验学校、芝加哥大学巴黎中心、印度中心等众多机构。来实验中学之前,她曾担任海德公园舞蹈学院的院长。

值得一提的是,芝加哥大学实验学校的董事会主席通常是由芝加哥大学的董事来担任,由此可见,大学对实验学校发展的重视。如实验学校的前任董事会主席、阿里尔投资公司的总裁约翰·罗格斯(John Rogers),同时也是芝加哥大学的董事,在大学董事会中担任了外部事务委员会的主席。罗格斯毕业于实验中学,为实验中学的发展投入了大量的心血,他在离任时得到了高度的认可。

正是因为芝加哥大学实验学校在美国大学附中界的引领地位,使得众多其他同类学校在遴选校长时,争相希望能从实验中学聘请人才。如哥伦比亚大学附属学校的现任校长阿玛尼·里德(Amani Reed)之前就是芝加哥大学实验学校初中部的校长。

第三,实验学校与大学的深度合作体现在师资的双向交流。美国的大学附中与大学的关系并不存在行政上的隶属关系，更多的是双方基于主动合作，寻求共同的兴趣点，而建立的附属关系。在实验学校不少老师既在大学担任教学任务也在中学担任教学任务，这种双向交流使得他们的合作是深度的。

如果说芝加哥大学实验学校给我们提供的是一所研究型大学附中的典型范例，那么纽约城市学院附属数学、科学和工程高中则提供的是一所单科大学附属中学的杰出代表。从这两个典型案例中我们可以归纳出四点共同的启示，即对大学文化的传承、在课程上大学附中与大学的相通、大学附中领导人的大学经历以及作用、师资的双向交流，其中最后一点可以说是大学附中得以与大学深度合作的重要基础。

三、中美大学附属中学发展过程中的启示

上海曾在两次 PISA 测试中取得了全球第一名的好成绩，可谓震惊世界。这极大地提升了中国基础教育在国际上的地位，也促进了基础教育领域的中外交流。许多国家的教育界人士纷纷来到上海取经，英国派了 72 位数学老师到上海来学习，为期半个月，听上海老师的课，然后做了一个总结报告。而哈佛大学教育出版社出版了专著《超越上海》，可见其中的赶超心理。我们在进行大学附中的研究时，也应该有这样的视角。正如顾明远教授所言："在互相研究中真正研究出教育的一些最重要的基本规律、基本原则，一方面促进我们自己教育的发展，另一方面把我们的经验介绍到国外去。"

从以上研究中，我们可以得出以下几点启示。

（1）中国大学应该汲取国外某些大学的优点，与大学附属中学进行真诚的合作，为创新人才的培养提供更大的空间。

我国大学附属中学数量超常规的迅猛增长现象值得深思。尽管在短时间内出现一大批新的大学附属中学并非中国特有的现象，在美国的纽约和休斯敦的地方教育行政部门也有类似的发展思路。但是大学能够与附属中学合作的精力和资源毕竟有限，不应该无休止地扩张。中国大学应该牢记"有所为，有所不为，才能大有作为"。

第四章 国外创新人才培养的实践经验与启示

相比国内部分大学心浮气躁,盲目拓展附属学校的数量,国外的一流大学在成立大学附属中学时要审慎得多。国外大学的运作更多是基于学校的使命陈述的考量,更多是围绕大学办学的核心使命追求来确立行动的方向和目标。如果偏离了核心使命,即便是有利可图,能够让大学受益,大学仍然不会为之所动。从更深层次上讲,这体现了大学决策机制的差别。

(2) 一定是著名大学的附属中学才能成为名校吗?

在中国,排名越靠前的大学,其附属中学越有名。但在美国,排名越靠前的大学,其附属中学越有名的现象不成立。以我国部分985大学为例,其中北京大学附中、清华大学附中、复旦大学附中、上海交通大学附中、西安交通大学附中、人民大学附中、北京师范大学附属中学、华东师范大学第二附属中学等都是当地最好的示范性高中。但在美国,一些著名的大学附属中学未必是与世界一流大学相关联。例如,纽约市三所新建的大学附中就并非来自研究型大学。

(3) 重新审视中国大学附属中学的英文名称。

几乎所有中国的大学附中在英文翻译校名时,都采用的是 Affiliated to 或者 Attached to。如北京大学附属中学的英文名称为"The Affiliated High School of Peking University",清华大学附属中学的英文名称为"The High School Attached to Tsinghua University",上海交通大学附属中学的英文名称为"High School Affiliated to Shanghai JiaoTong University"。

相比之下,美国大学附属中学的校名几乎没有出现过 Affiliated to 或者 Attached to。常见的大学附属中学校名采用大学校名作为高中名称,如波士顿学院高中(Boston College High School)、印第安纳大学高中(Indiana University High School)。第二种情况是用 at 连接,如哥伦比亚大学附属学校(The School at Columbia University)、纽约城市学院附属数学、科学与工程高中(High School for Math, Science and Engineering at CCNY)。此外,很多美国大学附中是以实验学校的名称出现,如:芝加哥大学实验学校(University of Chicago Laboratory Schools)、路易斯安那大学实验学校(Louisiana State University Laboratory School)。

因此，在学校名称的翻译过程中，可能是由于文化上的差异，我们的翻译可能也会导致上述所说的"主体间性、共同利益"的缺失。

（4）应当分层分类推进中美之间大学附属中学的深度交流。

从上述的分析中我们可以看到，美国的大学附中与中国的大学附中在很大程度上具有相似性，尤其在培养创新人才方面，美国大学附中的一些做法值得我们借鉴与学习，当然我们应当遵循分层分类的深度交流学习。

第三节 国外大中小学协同办学的经验与启示

一、美国高校与中小学协同办学发展历程

教师历来是教育发展的决定性要素，教师素质直接决定着教育质量。在美国高校与中小学协同办学发展中，重视教师教育一直是其中核心的问题。实际上，从19世纪开始，美国就积极将教师培训和培养作为教育改革重点。教师培训与培养是一个复杂多元化的系统，它包含着高校与中小学等众多子系统，各个子系统以有序或无序状态存在于教育改革大系统中，子系统在教育改革大环境互动中存在着线性或非线性的关系。

美国高校与中小学协同办学最早可以追溯到十九世纪末。1892年，在时任哈佛大学校长埃里奥特与"十人委员会"共同倡导下，47所大学与42所中小学的代表聚会集中探讨如何进行学科建设、如何教授学科和如何确定课程比重等问题。为了提升教师的教育能力，代表们达成了缩减语法教学、注重思考性批判教学、提升学习能力教学等较为一致的意见。为了实现这些设想，在埃利奥特倡议下，催生了高校与中小学的合作项目机构——"高校入学考试委员会"，标志着美国高校与中小学协同办学进入合作关系的新纪元。在项目合作中，高校占据主导地位，高校利用众多的专家人才确定合作课程与教材、教学模式。当然，在双方展开合作的同时也存在着竞争上的矛盾，尤其是对于学生学业成绩是基于心理学研究的测试方法还是传统的测试方法，

第四章 国外创新人才培养的实践经验与启示

高校与中小学经历了长期性的矛盾。在十九世纪,高校与中小学协同办学的另外一种重要形式为实验学校。杜威主张用实验主义指导教育教学,他认为学校是社会生活的另外一种形式表达,学校办学要直接通过实验进行,而非在实验室进行实验后才搬移到学校去实施。1896年,杜威在美国芝加哥创设了第一所实验学校,这是一所以新标准、新理想促使教育条件转化的新型学校。这样一所学校与教育学研究的关系就像是科学实验室与生物学、物理学或化学的关系一样。如果没有实验学校,那么教育理论工作者的工作就会成为笑话和欺诈——就像教授一门自然科学而忽略给学生和教授们提供实验室一样。1930年,美国进步教育委员会为了进一步促成高校与中小学合作办学的自由,促生了"八年研究"项目。进步教育学会于1930年成立了"专门委员会",专门研究如何培养出适应高校教育的高中生。"八年研究"在一定程度促使了中小学拥有一定独立办学地位,为中小学生提供了良好教育,又充分显示了高校与中小学合作办学的可行性。

早期的美国高校与中小学合作办学中有如下特征:高校主导性地位尽显,学生的入学要求、课程设置、课程考试等均由高校负责完成,中小学参与程度取决于高校的许可程度。当然,"八年研究"是个例外,原因在于:高校与中小学合作办学具有网络特性,双方有较为平等决策权和参与管理权。同时,在合作办学系统中,高校与中小学实行差异性和相似性结合的科学管理,说明中小学管理模式已逐步向高校靠拢,实施了一定的民主化管理方式。

第二次世界大战之后,入学儿童数量大增,促生了新一轮高校与中小学合作办学热潮,这对中小学和高校教育提出了新要求。到了20世纪70年代,高校与中小学集中于在职培训和继续专业培训上。其中,教师培训中心发展迅速,到1975年,美国已有4500所家庭教师培训中心,一些具有培训资质的代理机构和组织也迅速发展起来。到了80年代,更多学校与第三方参与合作办学中,有73%的培训中心的业务是通过学校为其提供的。这一时期,高校与中小学合作办学原因有如下分析:双方生存需要。随着社会日益对教师教育和公立教育的敌意和不满,学校受到来自外部严重的威胁,高校校长和学区督长看到了教育变革的必要性,两种制度都需要变革。废除种族隔离带

高素质创新人才培养：三位一体协同育人研究

来了学区重组，学区需要重新获得社区的尊重以及来自各教育各个层面的支持。缺乏资源使得他们愿意冒险尝试开放以寻求改变；有着共同的问题，能够将威胁与需要相结合来应对问题。这一时期，高校与中小学合作办学主要是以教师培训和职业培训为主，但这并不是严格意义上的高校与中小学协同办学形式。因为高校并没有以整体性身份参与其中，只是一些高校教师以专业人员身份参与第三方和代理机构中。但应看到，第三方参与教育合作又为近三十年来美国进行系统性的高校与中小学协同办学提供了有效借鉴，第三方教育在美国蓬勃发展起来。

进入20世纪80年代中后期，美国高校与中小学合作办学进入了协同办学的新阶段，高校与中小学最为典型的协同办学形式为PDS学校。随着高校学生数量增加，社会对于教师需求增大，尽管教师教育学院迅速扩张，但其为社会提供的教师数量仍然难以满足社会需求的缺口。因此，一些高校纷纷将合作办学转移到了公立学校，这一时期，高校与中小学合作办学的内容、侧重点等与早期合作办学有较大区别，根据对合作办学与协同办学的界定，可将其视为协同办学范畴。1986年，美国霍姆斯小组认为教师教育责任应由高校与中小学共同承担，霍姆斯小组在《明日之教师》中提出，专业发展学校的目标是中小学要成为学生学习的最佳地方，还要成为教师教育发展的有利场所，为改善师范生的教学环境和提升教师专业成长提供足够平台与机会。1990年，霍姆斯小组在《明日之学校》中强调，专业发展学校主要是实现对教育专业技术人员的专门性培养，专业发展学校的原则是：①教师教学目的是实现教与学相长；②创建教与学相长的共同体；③美国教育民主化运动的突破口在于儿童平等化教育的突进；④学校所有人都应坚持学习，教师和管理者尤其要重视学习；⑤教师的教学和教学研究能力要相得益彰，教师角色应成为反思型或研究型教师；⑥教师素质提高要置于整个教师教育改革中进行。

1995年，霍姆斯小组在《明日之教育学院》中再次强调专业发展学校的目的是共同服务于高校和广大中小学，服务于专业教学，特别要服务于师范生和中小学教师的教学需要。随着专业发展学校项目不断推进，美国高校与

第四章 国外创新人才培养的实践经验与启示

中小学还展开了其他形式的协同性办学。如"专业实践学校""专业发展中心""临床学校"和"合作学校"等,尽管名称不尽一致,但他们共同承担起美国教师的职前教育、职后教育和教师专业发展的职责,共同推动了美国教育改革。

专业发展学校的特征分析如下。

从宏观层面看,重视教师的专业发展,专业发展学校通过职前、在职培训等方式促进各类教师专业水平提升;促进研究型大学发展,专业发展学校注重高校与中小学教师开展教学与研究结合性活动互动活动,解决了中小学的实际教学问题,又有利于高校科研活动顺利推广,具有显著的互惠性;改善师范生的实习条件,有利于教师专业发展的提升。

从微观分析看,课程内容:专业发展学校的课程是由高校与中小学视具体需要共同决定的,例如,预备教师毕业前完成10~12小时的教育课程和主修科目,包括青少年发展、学校改革和决策,借助高校教师和中小学教师的共同指导,在专业发展学校里完成三门实习课程的学习任务;课程实施:两个场所交替进行,预备教师培训分为三个阶段,第一阶段在中小学学习,第二个阶段主要在专业发展学校进行,但是需要在高校与中小学中进行交替性的实践性学习和教学,第三个阶段主要在专业发展学校进行,但是还需要回到高校学习理论,预备教师平时5天时间待在专业发展学校学习,周末2天待在高校学习管理学等课程,部分理论课也转到中小学进行,因此,教育教学始终在高校与中小学交替进行;实习指导:师范生被分成由高校与中小学教师共同负责指导的小组,专业发展学校还成立了专门的MAT委员会对实习生实施专门性管理,具体负责实习规划制定、实习生分组、实习时间安排等方面的决策;教师发展评价:高校与中小学都具有相对的话语权与评价权,在协同办学各阶段,高校与中小学共同负责实施对师范生的评价,师范生在第三阶段实习完成后,他们需要向高校与中小学同时提交论文,论文由高校教师、中小学教师以及其他参与人员组成小组共同鉴定。在专业发展学校的构建中,以"三一大学"与"专业发展学校"的协同办学最为突出,他们共同制定MAT方案引发了美国各界的共同关注,吸引着大批高素质学生从事教师教育职业，被美国教师教育协会称为"非凡的方案与办学"，如表2所示。

表2 "三一大学"与"专业发展学校"合作培养教师的MAT方案
与传统的四年级教师培养方案的比较

方案 项目	传统的四年制方案	MAT方案
学制	四年	五年
目标	主要关注师范生的发展	同时关注师范生、中小学教师、大学教师的发展
课程设置	课程以学生即将任教的学科为主，毕业前完成一个课时的教学实习（45小时）	调整课程，突出实践性知识扩展课程内容，注重结合学校实际的课程。教学实习包括前四年在PDS中实习的135小时和第五年的毕业实习期
课程实施	学科课程和教育理论等课程由大学负责；实习由中小学负责，大家很少过问；理论课程学习与教学实习分开进行	大学和中小学共同负责实施各种课程，中小学教师也开始走进大学课堂，而大学教师亲临现场指导教学实习；师范生的理论学习与教学实践交替进行
实习管理	实习组织和管理缺乏科学性	师范生的实习分组进行。实习指导小组由大学和中小学教师共同组成，成立各种合作机构负责实习联络、组织、管理和评价等
中小学教师的角色定位	"协助教师"（大学的实习协助者）、实习生的实习评价者	大学教师的合作伙伴、实习生的"指导教师"、大学的"诊断型"职员

二、英国高校与中小学协同办学发展历程

如同美国一样，英国高校与中小学协同办学模式仍然是高校主导型。20世纪80年代，英国社会陷入了发展的困境，英国经济、政治对社会发展影响力十分有限。与此同时，英国传统教育在理论与实践二元分离矛盾日益暴露，

第四章 国外创新人才培养的实践经验与启示

社会各界对于传统教育进行猛烈抨击,英国人将教育批评矛头直接指向了教师教育领域:"如果学校使经济部门失望,那么必定是学校里的教师不称职,因而该负责的必须是教师教育者。"因此,为了适应社会发展和回应社会质疑,20世纪80年代,英国兴起了教师教育改革。后来,教师教育改革逐步成了整个英国教育和社会改革的重点。1988年,《教育改革方案》规定在全国全面推行国家课程制度和国家考试制度。同时,为了改革传统教师培养模式,实现传统以高校为中心的职前培训教育向高校与中小学合作培养方向的转变,以中小学为基地的新型教师教育模式应运而生,也是近三十年以来,英国高校与中小学协同办学的最大特色。20世纪90年代,英国政府将教师教育培训重点由理论转向实践运用,增加师范生一倍以上的实习时间,以中小学为基地根据未来需要培养教师,不断扩大中小学在师资培训中的地位,如,牛津高校教育研究系同牛津郡的中小学建立的良师计划,伦敦高校教育学院同学校所在社区的中小学合作培养师范生的实验等。在此以莱斯特高校同莱斯特郡中小学合作实施的校本教师培训的伙伴关系计划为例,说明英国校本教师培训实践模式的具体内容如下。

从培养目标看,高校与中小学共同承担起了教师教育培训的职责。与传统培训模式不一样,中小学既是传统教师教育的消费者,更是教师教育培训参与者和管理者。高校与中小学在教师教育培训中的课程设计、组织管理与评价等环节共同承担责任;高校与中小学以伙伴关系为导向实现了双方共赢的格局,高校与中小学在职前培训、在职培训、课程建设、教学改革、信息共享等诸多方面实现广泛的合作;理论与实践相长,师范生在实习过程中,增加了一倍的实习时间和实习场地,使得他们能够有充足条件利用本体性知识、条件性知识去体会实践性知识,实现了理论概括性和实践的有机结合。通过与高校教师开展教学科研合作,中小学教师成为"在研究中不断反思、在反思中不断发展"的研究实践者,高校教师真正走向了教育实践,显示了巨大的理论指导价值。

从培训目标看,PGCE课程的主要目的在于提供一个将教育理论研究与教学实践相结合的职业训练环境,使学生在专业知识、教学能力和个人素质等方面都得到提高。2005年，英国伦敦教育学院制定了面向中学的PGCE课程，课程包括教学与专业发展课程、影响教学背景课程和作为实践活动教学课程等三大类课程，具体包括四类课程和学科研究课程。要求师范生关于学科专业方面的发展，掌握特定学科的教学技能，在课程教学上，与著名的国内外相关领域的专家合作，并学会充分利用学院的科研成果。

从组织管理看，协同办学的管理由高校、中小学、高等教育机构和地方教育局组成"伙伴关系指导小组"，小组具体负责协同办学中规划制定和组织管理。工作主要由"伙伴关系指导小组"负责，如果遇到解决不了的分歧与矛盾时，由"伙伴关系指导小组"组成人员各自代表学校共同出面协商予以解决。

从人员安排看，有高校指导老师，高校教师在师资培养中起到了重要代理作用，它广泛吸纳了高校加入伙伴关系学校，并与伙伴关系学校就师范生的实习安置以及培训质量等问题进行联络协调；支持以学校为基地的指导教师接受相关培训；对师范生的以学校为基地的实习进行视察；对师范生的以学校为基地的学习的评价和调节过程进行管理；对伙伴关系学校所提供的培训部分的质量进行视察和评价，以达到教育标准局的视察要求以及培训机构自身的质量要求或者教育培训署的鉴定程序的要求；以伙伴关系的名义与诸如教育培训署和教育标准局这样的外部机构进行协调和联络。有中学指导老师，分别有指导老师与学科指导老师，指导老师的职责在于监督师生的培训情况，对教师进行细致的培训记录，学科指导老师主要职责在于为师范生实习中遇到的困境提供专业化的指导。

规范的协同办学流程。通过对英国谢费尔德大学教育学院协同办学情况的考察可以得出英国高校与中小学协同办学有着规范流程，基本流程为：确定需要，确定培训教师数量和培训重点，制定出针对性培训计划；谈判阶段，中小学领导就有关培训事宜与高校谈判，中小学提出培训的专业课程目录，高校配备特定的教师；协议签订，谈判结束后，由高校、中小学与当地教育行政部门签订协议，协议明确规定协同方的责任与权利；前期培训，一般在高校培训机构进行，由培训人员实施导引性课程的培训，向师范生全面介绍

第四章 国外创新人才培养的实践经验与启示

课程的设置、时间安排、应达到的目标等，使他们对即将开始的学习培训有一个全面清晰的认识；主体培训，到中小学实践基地培训，高校教师深入中小学教学一线参与课程设计、课题教学和课后反思等多项活动，帮助中小学教师提高教学兴趣与水平；总结阶段，在这一阶段师范生要总结中小学教学的工作程序及对自身的期望，检查自己的学习和实习情况，及时改正自身存在的不足，确保经过一年的学习和培训，具备胜任中小学教师工作的能力。质量保证，内部考核制度，由专门性的导师考核会议，就培训结果进行专业化考评，每年对高校与中小学协同办学情况进行一次考核，确定培训质量。外部考核制度，英国教育标准局也就教师教育培训制定了标准化的考评指标，考评通过培训后的教师去进行。

三、日本高校与中小学协同办学发展历程

教育变革与学校发展最终会触及学校发展的最核心层次教学，改变教育系统中的教师与学生关系是教育变革与学校发展最为艰巨的部分，它始于教学层面的改革，生成相应的回环机制，将逐步影响学校发展的各个层面。日本在高校与中小学协同办学之中，以教研制度为突破口，最大作用地突出教师主体性地位，教师从孤立地位到融入式发展。通过合作项目实现教师教学信念和模式转变，这种转变极大程度影响了学校内外组织、学校网络关系和教育理论与实践结合等，对日本这种教学协同特点进行了归纳总结，如表3所示。

表3 教师从孤立地位向融入式发展转变特征分析

起始	结果
个体发展	个体与组织发展的平衡
零星、片段式	清晰、连贯、系统的计划
以学区为中心	学校为本
成人的需要和满足	学生的需要和学习成就，工作行为的改变

续表

起始	结果
脱离工作的培训	多种形式融入工作的学习
专家的知识传递	教师对教学与学习过程的学习
普通教学技能	普通与具体内容教学技能的结合
培训者	咨询者、计划者、协调者、培训者
专业发展部门的功能	管理者与教师的多重责任
针对教师	针对影响学生学习的每一个人
可有可无的附加物	成长必不可少的过程
衡量个体成就	衡量学生成就

学课计划：课时计划由两位有经验的教师协同完成，课程内容设置成立学课小组，小组成员对课程提出建议，将凝聚了两位有经验教师和学课成员小组建议的学科初稿提交全校性的专业发展会议进行论证。学课小组成员在会议提交计划并做好修改记录，会后小组成员集中讨论拿出修改意见。最后，由先前两位教师进行修改最终定稿，作为教学的学科计划指导性文件。

学课教学：教学期间，任课教师在教室试教，其他教师在教室观察，每位观察者都有学课计划，根据学生的反应，详细记录试教情况，作为课后考核的主要依据。

讨论与分享：试教的当天下午，任课教师与小组成员聚集到一起，根据学生反应就观察到的现象分享心得，提出建议，供任课教师进行修正学课计划的参考，同时对任课教师的具体教学过程提出建设性意见。

修正学课计划：先前负责制定计划的两位教师根据教师们的意见充实和修正学课计划，修正后的学课计划应能明确反映教师提升学课计划质量的核心观点。

新学课计划的重新教学与观察：由编写计划的教师实施再一次教学，其他成员再一次观察，由同一学课研究小组修正或重新进行第三次的试教，

第四章 国外创新人才培养的实践经验与启示

将限制单一小组,从检验学课历程中获得学习,其所关注的不是产生新的课时计划,而是一次次地修改相同的课时计划,以达到制定出理想化的课时计划。

新学课计划的反省:当第二、三次修改过的课程试教之后,教师们再次聚集讨论观察的情形,对话内容依然聚焦在教师们对学生的观察、评论与建议,因为他们所强调的是关注学生的学习成效。在课例研究课后讨论会议中,教师彼此分享他们所观察的心得,提出相关意见供研究小组参考,假若教师们对成果感到满意的话,则此研究计划就告一段落,接续下一个课例研究。

四、国外高校与中小学协同办学的启示

国外高校与中小学协同办学历史悠久,通过对他们协同办学从历史到现状,从理论到实践,从个案到整体等层面考察,西方国家高校与中小学协同办学之所以取得良好绩效,协同办学的以持续有效进行得益于其各层级机制的科学设计及有序运行。

(一)制度层面

为了更好发挥协同办学促进理论与实践结合的效果,西方国家为高校与中小学协同办学提供了宽松的环境,他们纷纷加快了教育制度层面的改革步伐。以美国为例,早在19世纪末,为了尝试高校与中小学衔接办学的问题,"十人委员会"向美国教育委员会提交了一份报告,报告指出:中学毕业生升入高校,不只是要完成中学课程标准,还要完成一定的高校预科课程,建议将中学课程统一为4门,即古典语言科、现代语科、英语科和拉丁语、自然科学科。到了20世纪后期,美国高校与中小学协同办学更加趋向于专业化水平,突出表现为制度设计的规范、理性与科学化。1986年,美国制定了《国家为培养21世纪的教师作准备》(卡内基工作小组)报告。报告中指出要积极构建起新型的高校与公立中小学合作伙伴关系,提出要构建临床学校的构想,高校与中小学共生伙伴关系是实现教育专业化发展的必由之路。在PDS

建设中，有《明日之学校》《明日之教师》《明日之教育学院》以及具有普遍指导意义的《PDS标准》等制度，对教育专业发展学校发展的相关机制予以明确规定，就管理机构看，一个结构理想的合作小组通常由4~5名中小学教师、2~3名高校教师、5~10名实习生和若干个别的学科专业人员组成。为了更好使得教师从事协同办学，《PDS指导教师工作手册》规定中小学教师指导学生报酬按每学期人均25美元最高200美元为补贴标准，这一系列机制的构建大大激发了高校教师与中小学教师参与协同办学的热情；在课程改革方面，如，美国"三一大学"与当地中小学开展协同办学中就制定了MAT培养方案，方案规定学生周二、周四晚上在"三一大学"学习管理学等课程，实习基地在"三一大学"与中小学两大类场所交替执行；在考评方面，美国高校普遍具有理论研究与实践教学挂钩的职称考评制度，不同职称层次对应着不同的考核指标体系。

2002年，美国政府颁布了《不让一个孩子掉队》法案，法案强调高等教育要与中小学结成伙伴关系，各级政府要有专门性的经费投入作为伙伴办学的保障；核心学科教师的专业发展，制定了中小学校长领导协同办学相关性领导技能的培训制度，规范了地方教育行政部门发展教师专业的专项项目制度。

（二）观念层面

树立高校与中小学共同担当教育发展的意识。中小学在协同办学面前不只是教育发展中的消费者，也是参与者，他们在协同办学中的制度设计、管理实施和评价中承担着一定责任。西方国家协同办学重要经验在于将中小学作为协同办学重要建设的基地，突出高校与中小学共建共管模式，教育发展使命就理当成为二者共同的职责。高校教师与中小学教师通过实践性的协同办学，共同适应教育改革和学校发展的需要，使得协同办学的内容针对性、形式灵活性、过程协同性和效果有效性。

树立平等合作和互惠双赢的观念。在西方国家协同办学中，重要经验就是高校与中小学树立起平等合作观念，构建起互惠双赢的格局。高校在协同

第四章　国外创新人才培养的实践经验与启示

办学中除了理论支持外，还包括了整合教育发展资源、派遣联络员和培训指导老师等自愿性与平等性的投入。中小学主要提供协同办学的实践基地，使之成为科研与教学平台的基石，中小学作用得到加强。以英国协同办学为例，教育类学生在中学学习时间得以延长，1996 年，英国规定：一年制的研究生教育证书课程要有三成比例在中小学开展，初级班学生每年要有 90 天的时间在中小学校度过，中级班要求有 120 天的时间在中小学，以中小学为中心的职前教师教育（SCITT）要有 40 周的在校时间。这样规定的目的就是为使学生能够尽可能地、彻底地融入中小学校的文化氛围中去。四年制的教育学课程中，无论是对初级班学生还是中级班的学生来说，在校时间的最低限度都不能少于 160 天。由于中小学校教师更多地参与到协同办学工作之中，大量教育类学生在中小学实习时间增加，中小学教师在教学和管理中承担起更多的职责，尤其是他们在对受培人员的教学能力、平时表现和整体评价等方面有很多评价机会，中小学教师从监督者向指导者角色转变。高校作用不可替代，在理论教授方面，英国高校教师针对中小学教学的专业性和实用性等特征改变先前从哲学、历史学和社会学等抽象理论进行教学模式，为中小学教师提供了专业性、适用性的理论指导，使得中小学教师能够融会贯通地运用所学知识应对教学、科研和学生管理等挑战，也增强了中小学教师的自信心，巩固了未来教育者的专业思想，英国高校在协同办学中把"什么样教学才是好的教学""什么样的教师才是好的教师"作为衡量教师的主要指标，从情感和价值观等方面对于学生的影响来塑造未来教师的标准。同时，英国高校还在为中小学教师成为"反思型"教师方面进行了积极探索，高校教师与中小学教师进行不断教学和科研反思，通过交流经验、信息以及教学科研策略等方式，极大增强了教师们的不断反思意识和能力。将利益相关者充分纳入协同办学中，在传统合作办学中，往往比较容易忽视除高校与中小学之外的利益相关者在协同办学中的制度设计、过程监督和评价结果的作用，因此，在 PDS 实践中，美国尽可能将更多的利益相关者纳入其中，有利于使利益相关者树立对 PDS 的主人翁意识，同时又可以使得 PDS 项目在利益相关者的监督下进行，更加容易得到美国各阶层的认同。自 20 世纪 60—70 年代以来，美国协同办学一直以改进教学作为重点，充分将家长与社区引导其中，家长与社区有权对办学进行监督，在PDS项目实施中甚至邀请了部分家长参与其中管理。当然，西方国家在协同办学中树立平等合作和实现互惠双赢的格局中最重要表现在于决策层面的平等性，决策是检验组织协作程度重要的尺度，例如，某PDS的中小学和高校教师多是致力于满足所有学生需要的奉献型教师，这种奉献和热情是富有感染力的。在周例会上，教师们逐渐增进彼此认识并且相处融洽，每次会议都包括针对K-12学习者和职前教师培养进行的研讨，研讨遵循客观立场，尽可能地避免偏见与武断思想，使得教师之间容易构建良好的相互尊重与互信的关系。

在具体实施中运用了先进的理念。在美国协同办学实践中，为了更好推进评价、提高办学质量，以马里兰州为代表州推行了"四栏模式"概念框架，这个框架能够有效评价合作过程与结果。如果在职教师专业水准提高了，就会促使教育管理者反思究竟是何种方法导致的结果；如果职前教师能形成对城市的中小学的正确评价，也会促使教育管理者问究其中原因。具体如表4所示。

表4 PDS "四栏模式" 概念框架

栏目			
1	2	3	4
组织变革：合作关系达成	角色、结构和文化适应	教学、学习和管理中的最佳实践	预期结果；改革所有参与者的学习
包括教师教育项目、中小学和学区、文理学院教员、联盟、父母和社区	管理决策和领导中的变革	课堂管理方法；为理解而教	所有学生
	时间、角色和奖励制度的全新运用	对教师作为专业人员的期望	在职教师和其他教育人员
	对合作关系和目标的新看法	职前教学的新方法；野外实习	职前教师和其他教育人员

第四章 国外创新人才培养的实践经验与启示

（三）组织层面

高校与中小学协同办学是一种跨组织协同活动，其目标是引领高校与中小学在学科建设、专业建设、人才培养、基地建设和社会影响等方面展开高质量的协同办学，进而满足教育个性化、多元化、社会化与市场化。基于美国协同办学实践，成功的组织形式有：建立由参与合作的学区、基础学校校长与教育学院主任组成的董事会；设立合作秘书处，由行政的董事组成，向董事会负责，并行使领导与管理职能；有运行良好的资金与人事预算方案；有来自高校主要行政管员的批文与支持；对合作过程中的成功与失败进行文字记录，不断开展交流与分析活动；构建全国性的网络型伙伴关系，以实现双方以及所有伙伴学校的资源和帮助。

从英国看，成功的组织保障有：有严格的协议规定，明确高校与中小学责任与义务，在签订协议时，可以选择全职型伙伴关系和半职型伙伴关系，一般情况下，不选择全职型伙伴关系，因为双方要承担太多职责；定期会议制度，为了协调办学过程中出现的问题和提高办学质量，高校与中小学有各自召开或联合召开的会议制度，具体包括管理委员会、伙伴关系委员会、咨询委员会、工作小组会议和评估委员会等；畅通民主的意见反馈制度，在协同办学中，有专门性的教师集会，及时了解不同方的意见，主要方式是通过学生委员会与教师集会反映意见，经常性地在其中展开问卷调查；可靠的人事保障，英国十分重视高校教师对于协同办学的作用，按照协议规定，高校专门派出指导教师经常到中小学观摩与走访，检查各类培训项目的实际效果。

（四）保障层面

高校与中小学协同办学离不开足够的外部资源支持，资源保障层面内容包括资金、信息、人员以及时间等。资源保障吸取仅仅依靠高校与中小学是不够的，外部力量给予充分帮助是协同办学成功的重要实现条件。在此，仅从资金投入等来分析西方国家协同办学资源保障的情况。在美国，有丰富多元化的协同办学资金投入渠道，以PDS项目为例，资金渠道包括：PDS项目替代传统的项目，将传统协同办学项目投入PDS项目中，路易斯维尔大学与康涅狄格大学就曾采用此类模式；高校与中小学联合型投资，夏威夷大学与新墨西哥大学就曾采取了这种模式；外部资金支持，西弗吉尼亚大学得到克劳德·沃辛顿基金会高达300万美元的捐助，得克萨斯大学就得到过得克萨斯教育部门、全美科学基金会和皮尔慈善基金会的资助；综合性资助，科罗拉多大学就曾得到所在地的学区、联合会和外部机构等资金的联合支持。PDS是一项专业性很强的项目，其花费也大，基本启动费在15万~50万美元，没有足够的资金支持，其正常运作是困难的。美国很多高校与中小学都将协同办学支出列入正常财政预算之中，而且得到了教育行政部门支持，同时还得到了众多的基金会资金支持。例如，《卡内基报告》就得到了卡内基基金会的资金资助，霍姆斯小组在协同办学研究中得到了福特基金会的大力支持，NCATE在开发PDS标准化中也得到了美国电话电报基金会的资金资助，《改革中的教师：新旧并存》甚至得到过福特基金会、洛克菲勒基金会、新英格兰教育贷款销售公司教育基金会等联合性资金支持。从英国看，英国政府明确宣布政府为培养未来教师向学校付费，政府也开始规模性地向高校进行资金投入。多样化、平等化而又富有成效的办学使得协同办学系统有足够丰富的资金（表5）。

表5 多样性职前教师招募与保留策略及其可能的资金来源

所需资源	中小学	学区	教师教育项目	地方行政拨款	社区	外部投资人
薪资				×		×
指导教师	×	×	×		×	
招募人数增加		×		×		
设置未来教师俱乐部						
教师教育课程改革	×		×		×	
文化相关的教学方法	×		×	×		
其他						

（五）课程层面

西方国家高校与中小学协同办学模式要求在尊重双方意愿、相互分工的基础上，双方共同实施理论课程教学与实习，努力实现理论与实践的融合。从课程结构看，在英国，从1994年开始，政府就规定学生实习时间要占整个教学时间的66%，莱斯特大学设计的PGCE课程体系规定师范生全学年的实习时间为23.8周。在美国，政府规定学生的实习时间比例占教学时间一半以上，如"三一大学"规定：在第一阶段大学生的教学实习中，学生在专业发展学校学习的时间不短于135小时，最后实习阶段的时间不少于一年；从课程教学平台看，西方国家特别重视教学实践基地建设，将中小学作为促进专业发展的实训基地，经常开展实习、见习和参观等教学活动；从教学理念上看，高校与中小学倡导共建教学文化，这种教学文化倡导教师和学生是教学的合作者，使得教师拥有先进的教育理念，教师成为懂得反思与善于合作的探究者。进入21世纪之后，美国高校与中小学协同办学进入了精细化发展阶段，理论与实践结合更加紧密，高校甚至将高校课程转向中小学的场地讲授，以及邀请中小学教师到高校兼职任教。如表6所示。

表6　PDS活动的内容

PDS活动	数量	百分比
本科生现场体验	36	90%
教授大学课程	33	83%
研究生体验/实习/实践	30	75%
中小学教师到大学任教	23	58%
社会服务	8	20%

经过一个世纪的探索，西方国家高校与中小学协同办学的理论研究和实践运行模式日趋完善，促进了高校与中小学各自教育的发展，也促成了教育内外系统的有机衔接。当然，任何理论与模式都存在发展中的困境，西方国

家高校与中小学协同办学也不例外。从思想观念方面看,美国也存在着高校与中小学的消极办学观念,中小学对高校怀着不友好态度,认为高校是象牙塔,无须与他们合作,高校教师认为如果过于参与协同办学会影响高校自由的教学氛围,从而危害他们的职业。从资金投入方面看,英国政府虽然声称政府为培养未来教师向学校付费,但是政府资金投入并没有为英国高校教育带来根本性的改变,1992—1998年,英国高校师生比例从1∶15上升到1∶21.5,且合同雇佣制现象在英国高校越来越频繁;在美国也存在同样的问题,许多教师专业发展学校的资金投入并不是按照最初预算投入的,往往会根据其运作实际情况进行一定的减投。

第五章 我国大中小学创新人才协同培育模式的实践探索

我国大中小学在协同培育高素质创新人才的实践探索中,主要分为大中学协同、大小学协同以及大中小学协同三种模式,三种模式都对高素质创新人才的培养具有重大意义。

第一节 我国大中小学协同育人模式的实践探索
——以高校附属中学为例

一、大学与附中的共同愿景

"祖国高于一切,才华贡献人类",铭刻在广东省中山纪念中学校门内的校训牌至今令人难忘。如果我们附中与大学的校长都把此训当作自己的追求的话,中国的教育一定会有极其灿烂的明天。

上海交通大学以"饮水思源,爱国荣校"为其办学理念,"思源"就是不忘初心,每天都在思考自己是从哪里来的,自己为何而来。无疑,上海交大是为强国而生,为强国而长;为孩子而生,为孩子而长。离开了这一理念,上海交通大学就没有她存在的理由,就没有她存在的空间。上海交通大学附属中学正是在这一理念下得到成长与发展的。上海交通大学前任校长张杰说:"附中有一大批优秀的学生,大学欢迎他们前来求学。但是,如果他们志不在此,选择更能适合他们发展的大学,满足他们的兴趣与特长,学成后能报效祖国,我会感到更加高兴。"正是有了张杰校长这样的期

高素质创新人才培养：三位一体协同育人研究

望，附中在大学的指导下形成了独特的办学目标，并把它贯彻到学校人才培养的各个方面。

基础教育，说到底要回答的根本问题是"培养什么人与如何培养人"的问题，正如《教育部关于全面深化课程改革落实立德树人根本任务的意见》教基二〔2014〕4号所指出的：要根据学生的成长规律和社会对人才的需求，把对学生德智体美全面发展总体要求和社会主义核心价值观的有关内容具体化、细化，深入回答"培养什么人、怎样培养人"的问题。当前专家学者们也正在全力研制我国学生发展核心素养。发展学生核心素养，是我国每一所学校都要努力追求的，基于研究以及自身的实践，可以发现任何人要主动进行创新活动，都需要拥有自由的心灵、自觉的追求、自主的探索——"三自"理念。没有这样的前提条件，无论先天素质如何优良、环境资源多么优质、学习活动多么丰富，都难以出现有意义的自主创新行为，更难以产生有价值的创新成果。

1. 自由心灵——绽放创新的生命活力

大学从来强调，研究需要自由的心灵，其实在我们看来，所有具有创新潜质的人才都应该具有内在活力和享有自由空间，我们从传统视角设计的、曾经自以为非常完美的教育计划和精心准备的教育资源，也许恰好填塞了创新人才本应拥有的自由心灵、遮蔽了他们本可激发的创新智慧。在今天看来，我们应该转换视角、更新思维。此时可以看到：创新人才的培养就应该是让青少年自由的心灵升腾并释放出无限的活力——然后，用他们充沛的活力，创造属于他们自己的新世界，而不仅仅是按我们的意愿创造我们规定的理想世界，更不是固守我们创造出的世界！因此，创新人才培养首先要考虑的是：如何让孩子自由的心灵得到呵护？如果说，他们的自由心灵在以往的成长历程中已被种种因素所遮蔽或填塞，那么，到了我们的学校，就应该通过适当的留白而在校园中敞开高品质的自由空间。在这方面，作为一所高水平大学的附属中学，我们可以一方面更为大气地超越许多流行的功利主义的追求，另一方面从大学的教育文化，尤其是开放自由的学术思想空间中获得更多启发。我们可以营造更为民主、自由且追求创新的教育文化，让我们的学子拥

第五章 我国大中小学创新人才协同培育模式的实践探索

有更为自由的心灵、绽放更为充沛的活力！

2. 启觉追求——激活创新的无限创意

当然，自由心灵中的生命活力，不是无序地绽放，而应是在开放的空间、丰富的资源中经过自觉追求而逐步生成。有人通过对诺贝尔奖获得者的素质构成进行分析，得出知识广博、文化知识基础深厚、创新素质、心理素质和道德品质素质是高科技创新人才的素质构成。如果超越这种静态的素质结构分析，采用动态的视角，从它们得以形成和发挥作用的机制来看，可以发现一个至关重要的因素：自觉主动的发展方式。实际上，每个人的发展是否出于自觉主动的追求，将决定着上述多方面素质能否形成、每一种素质的质量是否足够优秀、各种素质的综合作用能否产生创新成果。对于日趋开放、复杂的当代社会来说，这种生命自觉尤其显得重要。在开阔的人类文化视野中，一个民族的崛起离不开清醒的文化自觉和崇高的文化使命；在开放的学校教育空间中，每个学生创新潜能的激发，离不开他作为发展主体的自觉追求。有了自觉的追求，开放的文化空间才能真正属于他们，丰富的教育资源才能为"我"所用，教师的精心培育才能融入学生自己的感悟；只有这样，学校教育才有可能让学生在成长历程中激活无限创意。

3. 自主探索——生成创新的思维素养

就创新活动的实际过程来说，它本身就需要主体的自主探索。创新活动是主体为了一定的目的，或"无中生有"，开发产生出新的事物；或"有中生新"，对已有事物进行革新、更新、综合、集成，产生新的事物。因此，在自觉追求、激活创意的基础上，还需要持之以恒地自主探索。自主探索是每个人以更为成熟的自主意识和能力实现主动发展的过程。相对于幼儿或小学生而言，高中生的思维判断能力以及处事方式处于趋向于理性的成长阶段，他们的情感变得更加丰富与细腻；同时，他们更有可能在战胜自己的弱点与欲望、经受生活中各种困难的考验上表现出惊人的意志力。对于上海交通大学附属中学的学生来说，这些特征更为明显。因此，只要学校提供足够开放的发展空间、足够优质的教育资源，给予适当的鼓励和引导，包括富有本校特色的"中学生生涯发展规划"教育，他们完全可以实现自我学习、自我调整、在创新活动中寻找乐趣,并不断获得成就感和满足感,让自主发展的意识更为清晰、志趣更为明确、能力日趋强大。所以,学校进行创新素养培育实验过程中的基本思路就是:敞开更为开放的希望空间,激发学生的创新潜能,让学生的自由心灵、自觉追求、主动探索得以转变为现实的创新活动和实在的创新素养。将一些具备创新潜质和创新素养的同学集中在一起,让他们在自己独立的空间自主探索,更重要的是他们可以在自主探索中相互激发,以"点"带"面",整体促进学生从学习方式到思维方式的改变,这就是"自主探索、相互激发"获得的力量。

正是在大学精神的滋养下,我们对于创新人才的内涵进行了广泛的探索,结合当前社会的特点及其对于人才的需求变化,综合世界著名组织与研究机构如世界银行、联合国教科文组织、国际少年儿童发展组织等关于核心能力与素养研究的最新成果,我们将当代中国社会创新人才应该具备的素质归结为:

(1) 广博与专长相结合的充分的知识储备;
(2) 以创新能力为特征的高度发达的智力和能力;
(3) 以创新精神和创新意识为中心的自由发展的个性;
(4) 积极的人生价值取向和崇高的献身精神;
(5) 国际视野、竞争意识和国际竞争力。

同时对于创新人才素养的提升,从学生培养和教师培训两个角度进行了实践解读。

从培养学生的角度来看,参照上海交通大学本科生培养目标实施与通识教育相融合的宽口径专业教育,使学生的知识学习和能力培养植根于丰厚的人文社会科学和自然科学的沃土,使学生具有志存高远的品性、身心和谐的人格、追求卓越的意志和海纳百川的胸怀,成为德、智、体、美全面发展,知识、能力、素质协调统一,具有宽厚、复合、开放、创新特征的高水平、高素质、国际化人才,明确了学校学生培养首先在于塑造学生的健全人格,培养学生的社会责任感,为真理而奋斗的精神和严谨求实的品德;其次在于培养学生的创造力,求异求新的思维,这是人类文明不断进步、征服自然的原动力;最后在于培养学生独立研究和团队合作的禀赋,坚持不懈持之以恒的毅力。通过各种方式促进学生着力自主发展、自主创新,自觉培养创新意识与创新精神,勇于创新,敢于创新,学做创新的主人。

从教师培训的角度来看,要从教师的综合素质培养入手,在提高教师业务素养的同时,着力增强教师的科学和人文素养,树立勇于创新的教师典范,甘于奉献的教师楷模,营造鼓励创新、宽容失败和严谨求实的教学氛围。

二、共同愿景在附中的内化

大学附中与大学形成的学校共同体应该是一种拥有共同利益或目标的组织结构,拥有面向人才培养的共同愿景和合作机制。学校之间在遵循合作原则的前提下,互动交流,优势互补,互惠互利,提高办学效益和办学质量以谋求学校共同发展。

共同的愿景对学校共同体的建构至关重要。共同愿景是组织中人们所共同持有的意象或景象,它创造出众人是一体的感觉,并遍布到组织全面的活动,而使各种不同的活动融汇起来。共同愿景的本质是共同利益,大学附中与大学构成的共同体,无论是学校间的关系构建还是学校内的师生关系都存在相通性,这是基于共同体合作的前提,而内在的逻辑关系则是利益相关者之间的利益达成。大学附中与大学之间的利益纽带就是人才培养,符合双方利益主体需求的人才培养就是愿景的关注点所在。基于这种关注,在共同体内部形成一种合力,激发双方的潜能,共同指向人才的创新培养,间接提升自我的学校发展空间,主体间有独立有合作,形成学校共同体发展的核心精神,成就他者即成就自我。

然而,遗憾的是,在大学与附中之间,人们把附中与大学合作的利益窄化为附中应当成为大学提供优秀生源的基地,附中则希望大学能成为自主招生指标额外的提供者。在一段时间,上海交大附中也出现过同样的情况。

为此,在附中领导班子首先取得共识的基础上,努力把"为国育才"这一理念传播出去,并使其在教职员工,尤其是在骨干教师中深入人心。

"内化"就是把外在的要求转化为个人内在的信仰，并自觉地落实在日常的行动上。为此，主要采取三条途径：

其一，邀请上海交通大学著名教授与附中教师座谈，谈他们在育人方面无私的奉献；

其二，反复强化教师"为国育才"的理念，直至他们形成坚定的教学信念；

其三，以"激发创新人才发展的空间"为题，组织教师进行专题讨论，使他们明白，创新人才的发展绝不能局限在附中，也不能局限在上海交大，甚至不能局限在上海。让他们发展得更好，这才是教师根本的追求。

共同愿景不是空洞的口号，而是具体的行动表达，只有在共同认知基础上，形成大家默认的追求，才能在它的引领下，大学与大学附中团结协作，合作共赢。

大学附中与大学的新型合作关系构建是通过学校间基于创新人才培养而产生的校际关系，良性互动的主体关系能够促进学生的学习情趣激发和核心素养的养成，无疑能促进学校双方利益的达成。大学附中和大学都是以创新人才培养为出发点，共同追求学校间的互利合作，学校共同体的稳定性，目的都在于通过影响学校的核心主体——学生的成长，不断转变学校的校际关系、契约化制度。同时，学校的创新性发展情况的发生从机理上讲，还包含了学生与教师、教师与管理者等"次主体"间的关系转变。这种"次主体"间的关系体现在师生精神、观念、行为等层面的整体重建，指向就是学生和教师各自素养的提升。

三、课程共建——深度合作的实践突破

在上海市教委的支持下，上海交通大学附属中学在2008年开始对创新人才培养进行了较为系统的思考，从2009年起开始正式以"大学附中与大学深度合作培养创新人才"的实践研究项目展开创新人才培养的办学实践。作为人才培养模式的改革，独特的课程体系无疑是其中的关键。上海交通大学有

第五章　我国大中小学创新人才协同培育模式的实践探索

着雄厚的师资力量，借助大学的力量当然是我们必然的选择。

在上海交大附中，与大学共建课程大体经过了三个阶段：科技实验班的早期探索、拓展型及研究型课程的共建、创新人才培养课程体系的建构。

（一）科技实验班的早期探索

作为以科技理工特色闻名的上海交通大学附属中学，学校始终注重对青少年的创新意识和实践能力的培养。在20世纪90年代就着力改革课程，与交通大学进行有效合作开设预科班。这时的"科技实验班"教育模式在课程设置、教学内容与教学方法等方面做出大胆而有效的尝试。

在课程设置方面，学校对课程安排作调整，当时的交大预科用5个学期学完6个学期的课程，腾出时间引导学生参加社会实践活动和科学实验活动。在大学部的支持下，学校自编了与交大理工科专业密切联系的新教材，在数学、信息技术、外语等学科方面进行探索。

在教学模式上，学校除了夯实学生基础知识外，在数学、物理、化学、生物和信息科技等领域，对学生进行高一层次的训练，引发其对未来专业的兴趣和志向。学校充分利用社会资源和大学资源，组建"交大附中校友讲师团""大学教授专家讲师团"，通过授课与专题讲座等形式，拓宽了学生视野，培养了学生的创新意识、创新思维、创新精神和创新能力，成效显著。

在教学内容开发上，为培养创新人才，学校还进行了深度开发拓展型课程和研究型课程的尝试，使学校的课程内容和结构得到了进一步的完善。2001年开始实施的"课题式综合学习与实践"的方案，以培养学生对新知识、新事物的求知欲和鉴别力，提高学生自主学习的能力，开发学生多方面的潜能为目标，取得了良好的效果，向社会输送了大量人才，也积累了培养创新人才的宝贵经验。

（二）拓展型及研究型课程的共建

2007年上海市科教党委、上海市教育委员会出台《关于深化教育综合改

高素质创新人才培养：三位一体协同育人研究

革进一步加强创新人才培养的若干意见》（以下简称《意见》），《意见》提出：建立"学校教育各环节互为联动、大中小幼各学段纵向合作、政府学校社会家庭横向沟通"的创新人才培养体系框架；建设大学附中与大学教育相合作的拓展型及研究型课程，鼓励高校与有条件的大学附中共建课程、共享课程及有关实验实施，共同制定校本课程建设标准及评价标准，高校帮助大学附中教师开展专业研究；在教育质量评价方面实施以培养创新精神和实践能力为核心的基础教育督导评估，以学校发展型督导评价指标体系为基础，突出对学校创新精神和实践能力培养的能力评估，加强对学校创新素质培养环境建设的引领，重视以全体学生创新实践能力培养为特征的学业成绩、态度、能力评价。《国家中长期教育改革发展规划纲要》更做出了"推进培养模式多样化，满足不同潜质学生的发展需要，探索发现和培养创新人才的途径"的号召。

作为上海市首批"实验性示范性大学附中"的上海交通大学附属中学，在创新教育的过程中，始终秉持"思源致远，创生卓越"的办学理念，在弘扬传统中求突破，力求让每个学生在实践创新中发展。在学校特色化发展探索谋划与改革突破的紧要关头，学校敏锐地抓住了"依托高校、深度合作、创新人才、生涯规划"几个关键词，并与本校长久以来所坚持的科技实验班模式探索和"学生生涯发展规划研究"密切联系，积极响应国家的号召，依托上海交通大学，努力探索培养创新人才的历史性课题，依据国家与上海市教委有关培养创新人才的要求和精神，形成了与高校联合培养创新人才的方案构想，2009年底《交大附中与高校联合培养创新人才的合作方案》初稿出台，并在同期开展先期实验。

（三）创新人才课程体系的建构

在创新人才培养实践取得初步成效的基础上，我们开始尝试建设培养创新人才的课程体系。

1. 课程目标

上海交通大学附属中学结合学校的办学特色，借助上海交通大学的力量，

第五章 我国大中小学创新人才协同培育模式的实践探索

将"思源致远、创生卓越"的办学理念落实在本校特色化课程体系之中，着力于创新型人才的早期培养。与之相应，将课程目标定位于让学生积淀深厚学养并在此基础上形成远大志向、坚强毅力和创新智慧，通过创造性的发展方式生成卓越品质。

这样的培养目标表达着学校对学生发展内涵的三维理解：

（1）在知识素养方面，学生能够在扎实掌握基础知识的同时形成深厚的人文素养和科学素养；

（2）在能力发展方面，学生能够在夯实学术功底基础上，形成创新素养，运用科学方法，创造性地完成一些科技创新实践项目；

（3）在人格品性方面，学生能够在自主探索和用心交往的过程中，树立远大志向，秉持科学态度，创造青春辉煌。

2. 课程特征

基于课程培养目标，学校以优化课程为基础增强育人优势，激发创新活力，课程体系体现三个特征。

（1）敞开特色鲜明的发展空间。在设计课程体系时，不仅要凸显三维课程目标中的特色化内涵，在构建每一类课程时突出其独特功能，而且要从促进学生实现特色化发展的角度协调不同目标、不同课程之间的关系，为学生敞开彰显创新素养培育的发展空间。

（2）开发充满挑战的课程资源。与此同时，着力提升各种课程资源的教育品质，充分利用其他高校的优势教育资源，包括立足校本课程开发而引入的特色课程资源以开拓更有挑战性的学生自主学习空间。

（3）倡导激发活力的学习方式。从教育者的角度来看，课程建设需要融通课程设计和课程实施，后者的重心就在于让学生在各项学习活动中更为主动、更有创新活力。为此，倡导新的学习方式，鼓励每位学生"自主探索"，并在与他人的交往中"相互激发"，并将这一追求体现在课程体系之中。

3. 课程设置

上海交通大学附属中学在构建创新人才培养的课程体系时，从自主探索—任务拓展—实践素养出发，其要旨如下：

首先,将"自主探索、相互激发"特色化学习方式作为构思起点。在这里,最基本的原则就是站在学生的立场,让每一位学生形成优质的、整体性的教育经验。据此,在每一个课程领域和具体的科目中,都应为学生的"自主探索"提供多样化的、带有足够开阔的思考空间的课程资源,并为学生通过交往而"相互激发"创设条件。

其次,让学生完成三个核心任务。这三个核心任务是课题式综合学习与实践(拓展论文)(EE, Extended Essay)、科技理工素养(STEM, Science, Technology, Engineering, Mathematics)和生涯发展规划(CP, Career Planning)。在完成这三个核心任务时,学生可以进入最具有开放性和挑战性的自主发展空间。

在"科技理工素养"中,科学、技术、工程、数学之间存在着一种相互支撑、相互补充、共同发展的关系。如果要了解它们,尤其是它们之间的关系,就不能独立其中任何一个部分,只有在交互中,在相互的碰撞中,才能实现深层次的学习、理解性学习,也才能真正培养学生各个方面的技能和认识。在"课题式综合学习与实践"中,学生需自主选择研究课题并完成一整套研究活动的流程,由此超越学校传授的学习内容而自主拓展出新的探索空间;完成这项任务后,形成一份研究论文或研究报告。在"生涯发展规划"中,学生在六个单元的主动探索中,逐步适应充满挑战的高中生活、形成科学的学习方法、规划自己的人生发展。这三个核心任务都强调学生自主开展综合性的、开拓性的个性化探索,并在相互激发的过程中逐步进入每个人更高境界的发展状态。

再次,分六个领域安排各个科目。这六个领域是:语言与文学、数学与逻辑、科学与技术、人文与社会、体育与健身、艺术与欣赏。它们涵盖了学校提供的学习内容,包括各个科目。在各个领域内,合理整合课程资源,科学设置具有更高智慧挑战的特色性的学习项目;在各个领域之间,适当拓展相互沟通的平台,以增强学生素养的广度和深度。

4. 课程结构

在"创新人才"培养上,上海交通大学附属中学依托上海交通大学和社会力量构建基础教育与创新教育适度平衡的课程体系，注重学科之间的渗透，规划人生职业理想，增强学生实践能力；重视教学的个性化，培养学生专业兴趣；加强探究性学习，重视能力培养；创造性地运用信息技术，提高学生科学素养。由于创新人才的培养在信息化大背景下进行，因此其培养内容需要高选择性和现代性的课程设置，需要为学生设计各学科交融的研究性学习过程。让课程资源服务于实现特色化的培养目标，其关键途径在于学生通过特色化的学习方式开展各种学习活动。结合以往经验与其他学校成功的实践模式，学校对"创新人才"的培养采用通识教育、科学素质培养和人生规划三大模块：

通识教育模块。内容包括基础性学科、人文素养、现代管理知识等，是以基础性为主的培养创新人才的课程设置。在基础教学的领域，上海交通大学附属中学保留国家课程，以确保创新人才培养的必备的知识基础与学习能力，在二期课改教学理念指导下，适当减少这部分课程课时总量，控制集中授课时间。学校通过开设精品课程加强全体学生的人文素养教育，培养学生的人文精神。如在文学、历史、哲学、艺术、法学等领域加大一定的教学力度。学校关注学生的领导与团队合作、组织能力的培养，通过与上海交通大学的合作，组建"大学教授专家讲师团"，制定针对中学生特点的拓展训练。

科学素质培养模块。内容包括科学基本术语和概念基本理解、科学研究方法和过程基本理解、科学技术对社会的影响等，是以自主发展为主的培养创新人才的内容设置。该内容根据学生兴趣和特长，因材施教，设置相关拓展型课程供学生进行选择，大力提倡启发式教学，努力把探索、创新、个性化学习的时间和空间还给学生，最大限度地为学生自主化、个性化发展提供选择，提高学生的自我规划和自我约束能力，充分发挥学生的创造力，发展学生的个性特长。目前，上海交通大学附属中学根据学生需要开设的拓展课的精品课程有《动手学化学》《数学欣赏》《计算机 AP 课程》《LEGO 机器人技术》《中学物理奥林匹克竞赛实验》《活出精彩的生命》等。此外，学校通过聘请大学教授、学者通过专题讲座、授课等形式对学生进行创新素养的培养和教育。与此同时,学校校内也开展各类科技活动,校外参加各类科技竞赛,为培养学生的创新能力提供平台,并将学生的研究成果作为重要的评价因素,纳入综合能力的测评。

人生规划模块。人生规划模块是根据学生进入大学后存在的问题而专门设置的。中国的高中通常被社会公众定义为"为各级各类高等院校培养和输送考试合格的新生"的预备"养成所";这种角色定位,首先带来的是对于高中学校教育目标"唯考试化"与"唯成绩论"的认同,形成了高中教育"目中无人"的缺陷,部分大学附中在此大背景下也难免受其感染。这涉及高中教育的定位:围绕当前高考设定的科目课程,与学生未来大学所学的专业、将来步入社会所从事职业工作之间存在怎样的关系?这些高等教育入学考试的内容,也就是当前学校的核心科目是作为共有的人文修养,还是作为各自未来专业的基础?或者更进一步讲,在学生的整个专业发展历程来看,高中教育应该处于怎样的阶段,履行怎样的角色?

这种模糊的定位还进一步延伸到高中教育与大学教育的人才培养方面,如高中进入大学后生活环境、学习内容、理想目标、兴趣爱好、人际关系以及角色的转变等方方面面。研究者连续三年对上海某知名高校学生工作处进行访问,并与多名经验丰富的新生班辅导员、前后126名大学一年级新生进行了深入的访谈,发现有如下一些突出的问题。

(1) 学习过程的不适应。

从访谈上看,主要体现在学习心态、学习目标、学习动力、学习方式等方面。如在学习心态上,之前在中学都是"天之骄子""鹤立鸡群",而现在进入大学,同学们都很优秀,自己之前"高人一等的优势"就不再明显,沦落为不起眼的"芸芸众生";学习的直接目标上,高中阶段学习目的直接而单纯——就是能够进入理想的大学,进入大学后,短期内未形成新的目标,出现"目标真空"的状态;在学习动力上,部分学生对所学的学科不了解,专业与自身兴趣不符,同样使得学习动力不足;在学习方式上,死记硬背普遍存在,不会将知识系统化,形成对学科的整体性认识,不会对学科做详尽的资料搜集或深入研究,进而形成新的观点。

第五章 我国大中小学创新人才协同培育模式的实践探索

(2) 教育过程的不适应。

在调查中我们发现,高中教学以教师为主导,上课的针对性极强,老师管得很细,学生有教材,课后有习题,学生习惯"填鸭式"教学;而大学教学着重培养学生的自学能力,要学生具有独立思考和研究学习能力,课程多、任务重、难度高,学习方法的独立性、分析性增强,理论联系实际、学以致用、解决实际问题都是对学生的巨大挑战。由于学生的综合概括思维能力不强,在大学里边听、边记、边思考的课堂学习时常感到"进度太快抓不住重点",同时教师讲课不拘泥,比较抽象和概括,且风格各异,学生与教师对话少,不能及时解答疑难,学生对大学课堂教学更加不能适应。

(3) 生活环境的不适应。

对于大多数独生子女而言,中学时代生活中的许多具体问题都由家长料理,而现在"第一次真正离开家乡、父母走出家门",面对校园中崭新的:新学校、新集体、新学友、新的学习生活、新的学习方法,还要接受新的思维方式……生活中的一切都要由自己安排,学习生活具有较强烈的独立自主性。依赖性和独立性的反差使得新生"对以往生活方式的怀念和留恋……对新的集体生活、环境和角色的变化一时难以适从",并打破了他们先前对大学生活的所有的浪漫幻想,孤独情绪、怀旧情绪,对陌生环境、新生事物的紧张情绪油然而生。同时,面对大量的课余时间如何科学有效地合理安排也同样是大多数新生面临的重大问题。

(4) 人际关系的不适应。

新生都具有交友的迫切愿望,但实际交往却困难重重——初次离家、失去亲人父母呵护的情形下独立的大学生活,使他们"失落、挫折"。同时,分析大学新生的交往范围可以看出,他们注重同代之间的交往,很少主动参与代际交往,也就是说这个年龄的学生人际交往中有"代沟"现象。同时对于自我、他人认识上比较幼稚,看到自己的优点和长处则不能充分地认识到自己的缺点和不足,体现在自我认知的情绪上走极端——自负自卑得意失落时相交织;评价他人也往往"吹毛求疵,见瑕不见瑜",这种不完善的世界观、人生观与思维方式对于新生的学习生活状态与情绪都将产生负面影响。

以上调查所呈现的结论反映出了高中在进入高校后诸多方面存在着问题，高中与大学只有在共同协商并针对以上问题做出相应改革，才能有效地消减新生进入大学的巨大落差与不适应感，才能使大学教育在学生入学后最短的时间内有效地开展。

5. 课程实施

在课程的实施方面，全体学生必须完成国家规定的必修课程。而创新人才培养课程采用微型选修、短选修、长选修、专题讲座等方式，将"基础型、拓展型和研究型课程"与"创新人才培养课程"按照比例大致为2：1的方式编排。但"科技实验班"的学生在课程安排方面同平行班同学的课程安排有一定的区别，最主要体现在丰富了"创新人才培养课程"的教学内容，加大了培养力度。"基础型、拓展型和研究型课程"同"创新人才培养课程"的比例接近1：1，"科技实验班"在上述课程中实行"导师制"，适当开设大学通识科目，进行专业项目研究（专题研究），加强科学实验。

在实施序列上高一年级以微型选修课、短选修为主，注重人文素养教育；高二年级增加长选修课和社会实践，注重科学素养教育；高三年级以微型选修课为主，注重人生规划教育。微型选修即讲座（每次2课时）；短选修（每周2课时，一学期共计32课时）每学期每位学生可以选4轮不同的课程（项目），每门课上4周，共4个轮次；长选修（每周2课时）一般采用一学期一选的模式。这些选修课旨在培养学生的学科兴趣，增加对学科的认同感，帮助学生由对学科的兴趣转化为志向、志向进而再转化为志趣，为做进一步深入的探索、学习和研究打下良好的基础。

为了满足不同层次的学生对于课程的需要，针对不同学生培养提供了不同的课程体系。主要包括专门针对科技创新实验班开设的"实验班课程"、以培养多技能型科技人才为目标与上海信息技术学校合作开展的"实践课程"、满足其他特长学生的兴趣与高校合作开展的"虚拟课程"，包括上海财经大学经济班、上海交大医学院口腔医学班、同济大学苗圃班、华东理工大学化工班等。

第五章 我国大中小学创新人才协同培育模式的实践探索

四、教学活动——附中与大学深度合作的日常抓手

创新人才的培养，需要特色的课程的支撑，也需要教学方式、评价方式以及保障上的创新。

（一）创新人才培养的教学模式

创新人才培养主要是组织学生在各自选择并被认定的特长领域进行研究性学习。学校开设的"创新思维技能"选修课上，学生在导师团的带领下，依据自己所选择的专题、项目有针对性地开展自主研修、专题研究、项目设计。学生的学习过程就是利用导师提供的资源自主进行研究，并不断反馈自己阶段性的学习成果和产生的问题，同指导导师以及相关专业研究人员之间进行互动交流，形成双向式教学。着力训练学习能力、观察能力和探究能力，重点培养学生发散性、形象性、逆向性等思维品格。在创新人才培养过程中有效利用学校新建的实验设备、图书馆、网络资源以及大学的实验资源强化学生自主实验的环节，充分发挥学生的创造性。同时，与世界各地友好学校的中学生开展网上交流、协作研究等活动，培养学生的自主创新能力。由大学教授与中学教师共同组建的导师团对学生的研究成果进行鉴定，主要为三个指标：科学性、新颖性、实用性。在学校或更广泛的层面作汇报交流，起到示范作用和辐射作用。

（二）创新人才培养的评价体系

由于"创新人才"培养过程的综合性与长期性，对学生的评价机制也要从根本上改变传统的"一考定终身"——将考分作为衡量教育质量和招生录取唯一依据的做法，注重学生的全面发展和个性特长的发挥，注重学生的知识结构、思维能力、研究能力和专业发展能力。学校通过专业的评价，对学生在整个大学附中阶段和本科及之后的学习过程和发展情况进行跟踪研究，

高素质创新人才培养：三位一体协同育人研究

统计出毕业生人生发展的相关信息，根据这些信息对我校的培养模式的理论以及实践不断进行调整、改进和完善。目前学校"科技实验班"的教学评价方式主要是由导师评价（学习过程、学习态度、学习成效等）、同学评价（学习能力、合作精神等）和社会评价（作用、影响力等）构成。该评价机制应该随着整个培养模式的调整不断做出改进和完善。所以，对学生的评价机制应该是一个对培养对象和培养模式进行研究、实践并不断改进的动态的发展过程。

第二节 我国大中小学协同育人模式的实践探索
——以高校附属小学为例

随着社会经济的飞速发展，附属小学的办学体制和组织架构日益丰富，逐渐形成了以隶属模式、共建模式和嵌入模式为主的三种建校办学体制，下面分别进行分析。

一、隶属型附属小学及特点

隶属模式是指在上级教育行政部门的领导下，附属小学接受高校的直接管辖，且与同级或下一级教育行政部门没有直接联系。具体表现是附小一般属于某个高校的二级单位，人事和组织归高校统一管理，其中包括附小教师编制和学校的各级领导干部均由人事处统一安排计划和高校的党委会统一任命，总之附小的重大决定和其他类似于维修采购等事务也要通过高校的审计批准。同时附小也是独立的二级法人单位，财务是独立核算，经费的拨款由上级教育行政部门到高校，再由高校下放到附小。

隶属模式是高校附属小学从建校以来历时最悠久的一种传统模式，它的出现丰富了小学的办学体制。从目前的办学情况来看，附属小学从属于高校的情况依然十分普遍，比如清华附小就坐落在清华大学校内，既享受清华提

第五章 我国大中小学创新人才协同培育模式的实践探索

供的文化、资源、管理方面的支持，又为清华的教职工子女提供基础教育支持，这所学校就是一所典型的隶属型的高校附属小学。在其层级关系中，由于清华大学是直属于教育部的，所以其上级教育行政部门应该是国家，与清华大学同级对应的是北京市教育行政部门，但是清华附小并不被北京市教育行政部门直接管理，而是纯粹地从属于清华大学的办学体系内，因此将清华大学附属小学归于隶属模式。

隶属型高校附属小学在优越的先天条件下逐步发展壮大，这在很大程度上为高校的教职员工提供了优质的教育资源和教育教学环境，为高校教师的教育教学和科研工作解除了后顾之忧。附小由高校直接管理，可以享受高校丰厚的教育教学资源，为附小的办学与管理提供了科学的理论与实践的指导。

二、共建型附属小学及特点

附属小学发展至今，为顺应社会对优质教育的广泛需求，在管理体制上已经出现分流，开始变成社会、地方教育行政部门的教育资源了。有些高校附小还纳入就近入学划片的范畴，面向社会统一招生，而不是首先为了解决教职工子女入学问题，这种类型的高校附属小学已经不仅仅是高校的附属，而且成为与社会共享的教育资源，这种学校管理体制是属于共建模式。

共建模式是指附属小学处于地方教育行政部门的直接领导下，并且在地方教育行政部门的主导下与高校共建形成。这种模式的最大特点是通过教育行政部门提供相应的政策或资金支持且由教育行政部门主导，高校提供相应的授牌、团队输入、师资培养、教学指导、校园互动等支持来协助共建完成。由于教育行政部门处于主导地位，这种学校的公立性质浓厚，招生面向全社会的适龄儿童，而不会像隶属型那样演变成完完全全地服务教职员工的子弟学校。共建下的高校附小，由于高校在管理职能上的弱化，所以教育教学与技术资源快速有效地部署和配备到小学中，组织课外实践与定点帮扶的能力将会有所削弱。

随着教学资源流动的加速，跨区域共建成为共建型高校附属小学的重要特点。也就是目前高校附属小学逐渐从高校的所在地逐步向外拓展，以高校位置为中心向外辐射，其影响的范围足以跨越地域的限制。以北京师范大学为例，作为教育部直属的师范类高校，近年来其附小逐步由北京向外辐射发展，多数以共建模式运行。如北京师范大学贵阳附属小学就是北师大与贵阳市教育行政部门合作创办的一所公办小学，其上级教育行政部门为国家，高校为北京师范大学，教育行政部门为贵阳市教育行政部门，是北师大的下一级教育行政部门。共建模式的优势在这所学校身上体现得淋漓尽致，这所学校的办学模式体现了基础教育体制改革和机制创新的新思路，高校与教育行政部门紧密协同，共同打造了一系列的教育文化共同体、教育资源共同体、教育改革和创新共同体，形成了一个立体化、多触点、高效能、开放式的协同发展平台。共建模式下的高校附属小学一方面归属于教育行政部门的直接管辖，另一方面，在办学规划上需要高效的教育资源帮助引导其发展，基于这样的情形教育行政部门在附属小学的建设中对资源调配和规划安排方面应与高校紧密合作。

三、嵌入型附属小学及特点

随着基础教育的属地化改造和城镇化进程的推进，高校附小和高校之间的关系，不断面临新的挑战与机遇。在隶属模式和共建模式的基础上逐渐延伸出嵌入模式的高校附属小学。这种模式是由高校和教育行政部门、社会组织合作开展的办学管理体制，是目前最具潜力的管理模式，未来可能会进一步普及。

为了增强学校的内生增长动力，引入一定的社会资本、技术与资源，使得附小在建立的过程中，高校以资源嵌入，其中资源可以分为货币、技术、人力等三类资本，教育行政部门和社会组合享有部分资源的所有权与配置权，附小的办学性质也因社会组织表现为民办公助、公办民助这两种主要形式，在嵌入模式的多重社会力量的协助合力下，高校、同级或下一级教育行政部门以及社会组织都在其中起着至关重要的作用。以常州高校附属小学为例，

第五章 我国大中小学创新人才协同培育模式的实践探索

这所学校原名黄冈小学，2013年恢复独立建制，成为常州市教育行政部门直属学校。2017年9月加入清英教育集团并和常州高校合作办学改名常州高校附属小学。从体系构成上看，这里的高校为常州高校，教育行政部门（同级或下一级）为常州市教育行政部门，而社会组织为引入资本和资源的清英教育集团。在嵌入式高校附属小学中，三种层级相互合作，共同聚力，具体来说教育行政部门起总体规划引导作用，高校实现资源输送与技术支撑，社会组织保障资本注入与市场联动。在这个三位一体的统筹布局下，学校内无论资本、资源、环境、人力以及与社会的连通性都是丰富有保障的，从而使得学校建设得以集思广益，从而更快地培养出社会所需对接社会的能力与品格需求的人才。

嵌入模式下的高校与附属小学的衔接问题是最错综复杂的，在这样的条件下，高校、教育行政部门以及社会组织三者都对附属小学具有一定的管理决策权，对于附小整体的规划布局、发展建设、教学质量、学校管理、制度改革与创新方面的具体事项均需要由这三方力量共同做出决策和整合实施方案。虽然最终实行实施方案的主体是小学，但是制定实施方案的主体是三方层级单位，作为学校发展的引路人，如果没有把这三者所决策的体系相互融合，甚至产生三方合作层级的掣肘现象，就会导致嵌入型高校附属小学办学体制的功能退化，使三方的教育效力达到最低化，最终会影响附小全方位的建设与发展，这一点尤其需要在机制设计中重点关注。

第三节　建构多元主体协同机制

高校附属小学的办学过程属于教育行政部门、高校、企事业单位与学校等多元主体的协同和合作范畴。合理建构多元主体协同机制能够有效解决协同主体未能厘清等协同问题，理顺协同办学组织内部之间的关系。该对策的设计主要从厘清协同规划主体权责界定与建立协同办学组织架构两部分内容来展开。

一、厘清协同规划主体权责

对协同办学主体的权责进行清晰的界定是保障高校附属小学有序运行的基础，也是协同组织进行学校管理的重要条件。在高校附属小学的办学过程中，教育行政部门、高校、附属小学、企业应该根据自身特点确定合理的权利和责任，从而清楚自己从属的管理域和执行域，进而达到"1+1+1+1>4"的优化效果。

（一）政府部门权责

在教育系统中，教育行政部门主要承担政策引导、资源调配、人事管理与行政监督等功能，扮演着"宏观调控者"的角色。在高校附属小学协同办学的实践中，政府部门的权责主要包括以下内容。

1. 在行政上提供政策支持，参与协同办学管理

一是政府要为协同办学提供有针对性的政策支持，将协同办学纳入我国基础教育发展规划之中，而不是只在形式层面或口头上支持；二是要以服务型政府为目标，减少指令性计划或定量指标任务，简化行政审批程序，减少制度和政策带来的额外工作量，避免对协同办学实施主体的多重阻碍；三是对高校和附属小学在协同中的行政执行过程进行监督；四是要对高校附属小学对基础教育引领作用进行评估和指导，促进教育办学质量的提升，以期形成以一带多的区域教育协同发展局面。

2. 在资源上引导经费倾斜，支持基础设施基建

一是要重视高校附属小学协同办学，在教育财政的使用上要充分考虑附属小学的协同办学需求，提供有效的资金倾斜和基建支持；二是要对一些有志于参与协同办学的企业要积极进行扶持和鼓励；三是要在政策激励上给予一定的倾斜，针对高校、附属小学、企事业单位教职工的子女入学、教育医疗释放一定的政策红利，从而促进不同协同主体参与协同办学的积极性。

第五章 我国大中小学创新人才协同培育模式的实践探索

3. 在人事上储备管理人才，定额配置教师编制

一是高校附属小学的人才体系一般是教育行政部门或高校确立，积极做好学校领导人才的储备工作，建立附属小学校长的人才池，在前期的培训培养中将协同办学作为一项重要内容进行要求；二是要通过中长期培训，形成一批素质过硬、德才兼备的协同办学管理队伍；三是要以公办学校标准提供办学经费，为附小提供一定份额的在编教职员工事业编制；四是要做好教师招聘、离退休保障等与教师密切相关的制度安排。

总之，政府要在协同办学的过程中发挥一种和谐高效、可持续激励的纽带作用，努力创造一个鼓励协同、服务协同的制度体系，为协同办学的顺利开展和高质量运行提供必要的支撑。

（二）高校权责

高等学校是培养和造就人才的大熔炉，也是输出理论、传承知识、推广技术的重要阵地，拥有着独特的文化、知识和技术优势，在协同办学中高校应责无旁贷地肩负起组织、参与和管理的职责。从协同办学的目标出发，高等学校要发挥协同办学中的积极领导作用，其主要的权责具体包括以下内容。

1. 派驻专业团队助力学校内涵建设

形成专业的办学顾问团、教学指导团、科研帮扶团与支教服务团，每个团队的具体职能是：一是办学顾问团，主要指导和研究协同办学规律，组织高校领管理层与教育专家对协同办学中暴露的问题进行把脉问诊，与附属小学开展常态性协同办学工作交流会，不断从理论和实践上实现协同办学效果的最优化；二是教学指导团，主要指导附属小学的课程改革，汇聚一线教学专家和附小教师形成教学共同体，通过一对一帮扶、教学生涯规划辅助等方式建立基本的组织信任，通过开展同课异构、听课评课、举办讲座、召开研讨会、学术沙龙等活动形式进行传经送宝，交流经验，促进课程改革和课程体系建设取得实效；三是科研帮扶团，主要指导和帮助附小的教师进行教育科研工作的开展，帮助附属小学教师申报国家、省、市、地区教研课题，指导课题申报、论文发表、专利申报、人才奖励等工作，在课题进入瓶颈期后

高素质创新人才培养：三位一体协同育人研究

帮助进行科研攻关；四是支教服务团，鼓励高校的本科生、研究生选择与附属小学教育教学密切相关的课题并深入教学一线开展调查研究，派送学校优秀学生进入附属小学实习锻炼，与附属小学师生一起开发特色课程。

2. 调配优质资源，助推学校特色建设

高校作为一个创新文化、创新思想、创新内容高度汇合的地方，应该为附属小学提供多层次的资源与平台。主要包括三点内容：一是在硬件设施上，开放学校图书馆、食堂、游泳馆、校史馆、体育馆、科技馆等；二是在软件资源上，为附小教师开放学校文献查询系统、图书馆借阅系统、信息化服务系统等；三是在综合设施上，可以根据实际情况在附属小学建立高校内涵、附小特色的乡土文化馆、科技体验中心等，丰富附属小学师生的各类交流体验。

3. 通过互惠激励激发协同办学活力

高校应牵引地方资本带头成立以协同办学为目标的教育教学基金会，为一线教学和科研做出卓越贡献的老师提供奖教资金。从全局上看，协同办学是否能够成功，其中的智力因素和技术因素的支持都要从高校中获取，因此高校应该始终保持着相对较大的输出能力，以便为支持附属小学的人事、资金、平台等资源进行集中调配，从而形成与附属小学之间紧密的纽带关系。

（三）附属小学权责

附属小学是协同办学的实施主体，其权责主要包括四个方面：

1. 享有充分的办学自主权

学校办学自主权是指学校在依据教育方针、教育规律、法律法规的前提下，针对其面临的任务和特点，为保障办学活动能够依据其自身特点、充分发挥其功能所必须具有的自我决策、自我运行的权力。附小的办学自主权是指附属小学与其他协同主体之间具有相对平等的对话权、反馈权和建议权，能够自主安排招生、已入编教师考聘、学校工作人员选聘等工作。

2. 掌握校领导以及教师的考核激励权利

对参与协同办学组织中的领导者和一线教师进行工作量的认定，对承担

第五章 我国大中小学创新人才协同培育模式的实践探索

协同办学基础设施建设、特色课程开发和教研创新课题的优秀教职员工进行绩效奖励和荣誉表彰鼓励。

3. 为高校提供教研实习基地

一是附属小学应该建立高校学生来校实习实践的常态化制度，做好实习生的岗位配备、生活保障、实习鉴定等工作；二是应该为高校从事基础教育相关课题的师生提供问卷调查、现场实录、结构性访谈等机会。

4. 为协同办学质量评估搜集反馈建议

为了保证协同办学实施效果，附属小学应该关注办学质量的评估，主要是畅通教师、家庭、社会的建议反馈渠道，定期收集整理与教师发展和学生培养密切相关的意见和建议，以形成协同办学制度的有效运行。

（四）社会力量权责

社会力量主要在嵌入式的附属小学模式中发挥作用。企业参与办学主要出于几个层面的目的：扩大企业影响力，保障企业员工子女的教育优先权；卖学区房的需求。因此，企业的职责主要定义在以下几个方面：一是为建立、完善学校教学楼、图书馆、体育馆、操场等基础设施建设提供经费；二是协助高校投入或引进多元资本，共同建立协同办学基金会，为形成奖教奖学基金和支持师生开展活动提供支持。

二、建立协同办学组织架构

良好的协同管理组织架构设计是从执行系统设计上对协同办学的组织和管理过程进行规范，有助于协同主体权责的真正实施与协同规划目标的有效实现。在高校附属小学的协同办学过程中，重点解决多元主体如何通过相互间的管理配合、运作协同和业务支撑等方式实施协同办学的问题，着力破除协同运行机制的不畅通、不协调等矛盾。协同组织管理架构由以下几个方面展开。

协同创新理论指出，要想实现面向同一目标的多元主体协同，创新主体自身的组织边界或壁垒必须打破，对应在高校附属小学上，不同主体的协同作用要存在一些相互交叉融合的区域。借鉴其他省份优秀高校附属小学的组织管理经验，我们将这四个主体的重叠部分设计为协同办学委员会。

协同办学委员会主要负责统筹整个协同办学过程，涉及人事管理、资源调配、评估反馈等具体流程，学校形成办学委员会领导下的校长负责制，协同办学委员会的要素如下。

1. 成员构成

教育行政部门派出1名分管行政领导，高校派出1名中层领导兼任协同办学委员会主席，从高校的合作处（类似对外支持机构）选派2名领导，其中一名全程参与协同办学，附属小学派出校长、书记、副校长，吸收1~2名一线管理人员，吸纳3~5名教师代表与2~3名家长代表。若存在人事变动时，各个主体应该及时地对协同办学委员会的人员进行管理。

2. 权责分工

负责附属小学发展相关的重大事项的研究与决策，定期召开联席会议对协同办学中存在的问题进行梳理并布置解决方案；负责校长、副书记、副校长与教职工团队的选聘和考核工作；协同配合办学顾问团、教学指导团、科研帮扶团与支教服务团等专家团队开展工作；组织多渠道筹措办学经费，统筹布局办学财政资源、人事资源、教研资源等，细化资源分配实施步骤；每个学期、每个学年对协同办学的效果进行评估，对全体教职员工进行考核评价，并根据考核结果实施奖励。

3. 资金保障

附属小学主要的办学经费仍由教育行政部门发起，如果是隶属型就分配给高校，如果非隶属型就直接拨付给附属小学。除此之外，用作协同办学经费的投入主要由协同办学委员会牵头共同创办的协同办学基金会提供，该基金会由地方政府、大学与中小学共同承担，其中包括政府预算的专项拨款、大学的帮扶支持费用、中小学的社会资本，从而保证协同办学的基地建设顺利和组织运作顺利。大学与中小学应投入一部分资金专门用于协同办学工作的运作，列入学校经费支出计划并加强管理，提高经费的使用效益。

4. 时间保障

时间保障是维持合作持续进行的重要保证，为确保合作的顺利进行，学校应当给予参与人员更多的可支配时间。一方面给参与人员提供更多的用于专业发展的时间，保证大学与中小学合作的次数，以免影响合作的质量，同时应做好合理的计划安排，避免浪费合作的时间；另一方面，参与人员要合理安排工作时间，提高时间利用率，尤其是中小学教师参与人员要减少日常工作中非教学的琐碎事务。

三、分析协同主体职责比重

针对不同主体在协同办学所发挥的作用与贡献的不同，设计了四个办学主体的职责比例。按照从大到小的顺序依次是附属小学>高校>政府行政部门>社会力量，之所以如此设计，是由于以下几个层面的考虑：一是附属小学是协同办学的实施主体，应该享有充分的办学自主权，是主导型的执行性角色；二是高校也必须将协同办学放在领导层的议事日程中，是人、财、物调配与资源共享枢纽，承担了管理协调和智力辅助的双重角色；三是教育行政部门从原来的掺杂人事权力、财政权力调配到办学政策的宏观指导和监督检查为主的统筹性角色上来；四是企事业单位主要是经营营利性单位，对于教育相关的专业内容不作具体介入，主要起资金投入和参与谋划的作用，因此占比最小。

四、创新信任激励协同机制

明确了协同办学主体的基本权责，设计了协同组织架构，为了避免"雷声大，雨点小""一曝十寒"等问题造成的制度推行不畅，需要充分调动创新主体的积极性，从而发挥他们的主观能动作用，自主自愿地投入到协同办学的具体实践过程中。唐彰新将协同办学的目标功能分为定向功能、控制功能、激励功能和凝聚作用，强调了办学主体对目标的认同和理解。这种认同和理

高素质创新人才培养：三位一体协同育人研究

解的基石是信任理论，尤其是组织间的相互信任。信任是一个复杂的社会与心理现象，涉及很多的层面和维度。人与人之间的信任是一种心智状态，即参与合作的一方对另一方的期望，即期望双方能够以一种可以预期和相互可以接受的方式行事。信任度是展开所有合作的基础，只有相互信任，人与人之间才会交心和沟通，组织和机构之间的关系也是类同的。因此建立相应的信任机制，从整体上将各个主体的利益合拢在一起，目标保持一致向前，才能形成强大的聚能的效果。为了解决上述问题，应该根据不同主体的职能分工，建构不同主体间的信任理论。

五、建构不同主体投身协同办学信任机制

（一）建立教育行政部门与高校的信任机制

高校作为一个地区内重要的知识、智力、技术等要素的集聚方，其对于一个区域的教育、经济、文化、科技等方面的牵引和带动作用与潜力都是巨大的。因此，教育行政部门要想办好本地区的教育，提高区域教育水平，需要和高校保持密切的合作。在附属小学协同办学这一问题上，教育主管部门更应该和高校之间建立起良好的组织信任关系，具体包括以下几个方面。

1. 给予高校指导协同的自主权

教育行政部门要从摊派式运行模式逐渐向服务型教育行政部门转变，尤其在附属小学的办学上，既然选择了高校来引领这个地区的部分基础教育，就要充分相信高校的协同办学能力。将指导协同、规划协同、管理协同的主要权利分配给高校，最大限度地减少不必要的行政干预，为高校和附小之间的协同合作提供宽松友好的制度环境。

2. 及时分配、合理使用资金资源

"巧妇难为无米之炊"，高校附属小学的办学协同是一个体系性、工程性的问题，需要足够的资源和资金支撑。在调研过程中，附属小学的校领导对

第五章 我国大中小学创新人才协同培育模式的实践探索

于教育主管部门未能及时拨付办学经费导致优质教育项目流产的事时有发生。因此，一方面政府在评估项目意义后，要对有发展潜力的项目及时提供资金和资源要求；另一方面高校也要结合办学实际合理分配教育资源，确保精准调配到位。

（二）建立附属小学与高校间的信任机制

附属小学和高校存在组织文化层面的差异，包括"研究型文化"与"实践型文化"的冲突，话语权不平衡，知识地位不对等方面，为此要建构附属小学和高校之间的信任机制，可以试着往以下几个方面来着手开展工作。

1. 相互尊重、目标一致打牢信任基础

高校参与协同办学的专家团队，应该本着平等互助的态度。虽然在协同办学中，在大多数的合作关系中，高校作为高等教育机构仍然占有一定的主导地位，例如合作的动机、合作的内容、合作的过程主要是由大学参与者提出，但不能否认的事实是中小学具有丰富的教学实践，通常作为教育理论的验证点，整个合作过程离不开中小学教育实践者的参与。因此，高校的协同人员不能有一种高高在上的姿态，这里的尊重既包括对附小教师个人品格的尊重，也包括对附小教师教研成果的尊重。高校与附属小学是相互平等的参与方，在合作中双方应坦诚相待，互相借鉴，达到一定的协助交流，形成一种可以促进双方共同发展的协同办学文化。

2. 教学相长、课题帮扶深化信任程度

要搭建一个高校与附属小学的共研平台，主要涉及教学相长、教研互助、研教结合的合作体系，如此在信任程度和深度上形成了一种互动机制，既能够有效促进附小老师在教学水平和科研能力上的提升，也能有助于高校老师将教育理论成果进行实践应用。通过与高校真正的协作，使得一线教师的教学视野和教育智慧与国内教育研究前沿紧紧贴合，密切联系，从而获得更宽广的教学思维和教学视野；在与高校交流的过程中，教师的技能水平和理论深度都得到了提升，从而对教学有更深层次的了解和热爱。

3. 公开透明、互惠互利巩固信任成果

公开透明是保障信任的重要方面，在协同办学的过程中，无论是资源的使用还是人事管理的安排，附属小学和高校应该在协同办学委员会层面保证信息的公开透明。

(三) 建立社会力量与高校间的信任机制

社会力量和高校是为了附属小学的协同办学才聚合在一起的，其间的信任主要是建立在契约关系基础上，双方的信任主要集中在两个层面：一方面，在协同办学委员会上的信任，由于协同办学委员会的主席和主要负责群体来自高校，社会力量只是起配合和支持作用，高校应该尊重和吸纳企业从社会资本角度提出的意见和建议；另一方面，资金和资源调拨上，主要是协同办学基金会内款项的募集与使用，协同办学资源的流向，以及对社会力量所在单位员工享有的学位政策。

(四) 建立教师与社会间的信任机制

文献将教师信任界定为家长、学生与社会各界等主体，对教师教育教学过程中的专业技能、职业道德等在育人中所能达到的立项结果的信心。文献指出行政部门的单向政绩诉求、社会民众的舆情偏见和教师群体的相互认同缺失会以及学生的自我诉求都会影响教师信任危机，会加剧教师信任危机。要想使教师愿意去真正热爱教育、投身教育，规避其职业倦怠、提高工作热情，主要应在社会层面做到以下两个方面的工作。

1. 要提升教师的社会认同感、职业幸福感

营造积极健康的教育舆论导向，不能将个别教师的错误行为上升到整个教师队伍的批判上，要自觉维护多数教师的良好形象。要积极宣传优秀的教育工作者，传播其成绩及事迹，以榜样的力量引领整个社会形成尊师重教的良好氛围。

2. 为教师提供宽松友好的职业发展环境

与高校的学术共同体类似，附小教师在教学和科研过程中与社会上的其他学校老师也会形成共同体，如工作坊、校际联合体、名师工作室等。要宣传共同体的互信制度，倡导和弘扬彼此间的分工协作精神；要形成正确的评价观，对待教师不能以单一的学习成绩进行评估，要从教学态度、教学状态、教学能力、素质教育水平等多个维度进行评判。

六、助推教师参与协同的双因素激励制度

教师作为传输知识的重要工作者，科学有效地运用激励理论，有助于极大地激发职工的工作激情，从而取得良好的工作效果。教师参与协同的过程重点需要考量的激励从双因素理论的保障因素和激励因素两方面展开。

（一）基于保障因素的机制设计

1. 优化完善教师薪酬福利体系

薪酬福利是与教师职业获得感密切相关的利益类型。一是在协同办学中，应该创新设计绩效奖励体系，一线教师以个人或团体的形式主动参与协同办学的要进行绩效奖励，然后严格按照绩效比例发放薪酬；二是优化激励机制，单独或与高校联合设立附属小学优秀校长、教师、学生奖等，加强对附属小学的绩效考核，激发附属小学发展的内在活力；三是为教师子女进入高校附属幼儿园或初高中提供优先政策，为教师子女就读高校有一定政策倾斜，提供学位支持；四是工作量认定、津贴补贴上都要有所体现。

2. 改善教师群体工作生活条件

一是改善其办公室、教室、音乐室等工作环境和宿舍、食堂等生活环境，培养教师的主人翁意识；二是在场地和资源允许的条件下，提供有效的科研环境和条件，比如科学老师开展相关的科学问题分析，要为其提供必要的科研条件保障。

3. 疏通教育共同体的人际关系

一是领导要对一线兢兢业业奉献的教师增加关怀和照顾，了解和解决他们在工作、生活中的实际困难；二是要鼓励各年级、各学科组形成融洽的教研氛围，为教师营造和谐互助的良好氛围，在与高校进行合作时，要从协同办学委员会的层面为教师疏通人际关系，通过多维的沟通、交流与合作达到人际互通目的。

（二）基于激励因素的机制设计

保障因素偏重于物质和组织关系，而双因素理论中的激励因素则更多地包含了精神层面的内涵，主要涉及对愿景的设计，主要体现在以下几个方面。

1. 让参与协同的教师得到更多的认可

前文从社会反馈的层面梳理了教师的社会的认同感和信任感，这里分析的认可侧重协同办学本身，目的在于保证协同办学对于一线教师具有一定的吸引力。比如：参与协同办学的教师在业绩考核、岗位晋升、职称评审中都有相应的侧重，在收获认可的同时也能使大家从被动协同向主动协同转变。

2. 让参与协同的教师收获更多的工作成就感

提升成就感来源于两个方面：一是协同办学要在收获教学成效、取得科研进展、获得职务和职称晋升等三个教师尤为关心的问题上下功夫；二是要帮助教师一起做好职业生涯发展规划，给教师提供足够丰富的培训进修机会，为教师购买能够提升发展能力的精品网络课程，并且拓宽校级领导以下的各学科组、年级、部门领导的晋升渠道，促进优质人才流动，实现人尽其才的局面。

3. 为参与协同的教师减轻非必要的心理负担

协同办学与日常工作一起都要本着简洁高效的原则给教师减负，尤其是非教学任务负担的加重会让教师陷入疲倦。在调研了解中，不少教师反映各项督导评估、达标验收、检查评比、会议培训等事务，各类"进校园""小手拉大手"等活动，挤占了大量的教师教研时间。为了使教师的专业发展更有时效性，应该减少这类繁杂的手段，比如开发信息化数据库存储每个人的信

第五章 我国大中小学创新人才协同培育模式的实践探索

息,需要时集中调用整理上报,而无须重复统计;对于有心理焦虑、心神倦怠、心力交瘁的教师要进行及时的正能量引导和心理疏导,有针对性地开展一些团辅活动。

第四节 优化教学研究协同模式

在主体权责明晰、信任激励机制建立之后,制度基础便存在了。课程教学质量的提高一直是附属小学协同发展的核心内容,也是人才培养的重要阵地,在附属小学协同办学的实践中,课程共建机制的形成是要在多方办学主体相互融合探究下才能实现的,因此也形成了多种协同发展模型。

一、聚力课程品牌建设

课堂是教师挥洒汗水的舞台,也是协同办学取得积极效果的首要内容。在协同办学委员会的指引下,高校利用专家团队全程指导课程品牌建设,主要是通过常态化组织同课异构等评课评教活动。

(一) 构建以同课异构作为切入点的课程品牌

同课异构是检验教师上课能力、拓宽上课维度的重要策略,一节相同的课(预习课、正式课、小结课、复习课、试卷讲解课)都可以上出不同的效果,可以促发一线教师开拓思维思路,去形成自己独特的课堂。在交流切磋中从同一学科的老师处收获多种课堂组织方式。专家组在听评课后,给出自己针对性的改正建议。

(二) 形成启迪育人为目标的启发式课程品牌

教育的内涵不应该停留在冷冰冰的成绩上,更应该注重对孩子心智和精神世界的塑造，启迪孩子主动去发现问题，分析问题，尝试去解决问题，从而形成具有启发特色的课堂。

（三）构建具有校本特点高校特色的课程品牌

与一般学校相比，突出自身优势，旨在进一步发挥名师及高校办学的引领作用，加强大学附属学校之间交流和提升教研水平，从而形成来自附属学校参与区域内外教学竞争的课程都是既具有小学自身特点，又能融入高校对教育教学思考的有深度启迪性的教学模式。

二、帮扶教学创新发展教学

帮扶是高校专家团对附属小学协同办学质量提升的重要承诺。因此，应该从以下几个方面进行建设。

（一）帮助做好各教研组管理规划

良好的规划管理是教学活动持续稳定发展的重要保证。如果说每一位教师都是一个细胞的话，每一个教研组、学科组都是一个成型的组织，高校应该将自己规划、管理、组织课题组、教研组的经验共享到小学基层教研组织的管理上，并且帮助这些组织破除老资格教师、老编制教师的单一话语权，多多吸纳听取青年教师意见，给青年教师提供成长舞台。

（二）邀请四方名师授课指导

由协同办学基金会出资，定期邀请省内外的名师，开展专题的教学方法、教学思想、教学改革等方面的讲座，将一线名师带入我们的课堂进行深度问诊把脉；深入课堂、年段组、学科组实地指导工作开展，针对性地进行诊断。

第五章 我国大中小学创新人才协同培育模式的实践探索

（三）注重发挥家校互动教育职能

高等学校、教育部门通过协同办学委员会，应该鼓励家长参与治校意见的表达。通过"家校同频""你的孩子我的生"等等系列充满关怀和温暖的家校活动主题拉近和家长的距离，将关爱孩子身心全面成长的理念慢慢植入家长们的内心，形成家校一起心往一处想、劲往一处使的合作局面，全方位提升孩子教育成长的维度和内涵。

三、组织教研合作交流

高校是个孕育创新理论和创新文化的沃土，附属小学则是形成基础教育教学矛盾、凸显人才培养问题的宝地。如何通过有效的科研合作机制理论和实践在研究域内有机结合，互相促进？协同办学中要注重对善于总结问题、有创新想法的一线教师增加关注，形成有效的教研合作体系，从而让附属小学教师成为"在研究中不断反思、在反思中不断发展"的研究型实践者。主要包括以下两个方面。

（一）共同申报教研课题

高校每年申报国家课题之后，协同办学委员会要及时传达到附属小学一线教师那里，通过积极的沟通互动形成一些具有创新价值和实践意义的优质课题，然后由双方共同进行研究，帮助一线教师在课题的执行期间有针对性地采集和收集相应的教学问题，不断形成有效的教育研究成果。

（二）共同开展课题管理

依托附属小学深厚的教学实践土壤，召开国家、部级、省级等科研立项课题的申报、管理、组织、中期评估、结题验收等工作，对每个课题的实施过程进行有效推动和过程质量监测。通过组织研修和课题指导，指导课题申报、论文发表、专利申报、人才奖励等工作，从而使教师获得全方位的成就感。

第五节 建构生态资源协同系统

确定各个办学主体的权责分工与约定比例，完成信任与激励的基础构建，便进入了协同办学的实施执行阶段，其中，资源的配置、流转和使用成了重要的协同内容，本节采用教育生态系统的视角提出资源共享的解决对策。

一、搭建多元主体的资源共享平台

高效的协同离不开高质量的共享，高质量的共享离不开全面的资源共享平台建设。

从协同办学与生俱来的多元交互特点，从教育的生态学视角出发，建议着重形成以下三种资源共享平台。

（一）办学协同记录分析平台

该平台用于记录办学主体间中大规模以上的会议、座谈、展览、考察等事件的时间、地点、主题、参与人、嘉宾分享内容、达成成果和目标计划，并引入科学的判定方法评估两两之间的联系，通过人工智能和大数据技术跟踪联系链的发展，从而为协同办学提供数据支撑和改进思路。因此，引入一些协同创新的资源，如大数据平台，将有利于充分地发掘不同教师偏好和学习兴趣等资源信息，进而进一步统计分析资源，使协同办学的面双向打开，可以进行线上学习和线下学习探讨相结合的协同互助方式。

（二）课程协同共享共进平台

该平台主要用于收集整合课程建设上的既有成果，鼓励每一个教师将自己的精品课件、精品教案、精品试卷等可以共享的内容上传到该平台，供其他老师进行学习；每一次专家团队组织听课评课、教学方法交流、试讲试练之后，都要吸收专家的建议，尽快修改讲义或课件，并形成有效的资源一起整合到平台上，从而使优势成果得以延续和发展；每一届来附属小学上课实习的高校学生，将自己实习过程中的上课内容以及可资借鉴的经验在平台上进行分享。

（三）教研协同互助合作平台

该平台主要用于高校教师团队将自己的核心内容和创造性成果隐去后，将不同类型课题的申请书、中期检查、结题评审等科研流程管理的相关内容都统一呈现在协同办学共有的分享平台上；附属小学的老师在借鉴前人经验基础上，可以在这个平台上发布自己感兴趣的教研课题（描述其研究意义、目的），高校教师团队可以根据必要性、先进性、可行性等方面进行评价；当附小教师如愿申请到一些教研课题后，将整个过程在平台上进行追踪管理。通过设计，这个资源平台的项目应涉及教研合作的方方面面。

二、畅通教育资源配置与流通渠道

动态平衡是指系统维持一种高度有序的状态，能够有效协调好不同主体之间的能量流、物质流、信息流和价值流的相互关系和影响，保障教育生态系统的动态平衡和良性循环。从资源的输入上：办学资源的输入端应该做好保障和充分评估，应该吸收健康有正能量的资源，应该注重文化熏陶和乡土文化建设，比如漳州地区就可以建立闽南乡土文化馆；在资源建设时，需要注意要依托协同办学资源管理平台，对资源内容进行编号，归类管理，比如高校援助的一批图书资源，就必须写清楚具体的内容以及共享者。针对教师、学生这些使用对象的实际需求设计资源的内容，比如学生关注的世界和大自然的精彩，类似宇宙丛书、自然丛书这类的，而给教师订阅的应该是小学教研之类的，通过专门性精准提供，进一步提升资源共享的广度和深度。引入一些创新的资质：大数据平台，有利于充分地发掘用户偏好和学习兴趣等资源信息，统计分析资源，实施线上学习和线下学习探讨相结合的协同互助形式。从资源的流通上：教育资源一旦提供，进入这个协同办学的体系内，要最大限度地保证其流通共享，尤其是要依托相应的高质量协同平台；附属小学要对资源的分发和配置过程进行监管，确保真正做到物尽其用。从资源的输出与评估上：要定期分析资源使用的质量和效果，对资源的利用率进行调查，比如部分教研资源能否有效转为教师的教学水平提升和研究能力增长。另外要对优质资源进行整合处理，促进优质资源的品牌建设，将其成果输出到输入端进行新一轮的流转，比如教师在教学实践中得到新的教学经验，形成精品课件，经发布后作为新的资源流转内容重新进入系统；对资源进行评估后，采取优胜劣汰的方式，对资源的类型进行归类整合，也为后续的协同教育资源输入提供更具有实践价值的意见和建议，比如线上教学资源，对应与反映良好的资源可以继续推送给多元协同方，对于满意度不高的资源可以了解其原因再进行改善或停止推送。

第六节 我国大中小学协同育人模式的建构

一、大中小学协同育人模式中各主体的角色定位

（一）大学专业人员

1. 合作的智力支持者

世界的不断发展正是知识的不断发展，知识社会的到来，使知识成为人们进步发展的重要条件。大学，自古以来就是生产知识的地方，大学的专家处于知识的生产、加工、分配的地位，他们有着深厚的理论基础、系统的研究方法，他们可以为学校的发展向政府部门提供相应建议。一方面，专家实际上可以视为"政策精英"。政府在提供资源后，在决策时需要专业领域的专

业知识支持，这就需要专家的进一步参与支援。另一方面，专家可以根据学校的现实状况进行分析和阐述，从理论上建构的学校需要的模式，为学校各个方面引入新的理念。专家的知识储备、视野、分析的深度、从整体搭建框架的能力可以弥补学校成员的理论上的不足。因此，大学专业人员在合作的定位主要是提供智力支持，不仅为政府决策提供咨询建议，也为合作中学校课堂改革、校园文化建设、教师专业发展等方面提供科学依据。在合作中大学专家要注意的是把理论化的知识转变为政府人员、中小学教师所熟悉和理解的操作化语言，并能够在实践中所应用，如果不能消除这种隔阂，那么就只是在空谈理论，对解决实践中的问题毫无意义。

2. 合作的实践活动的介入者

大学与中小学合作是理论与实践的交融，因此，大学专业人员一定要介入到实践中去，不是"纸上谈兵""走马观花"的合作。大学专家首先就要了解学校的基本情况，深入分析学校的现状，理顺逻辑发展脉络，在实践的基础上结合理论构建，才能提出具有特色的计划方案，对症下药地解决学校困境。大学专业人员虽然要深入实践中去，并不代表全部大包大揽地强制干涉学校各方面，大学专业人员要利用自身的专业素养和能力激发学校内部人员的热情，只有学校内部成员不断发展才是学校不断前进的动力所在，大学专业人员要给予学校充分自主发展的空间。因此，大学专业人员在合作中一定要意识到学校自主的能力，对合作是温和的干预，是处于协助政府、学校、教师的地位，以平等的、尊重的姿态介入实践，才会减少中小学教师对于大学教师的疏离，培养平等和谐的合作氛围充分加强沟通的有效性，不仅能为中小学教师发展提供针对性的指导，也为大学教师提供丰富实践经验。

3. 理论知识的实践者

多数学者按照学科性质和国内外学科分类标准，把教育研究划分为学理性质和实践性质。那么从大学与中小学合作来看，大学研究主要是学理性研究居多，中小学研究表明更多的是实践性。近年来，也有越来越多的大学研究人员意识到了实践性研究的重要性。研究理论的最终目的是实践，并不是唯理论而行，思辨的理论是为了认识实践，进而改造实践。如果仅从理论本身来说，理论并不能直接应用于实践，理论的构建及推演不在实践中证明又怎么能说是完美的理论。现在教育学面临一个困境，就是理论不能直接拿来用在实践中，而一线教师也存在这样的困惑，理论说的能理解却不会用。因此，造成教育研究地位尴尬，甚至教育学科的整体式微。对此，一些教育研究者开始反思自身的生存困境，提出教育研究的生长点在于面向实践。大学与中小学合作为这种方式提供了一个平台，不仅能把自身的理论知识进行实践，还能解决学校发展的现实问题，促进教师专业发展，是一个多方共赢的局面。总之，以实践为导向的教育研究可以让实践对理论进行精雕细琢，形成丰富的实践经验与更加完善的理论系统。

(二) 教育行政部门

1. 资源的掌控者

自国家兴办教育开始，政府对教育制度的变迁产生了很大的影响。行政部门掌控着教育资源，并拥有强制性的权力。教育行政部门主要是制定相应的政策来干涉教育，这种政策具有强制性实施的性质，以便于人们一致遵守和实施。因此，政府通过资源的分配、行政权力的实施为大中小学合作提供强有力的后盾，能够促进合作的产生和发展。相比大学和中小学双方合作模式来说，一方面，教育行政部门能为合作提供物力、人力、财力等必要资源，还能通过政策的发布提高合作的质量；另一方面，教育行政部门通常可以作为一个中介平台，为中小学提供专业的专家引领，为大学专家找到合适的实践基地，使双方实现双赢。高校与中小学通过地方教育行政部门提供的以资金为代表的物质流和以政策为代表的符号流产生优势互补，大学研究走出"书斋理论"的藩篱，中小学教师提升研究意识、研究能力而实现学校发展的突破。

2. 合作进程的调控者

政府权力的强制性是合作实施的有力后盾，但这并不代表着政府能够不顾客观教育规律强制干涉教育。教育活动的复杂性要求政府不应过多地强制干预，应在可控范围内宏观调控，以服务教育的方式来促进大学与中小学合作的共生关系。第一，政府可以通过政策、制度的制定来约束和规范合作过程，使合作形成一定的机制，不再是大学和中小学随心所欲合作的状态。第二，政府在参与合作过程中，主要负责监督管理。政府人员可以督促各主体努力完成合作中的任务，承担相应的责任。在合作遇到矛盾、隔阂的时候，政府人员还能够通过行政手段进行调和。第三，教育行政部门要对合作结果进行评价，其作用主要是对合作的成效进行反思和推广。教育行政部门参与合作结果的评价可以提高合作的成效，避免虎头蛇尾的合作结果。总之，教育行政部门要对合作进行适度的调控以保证合作的顺利进行。

3. 区域均衡发展的统领者

随着基础教育的改革不断深化，教育均衡发展也越来越多地成为人们思考的问题，尤其是中小学学区划片政策的实施，区域教育均衡发展问题成为现在亟须解决的重要问题。学校的发展离不开区域教育整体的发展，而学校很难分析自身在其中的定位与发展前景。在教育体系中，教育行政部门掌控各个学校的教研具体情况，行政部门与学校是隶属于行政关系。因此，教育行政部门可以对区域内各学校进行宏观规划，总体指导，充分利用各学校优势，优化资源配置，推动区域综合和均衡发展。对学校来说，从整体水平、自身定位上有明确目标和思路，激发学校自主发展的激情。

（三）教研机构

1. 合作关系建立的"牵线人"

教研机构成为合作关系建立的"牵线人"。大中小协同办学模式下很多大学与中小学合作是需要机会才有可能形成合作，因为部分中小学没有途径可以找到合适的大学进行合作，很多都是通过校长的个人人脉资源才能找到大学的负责人，在这种模式下，高校与中小学伙伴关系的成立有一定的偶然性。教研机构的加入让这种情况不再是一个难题，中小学与教研机构有着行政上的联系，通过教研机构可以更好地与教育部门进行沟通，与大学教师联系。因此，教研机构可以把区域教育发展的整体趋势与各学校特色化发展相结合，

高素质创新人才培养：三位一体协同育人研究

作为合作的发起人和牵线人。

2. 各方关系的协调者

教研机构可以看作合作中的"润滑剂"。在合作研究中最容易产生隔阂的就是大学理论与中小学实践之间的隔阂，表现在教师身上就是中小学教师认为大学人员只会空谈理论，对实践毫无意义，大学也不重视中小学实践研究，这就会造成双方都看不起对方的现象。虽然随着合作研究的广泛开展，很多人开始改变看法，高校教师积极开展教育的实践性研究，中小学管理者、一线教师也开始加强自身的理论素养，但在合作中还是会有这样的分歧发生，会影响合作的进程和成效。教研机构在这时就能充分发挥其特点，教研员既具备一线教师的实践经验，又具备科研能力，他们相比中小学教师理论基础和素养更高、科研意识更强，与大学研究人员更易有亲近感，他们的加入能够充分协调双方的矛盾和问题，提高沟通的有效性，加强合作的关联。此外，教研机构也是教育行政部门下属的一个分支，在一定程度上还代表了政府的角色，对合作起着协调、组织、监管的作用。

3. 合作成效的评测者

教研机构在合作完成时是合作成效的评测者。首先，教研机构主管教研，且与中小学学校有行政关系，有对中小学教师进行评教等工作，因此对学校情况、教师状况可以进行持续的监督和观测。其次，合作完成后，专家不可能一直跟随学校的发展，教研机构就可以对学校的发展进行跟踪，发现问题再及时反馈给专家，再继续指导。最后，教研机构是合作的牵线人、发起者，他们对合作的结果有一个评测，有利于下一次合作的开展，也能有效约束学校。

（四）中小学学校成员

1. 校长是大中小学协同育人模式中的领导者

一所学校可以没有物质但不可以没有灵魂，校长作为学校的灵魂人物，是学校的稳定中心。要具备相应的领导力，在合作中代表的是中小学学校的领导者。第一，校长要有自己独立的办学思想、深远的眼光，能够不盲从其他学校，针对学校自身的特点和条件，明确学校发展目标，坚定地走自己的

第五章 我国大中小学创新人才协同培育模式的实践探索

道路。第二，校长通过自身的能力、品质、人格魅力等形成的感召力、凝聚力，使全校成员凝聚在一起，把他的教育理念和学校愿景转化为学校师生所共同持有的信念，他们为了共同的目标与愿景一起努力，最大限度地发挥出每个人的能力。第三，创新管理体制，校长最先接受新的事物、思想，校长要把这些新的文化、思想有效传达下去就需要良好的管理体制，创新管理体制形成独特的管理文化。第四，校长具备寻求外部支持的能力，能够充分利用外部的资源。校长不仅需要与教育部门沟通以获得相应的资源，还需要设法取得社会力量的支持来建设学校。第五，校长作为学校内外的联络者，尤其在大学与中小合作中负责寻找与自己学校相符的大学专家，尽早获知国家新的教育政策、区域新的教育规划等，校长只有把外部环境与学校内部特点相结合，才能形成具备自己特色的思想。第六，校长应不断参与合作，了解合作动态，了解学校内部教师的发展情况，这样才能发现问题，反馈学校发展的近况，并提出相应的解决办法。

2. 教师是大中小学协同育人模式中的实践者

提升教师的专业素质能力是大学与中小合作的重要目标之一，要注重中小学教师在合作中的地位，他们是合作中的实践者，具体实施校长、专家制定的计划和策略。个人思想转变十分重要，教师个人的思维方式转变和熟练应用才是合作的最重要保障，这一点仅靠专家是做不到的，个人驱动的内心和外在学习的结合是最好策略。行为的转变来自思想的转变，不管是大学专家还是教研机构人员都不能代替教师自身在实践中成长，而思想的转变需要教师自己主动地参与合作、参与研究，培养研究解决问题的能力，只有教师自身不断成长发展才会带动整个学校的发展。因此，在"U—A—T—S"合作模式中，中小学教师要能从实践中发现问题，向大学专业人员进行探讨，充实自己的理论基础，把个人丰富的实践经验与大学专家的理论相结合，最终形成自己独有的创新，实现教师专业发展。这个时候教师不再只是简单僵化地实施合作的计划、方案，不是被动地接收理论知识，能充分调动起积极性、主动性。当教师主动参与合作，就能很好地解决教师与专家的隔阂，使合作在友好、平等的氛围下积极开展。

二、大中小学协同育人模式的逻辑前提

很多学者把大中小学合作看作一种伙伴关系，伙伴关系是一种平等合作的关系，是指大学与中小学之间基于平等合作的关系，有共同的目标愿景，能实现合作各方的利益而自愿开展的合作。在对加拿大安大略省教育研究所与多伦多大学合作长达 30 年的大中小学区域中心模式观测，Seller 等人认为伙伴关系的内涵包括：连续性；多方面的项目；建立合作议程；独特的方案；知识的可转移性；平等合作。的确，这些内涵为我们理解大学与中小学的关系提供了一个视角，但这些分析没有探讨大中小学合作的动力，这就使大中小学合作概念多种多样、杂乱无章。因此，为了对大中小学合作的有一个系统性和结构性的理解，笔者对大中小学合作的逻辑前提，进行了进一步的分析和解释，主要从下面两方面来阐述。

（一）理论与实践的必然联系

教育中理论与实践关联的性质，从本质上看，是人的认识与实践的关系问题，都与作为认识主体和实践主体的人相关。从很多文献中可以看到，人们对此问题的关注度一直很高，主要是因为这一直是一个难题，值得人们去研究和探析。在研究中，人们研究的多是思辨理论与实践关系的学理性分析，没有注意理论和实践产生关系的主体，也就是人的研究，他们之间的联系合作才能决定教育理论与教育实践的距离合转变。当我们把重心转移到理论与实践的主体人的研究上，首先要划分两类人：教育理论研究人员，具体地说就是大学更多的是从事教育理论研究的人员；另一种就是直接从事教育实践的人，具体地说就是中小学一线教师，也包括一些教育行政人员。大学与中小学合作，合作的主体就是高校教师与中小学教师，两者就分别代表着"理论"的人与"实践"的人，他们的合作就是理论与实践的合作。

教育理论，也就是指关于教育的学理性认识，它是通过理性思考获得，通过思辨把具体的现象归纳、抽象为一种共同特征。当然思辨的程度不同，

第五章　我国大中小学创新人才协同培育模式的实践探索

那么抽象、概括形成的理论也会有层级、类型不同。理论在现实中主要以两种方式存在：一种是已经形成符号化的方式，也就是文字，能够被大家所阅读，大家共同持有。另一种是个人化的理论，它还没有形成符号化方式，但他在个人头脑形成，或者通过学习而内化的理论，这种方式是个人私有的，不能被大众所共享。教育实践，通常指的是人们所进行的各种教育活动。教育实践活动是我们社会活动的重要组成部分，教育的目的是有意识地影响人的身心发展，它的对象是人，正是它活动对象的独特性和复杂性，是它区别其他社会活动的标志。教育实践在现实中的表现就是人的行为，有大众的，也有个人的行为，大众性的教育实践具体来讲就是学校，个人的就是单独教育，教育实践总是以一定的外部环境、时间、空间、资源为一定条件而存在。

教育理论与教育实践的必然联系是因为他们内在的一致性。首先，教育理论与教育实践是在一个范畴内，不是两个单独的场域。教师与学生既是教育实践的主体，也是教育理论研究的对象，以及他们是如何开展活动的都是理论研究所需的实践要素。因此，教育理论与实践是一种内在关系。其次，教育理论和教育实践不是相互抵触的关系，他们相互依存、相互促进。教育理论的产生是人们为了延续社会发展，教育实践的产生也是为了社会的不断发展和个人的不断进步，两者有着相通性。教育理论与教育实践实现良性循环是我们乐意看到的，但要注意这两者也会形成恶性循环，因此，要加强他们之间的相互沟通才能有效实现良性循环。在合作中，教育理论与教育实践的内在性导致了大中小学合作的必然性，也是推动大学与中小学合作的动力。

教育理论与教育实践的内在一致性强调的是两者不可分割的关系，不能把两者相隔阂来看待，但内在的一致性并也不代表他们之间不会有冲突，理论与实践之间的矛盾是理论与实践发展的必经之路，正是理论与实践发展的内在动力，通过观察、思辨、反思、再实践、反馈等方式去解决矛盾，实现理论的再创造。而在大学与中小学合作中问题无论是合作成效表面化、合作地位不对等、合作观念文化的冲突都源于教育理论与实践的冲突。

（二）理论与实践的相互转化

教育理论与实践的关系是不可分割的，教育实践者在实践时是根据自己头脑中的个人理论知识来实施的，因此要想改变教师的行为，一定要从教育理论入手，把它内化为自己的价值观、思想，这样实践者会自觉按照头脑里内化的理论知识行动。在大学与中小学合作中，大学专家把新的理念传授给中小学教师，使中小学教师在头脑上形成新的理论，通过与以前的经验进行对比，会使他们开始反思之前的实践，重新认识实践中的各要素，最终将新的理念内化并实施，从而达到改变行为的目的。这是实践工作者在完成自身专业发展的意义上，理论与实践由旧的内在一致性向新的内在一致性转化的过程。大中小学合作的过程就是理论向实践转换、实践向理论转化的一个过程。

对于大学理论研究者，理论研究既会受到已有思维定式、视野狭隘、理论体系等阻碍，实践问题也会影响理论研究。这就需要去实践中再认识，观察新出现的现象等，它会为理论开辟一片新的天空，理论最终在实践中得以检验。对于中小学教师来说，中小学教师做出的实践行为是在其个人的价值观、内部的理论形态指导下完成的，它是一种缄默知识，要改变个人的行为就要从理论上进行改变，最终完成从思想到行为的改变。因此，大中小学合作的过程也就是教育理论与教育实践相互转化的过程。

三、大中小学协同育人模式的机制

（一）合作的目标责任机制

1. 大学的目标诉求

第一，履行服务社会的职能，推动当地教育发展。培养人才、生产知识、服务社会是大学的基本职能，大中小学合作就是大学为促进中小学发展，促

第五章 我国大中小学创新人才协同培育模式的实践探索

进基础教育改革,为社会公共事业服务。随着美国提出大学职能转变开始,高校加强服务社会的职能也越来越受到国家、社会的重视。大学服务基础教育成为大学服务社会的一种形式。高校如何反哺基础教育?主要是从教师教育、课程改革、校本教研等问题进行研究,为教育实践改革提供理论指导。我们的大学教育科学研究人员,将以中小学为研究对象,通常与校长、教师合作进行研究,并着眼于校长和教师的专业成长,最终实现学校的发展。

第二,理论研究的实践检验,推动教育理论发展。理论只有在实践中才能检验,在实践中研究才能继续发展新的理论。大学研究人员更多的是从理论高度构建学术问题,在国际背景下收集资料,获得一手资料与前沿理论,但这些理论能不能在国内使用是需要实践基础的,只有把理论应用于实践,才能最大限度实现它的价值,否则,就只是空谈理论,没有实际价值。从新基础教育项目可以看到,教育理论在中小学的应用,形成了"生命教育理论",大学不仅需要关于理论的研究,也需要把这些理论实践的研究投入实践。理论研究、应用研究都不能脱离实践的沃土,尤其对教育理论来说,人们评价教育学的地位尴尬也正是来源于此,教育理论不能"实战",使人们普遍认为教育学没有什么用。因此,大学与中小学合作能够让大学专家深入一线,了解现在的教育现状,获得大量实践经验,通过实践和理论的结合,不仅仅解决了学校的教育问题,还为理论的中国化、创新化提供思路。总之,这种合作研究方式的提出,很好地解决理论与实践的脱节问题,也是我国教育科学研究创新之路,是教育学科的学科构建的源泉,还为理论提供实践基地。

第三,相对充足的经费支持,推动研究的深入发展。科研与教育都要面临一个客观事实是需要大量经费的支持。"U—A—T—S"合作开展能获得大量的经费支撑,地方教育行政部门会拨款支持合作的进行,为合作各方提供一定的经费。此外,大学还能申请科技研究经费、项目基金等,还有部分中小学提供的咨询、服务费等最终形成成果还能转变为更大的经济利益。有这样大量的经费支持,研究人员的主动性、积极性将会逐渐提高,合作的有效性更高。

2. 中小学的目标诉求

第一，走出现实困境。不断改进、前进是中小学的目标诉求，但很多学校认清自己的现状后还是走不出困境，或者遇到瓶颈时期不知道怎么突破。这主要看促进学校发展的两个方面：校长的能力、教师的专业发展。校长作为学校最高的领导者、管理者，他们不仅要从整体上对学校规划，还要在学校各个方面发现问题，这时校长的理论素养就十分重要了。但现实中，大多数校长具备丰富的实践经验，都有过一线教师的经验，比较缺乏理论素养。在对学校进行管理时，掌控学校的发展就需要一整套适合的理论知识为基础，为自己的办学思想做支撑。有研究者就用比喻来说明理论基础在实践中的重要性。比如只需要简单操作性的实践——制作蛋糕这样的实践，人们可以通过照猫画虎，在实践中摸索模仿就能完成。但如果是要造一架飞船，并不是模仿就可以建成的，它需要无数精密的计算、推论，依靠基本理论建构模型并不断实践才能成功。可以看到实践一定是成功的必然要素，不论是简单的操作性活动还是复杂的活动都离不开实践的检验，但也要看到理论在复杂活动中的重要性。教育的对象是学生，学生与学生之间的差异性体现在各个方面，包括年龄、性别、性格、能力等；教育的内容不仅是知识的传授，还包括道德、能力的培养；教育对象的复杂性、学科内容的交叉等充分表现了教育活动的复杂性。因此，想要从根源认识教育复杂活动就必须有理论上建构和不断的深入研究。

教师的专业发展不仅是学校发展的关键因素，更是提高课堂教学质量的主要方式。虽然近年来，我们越来越注重一线教师研究能力的提升，要求一线老师具备学术研究能力与实践能力，但大部分教师由于教育理论基础的缺乏、研究方法的不足等妨碍了教师对实践中教学问题的研究能力，使他们停留在以实践经验为主培养学生，缺少创新。此外，有很多教师反映理论知识不会用的问题，因此，理论向实践的转换过程研究是我们当前的重点，从"理论思想—理论思维—理论工程—实践方法与程序—实施行为"的发展这一系列过程就需要大学教师与一线教师一起讨论研究。从上面可以看出，一方面理论知识、研究方法的缺少对教师的专业发展影响较大；另一方面，理论

第五章 我国大中小学创新人才协同培育模式的实践探索

知识转换为实践操作成为一线教师的难点。因此,"U—A—T—S"合作模式为中小学提供了两种力量支持,大学专家可以为中小学教师传授理论知识和研究方法;教研机构可以为中小学教师传授理论转变为操作化实践的经验。总之,中小学需要从外界获得更多资源和支持来促进学校发展,提高教学质量。

第二,遵循新课程标准,提升教师课程改革效果。新时代下的课程改革正在进行,其中"核心素养"的提出对构建每个学科的课程进行了具体的指引,新课程的改革成为不可忽视的问题。以往课程的设计通常是专家们开发设计课程,教师只是实行这种课程模式,教师不能直接参与课程的开发与设计,这种形式下的课程改革没有涉及课堂主体——教师,通常会产生刻板、套用模式的弊端,教师应根据自身教学、课堂情况进行研究和改革,如果不能参与课题设计研究,他们就只是没有灵魂的课程实施者。在大中小协同模式下,课程设计主要以教师和学生的基本情况为基础,课程设置由教师和学生共同开发,专家只是起辅助作用,这样能够充分发挥教师和学生积极主动性,创造性地开展课程。

第三,资源共享、交流互惠,打造学校自主品牌。"U—A—T—S"能为学校带来外部的机遇和资源,不断促进学校改进,打造学校自主品牌。针对中小学学校发展而言,打造学校自身品牌,带动区域学校发展,在原有历史基础上再创辉煌,扩大学校影响力是每一所学校的目标。学校在发展到一定情况下,其内部资源不足以支撑它完成学校改进之路,这时候学校就需要不断寻找外部资源和机会,大学与中小学合作正是一种机遇和平台,它整合了教育行政部门、教科研组织、大学专家、中小学教师、管理者为一体。中小学在大中小学协同合作中能获得政府部门的政策、制度引领以及物质资源支持;大学专家的理论指导;教科研组织的实践经验、其他兄弟院校的经验这一系列的资源和信息,通过这种相互交流、资源共享,拒绝"闭门造车"的现象,为实现学校自主品牌创建而努力。

3. 教研机构的目标诉求

第一,优化资源配置,服务教育事业。我国教研机构分为省、市(地)、

高素质创新人才培养：三位一体协同育人研究

县三级，最早由俄国传入，是政府部门为了更好地培养教师、研究课程、管理教学而设置带有一定行政性质的事业单位。教研机构，上连教育行政部门、横连高校，下连基层学校和教师，全面整合优化资源配置，拓展服务范畴。目前教研机构主要职责有：深化课程改革，加强管理与领导工作；通过"研训一体化"的培训模式对教师进行培训，提高教师的专业发展；重视日常教学的研究，提高教学质量；教研员起带头作用，引领教师发展，为学校课程建设提供专业支持；发掘、扶持典型案例，推广优秀教改经验。此外，教研机构的人员是从优秀的一线教师中选拔而来，他们自身具备大量的实践经验，在进入教研机构后，不断加强自身的学科素养，还培养了研究能力，相比一线教师他们的研究能力更强，在与大学专业人员进行沟通时更易理解。因此，在大中小学协同合作中，教研机构是一个中介，是一个润滑剂，为学校与政府之间进行上传下达，为学校教师和大学专家之间提供沟通渠道。

第二，推行科研立校，培养教师专业发展。在知识社会的迅速发展下，科学技术不断更新，教育也不能落后时代，实行科研立校是学校在时代背景下的必然抉择，不管是学校的改进、教师的专业发展都离不开科学研究。由于科学研究需要一定理论知识、研究方法等方面的内容，仅靠学校内部是很难完成的，它需要大学、教研机构的外部力量。大学能为学校提供专业知识和智力支持，但大学专家不可能随时随地都能够指导、监督学校的工作，而教科研机构就是持续的智力支持，按时监督工作的完成情况，并且教科研机构带有一定的行政性质，能很好地推动学校发展，约束不良行为。教研机构作为教育行政部门的传达者，理论研究与实践探索的"融合剂"，为学校教育提供服务是它的职责所在。此外，教科研机构还要负责教师的培养工作，因为它是科研、教研、培训工作集于一体的机构，教研人员的日常就是到各学校教研，他们自身的实践经验充足，在经过多年的学习和教研经验后，理论知识也不再是短板，他们的评价也直接决定一线教师的评课等方面，对一线教师担负着指引和培训的任务。因此，在大中小学协同合作中，教研机构主要为实现学校科研立校，并培养出一批专业能力强、科研水平高的教师队伍。

第三，缩小校际差异，促进区域教育均衡发展。随着城乡经济发展差距，越来越多的校际差异问题引起人们的广泛关注。区域教育均衡发展已成为我国基础教育发展的目标之一。我国教研机构分为省、市、县三级,各校还设置教研室,教研机构能够在区域内最大范围地联动学校,促进学校教育的整体提升。如果说政府是在宏观高度上对区域内学校发展起统筹作用,那么教研机构就是起微观上实施资源配置、监督各学校进程的作用。教研机构利用自身纽带的作用,吸收高校专业人员参与合作、做好与学校教师沟通交流,从合作项目研究、建立咨询专家库、校级联合发展、教师专业培训、区域整体测评等方式推进区域整体学校办学质量的提高。

4. 政府的目的诉求

优化资源配置,突出优势教育资源辐射作用,提升地区教育水平。教育是公共事业的组成之一,政府的主要职能是服务公共事业,其是教育发展的重要保障,包括政策保障、制度保障、资金保障、人力保障等。政府主要通过出台促进合作的政策、完善合作的制度、协调各个机构之间的关系,达到优化资源配置的目的。政府要树立典型学校案例,推广经验,带动整个地区教育水平的提高。政府在"U—A—T—S"合作中能充分发挥它的能力,中小学和高校都属于教育部门行政管理的范围,政府对学校的发展有着相应的作用,教育行政部门正是因为其行政属性可以更好地连接大学与中小学,整合学校、机构的力量,他们可以通过行政监督、设立奖励制度推动合作的发展,实现合作目标。此外,教育行政部门还大力开展学校教师的培训工作,邀请大学专家来校讲座、交流,实行"引进来,走出去"战略,为教师的专业化发展创造良好的环境。总之,政府起着整合资源,为各方利益协调,实现共赢,推动当地教育发展,为社会培养高水平人才的作用。

5. 大中小学协同合作的共同愿景

合作不仅仅是合作各方有自身的目的,如果没有共同目标合作就难以展开。大学、教研机构研究人员、一线教师为了实现自己的目标而参与合作,但没有共同的愿景,合作就只是一盘散沙,只有合力实现共同目标并且获得利益。实现教育质量的提升就是"U—A—T—S"合作的共同愿景。在合作中主要从以下几方面实现目标:第一,课程教学改革。教育质量的提高离不开课程和教学，因此，要找到符合学生特征、国家教育政策的课程。第二，教师专业成长。教师是学校课堂和教学实施的主体，教师的成长是学校发展的内部力量，也是教育教学质量提高的保障。教师专业成长从根本说，是来自教师内部自我成长的需要，但也需要外部提供条件，学校为教师提供培训、大学专家对教师培养等条件。第三，学校改进之路。学校在已有的经验上不断前进，不断改进是教育质量提高的持续动力。学校作为一个相对独立的、自主的、开放的组织，学校改进是学校发展的必经之路，而大中小学合作可以为此提供外部的资源和支持，但学校改进的主体还是学校自身，以自身的不断进步带动区域教育质量整体的提高，推动教育事业的全面发展。

（二）合作的组织机制

合作的组织机制是指在明确合作各方的目标、各方拥有资源配置的基础上，合作的各方以什么样的方式进行组织，组织合作各方以合作目的为指引开展各式各样的活动，最终促进合作进程并完成合作任务。各方合作主要以实践中的问题为核心，并通过咨询、专题、项目的形式把合作各方组织成为一个整体。课堂课程开发和学校建设研究需要从中小学校情校貌基本情况分析，大学专业人员从理论高度进行指导，教科研机构从实践出发引领，以学校一线教师为主体、中小学为基地，针对性地解决实践问题。

1. 咨询诊断式

咨询诊断式，指的是大学研究人员和教研机构教研员主要对中小学教师的教学进行评价，提出应改进的方面。在合作中，大学专家和教研员不可主导合作进程，应在相互平等、相互尊重的前提下开展合作。为了弄清教师现阶段发展的需要，以及在课堂中出现的问题，大学专家和教研员要通过听课、了解学生状态、一起讨论等方式获得一手资料，通过与一线教师平等的沟通，只有这样才能促进教师反思，从而提高教学水平，实现教师的自我发展。这种诊断模式的特点是案例性和行动性，小学和中学教师是学校实际实践者和反映者，大学研究人员和学校教师担任顾问、评估人员和诊断人员。评估的目的是帮助教师理性地反思和理解，而不是强加意见。

2. 专题培训式

专题培训式，指的是以某一个题目为核心，可以是现实中的问题，也可以是理论上的问题，通过各种形式组织教师进行学习、探讨、研究，最终解决这个课题。培训目标强调实用性和研究性。在这种模式下要注意两点：第一，是有组织地开展培训活动，不能随心所欲、想来就来地组织活动，带有培训性质，主要是为了提高教师的理论与实践能力。第二，要注重培养教师的研究意识，这是进入专题研究的出发点。培训内容针对性强且灵活。培训主题的核心问题应是学校教育、教学、课堂等一系列教育实际的问题，这类专题培训方式的特点之一就是选题，题目要能符合大多数教师的现状，因为这是面向教师群体的培训，不是单个或个人的咨询，这就要求针对大多数人存在的实际问题而培训。合作中有高校专家、教研员、优秀教师、学科带头人等，他们分别具有深厚的理论基础、丰富的实践经验、优秀的教学成果、前沿的学科知识等，可以通过每个人擅长的内容进行分工合作，对教师进行分类培训，以解决专题问题。比如，大学研究人员负责的是对教师专业知识的补充，理论的改进，理论动态的解释以及研究能力的培养；教研机构的教研人员负责指导理论政策，教学与内容改革，结合学科实际情况进行方法改革分析；优秀教师可以结合自己的教学经验和研究成果，提出自己的观点，谈论相关经验和方法。

3. 项目研究模式

项目研究模式，指的是以学校、大学、教研机构申请的项目为指引，为推动项目的发展而展开的研究范式。通常这些课题主要以中小学课程改革、学校特色发展、学生发展、教师专业发展等一系列与中小学实践情况相关的项目。项目学校通过专家指导，团队合作并将报告的研究项目分解为一系列课题，全员参与课题研究，整合研究力量，解决学校面临的重大问题。合作时，在教研机构的组织下，组织教学科研，校际互动，区域互动教学研究等活动，能够促进信息沟通，充分交流，实现资源共享。在以项目研究方式来组织整个合作时，一定要把项目的实施视为一个完整的过程，从选择项目开始，以实践问题为导向立项，分组目标的设计和实施，最后综合所有分组研究形成项目成果，这是一个"总——分——总"结构。值得要注意的是，项目负责人的选定，在项目研究过程中，参与合作的校长和教研室主任以及大学研究人员，共同承担项目经理的责任，负责整个项目计划的设计，确保项目周期各阶段的正常运行。

(三) 合作的保障机制

1. 制度保障机制

大学和中小学校决定合作时，必须形成制度保障机制，就双方的义务和权利达成一致。因为合作中制度不明确很容易造成盲目、随意的合作，不易管理各合作人员，形成扯皮现象等，为了合作的长效健康可持续，在合作时应提前形成制度。因此，制度保障要注意以下三点。

第一，行政部门应放宽权限，以服务职能为主，行政干涉为辅。科层制组织下的行政部门，经过长时间的发展，很容易形成固定的思想和制度，尤其传统的管制思想主导着教育行政部门，中小学在这种控制下会逐渐缺乏自主性，行政部门也会因为全权负责而导致教育资源的浪费、效率低下，隐患颇多。因此，在合作中政府一定要注意不能大包大揽，要以服务学校为主，激发学校内部力量实现发展。研究者认为，"政府是上层建设者，最大的职责就是决策的重要性，主要通过政策为资源的配置提供路径，最终是让学校自己完成任务，而不是什么都要干。"

第二，大学与教研机构人员应在合作中避免占据主导地位。因为大学专家的专业性和理论性，教研机构人员对教师的权威性，这些都会容易导致其在合作中占据主导地位，削减一线教师的积极性、参与性。大学专家多数拥有深厚的理论知识、先进的思想，教研机构教师拥有长时间的实践经验并有对教师进行评价的权威，他们就要十分注意不要让这些因素在合作中成为一种施令者，使教师不敢表达自己的观点和疑惑，这样会使老师成为没有灵魂的工作角色，只是为了完成任务而敷衍合作，对合作的成效大打折扣。大中小学合作的目的之一就是教师的专业成长，应以一线教师在实践中遇到的问题为主导，平等深入交流，不仅是改变教师的行为，更是从思想观念上改变，使他们在以后的发展道路中能够有解决实践问题的能力。

第三，加强学校教师的自主性。教师在合作中需要注意的是，不能够听之任之，要主动地参与合作，不能陷于被动地位，尤其不能对专家给出的建议不经思考、全盘接受。因为学校校长、管理人员、教师是实践者，是把育人理念、学校发展理念实施的人，谁都不能替代他们去实施，所以要注意学校内部成员的自主性，其他合作主体则是促进学校实践的外部力量。教师自主性体现在能够以批判的精神看待事物，能批判地接受专家的意见，在此基础上能动地结合自己的实践经验，创造性地解决问题。

因此，明确大学专家、教研机构人员、与学校教师的责权划分就显得十分必要。大学专家主要负责深入了解实践问题、对理论基础的阐述、对目标的界定、体系的构架、对成果的表述形式、合作中成果的展现等；教研机构人员主要负责交流沟通，是大学专家与中小学教师的中间人，并能够实时监督、测评，及时反馈成效，与专家进一步交流沟通解决后续问题等；学校教师在大学与中小学伙伴合作中占据重要位置。首先，教师是最了解学校现实情况的人，也是在实践中遇到具体问题的人。其次，教师与专家及教研机构人员充分沟通、学习，才能把专家的理念应用到实践中去，最终看到合作效果。最后，教师把合作成果变成自身的东西，实现自己的专业成长。为了避免专业人员在合作中占据主导地位，专业人员不要以"专家"自居，不要抱着指导的态度，多以参与、观察的角度进入学校场域，与一线教师共同思考、交流，创造合作的友好氛围。

2. 交流保障机制

由于目标、奖励制度和文化背景的差异，大学专家和研究机构以及中小学校在决策制定上存在差异是不可避免的。例如，一线教师认为大学的理论对实践无用，大学教师则认为中小学教师教学方法乱无章法。

交流保障机制包括以下形式：课题研讨会，旨在以课题为目标，合作各主体分派人员参加。通常合作中不止一个课题或专题，合作组织进行课题的分工，根据主体擅长的领域进行划分后，组成课题小组进行讨论研究，充分交流；诊断性研讨会议，旨在发现一线教师在实践中存在的问题，并讨论如何改进。在合作大学专家、教研员、其他教师介入一线教师的教育实践——课堂教学，通过观察、咨询、调查等手段发现问题，大家一起讨论研究以解决问题；教育实践交流会，旨在实现资源共享，发现实践问题。合作主体分派人参与，充分沟通，能够共享有效的实践经验，还能发现实践中的问题，以便后续研究；研究过程或成果报告会，旨在合作过程中能够及时报告研究的进度和结果，持续不断地促进合作的发展；优秀专题成果评选会，旨在通过评选优秀作品来激发教师的积极性，并以榜样的力量提高合作的有效性；教师培训会议，旨在为教师传授所要学的理论思想和一些实践技能。以上都是一些有计划、安排的正式交流机制。此外，各主体成员之间的私下交流也有其形式，如网络视频会议、茶话会等，这样的交流相比正式的会议更加轻松，也有助于合作关系的加强。

(四) 合作的监督机制

监督机制，指的是在合作过程中按照一定的规定和制度对合作各方进行监督和管理，以确保合作的顺利开展。根据不同的主体，可以分为内部监督和外部监督。合作成员内部是合作持续健康发展的源动力，分别是高校研究人员、教研机构工作者、校长、一线教师对自己的监督和彼此监督。其中，自我监督是为自己的行为负责，完成合作分配的任务，呈现自己的工作报告；互相监督主要是指合作主体在合作开始时就制订计划时间表、管理制度以及合作领导人的选拔，并以制度为基准相互监督。需要注意的是，内部监督一定要形成合作的监管制度和标准，在合作开始时就制定好可以预防责任划分不明确时出现的扯皮现象，有利于矛盾的解决。监督是一个有来有往的过程，监督是为了改进，因此监督结果的及时反馈就十分重要，监督应该是监督人与被监管人之间的双向互动和横向过程。长效的监督机制能不断推动合作的实施和完善，最终目标是提高合作效果。在制定管理监督制度时，要具体化，具备实用性和可操作性，避免流于形式。外部监督主要是由政府通过行政手段、社会舆论等手段实行。

第六章　大中小学协同育人的主导——高素质师资协作培养的制度保障

第六章　大中小学协同育人的主导
——高素质师资协作培养的制度保障

第一节　大学与中小学合作制度保障的必要性

大学与中小学合作培养教师的主要目的是提高教师的实践能力并提升培养的质量，这需要合理有效的制度做保障，以提高合作的效果。古德莱德曾指出："大学若想培养出更好的教师，就必须将模范中小学作为实践的场所；而中小学想变成模范学校，就必须不断地从大学汲取新的思想和新的知识。"要使大学与中小学的合作互益互惠进行，就必须建立起规范有效的合作制度保障。

一、提升中小学教育质量的需要

大学与中小学合作培养教师，是教师教育的一个重要进步，合作培养教师有利于培养更适合中小学发展需要的教师，从而提高教师的整体工作能力，有合理有效的制度做保障，能为大学与中小学合作培养教师工作锦上添花。大学培养出的中小学教师更适应学生发展的需要，学校教学质量进而也会得到提高。这部分内容将从改进中小学教学质量具体的制度方面来阐述大学与中小学合作培养教师制度保障的必要性。

（一）有利于缓解偏远地区中小学教师短缺现状

社会的发展，国民素质的提高，对人才的要求相应地提高，素质教育也越来越受到高度重视，中小学课程相对之前比较丰富，对各专业教师的需求量增大，中小学各类教师分配不均，偏远地区教师短缺。大学与中小学合作培养教师的主要模式之一就是实习生的教育实习，中小学教学工作繁重，合作培养教师能帮助在校教师做一些课后辅导、批改作业、代替看管自习课等工作，中小学教师能够有相对充足的时间进行教学。N 中学是目前 K 市唯一一所十二年一贯制的汉语学校，由于特殊的地理位置，该校教师短缺情况比较严重，有些课程三四个班共用一个主科老师。这些都不利于学生的全面发展，不利于素质教育的实行，而联合培养教师能够在一定程度上解决师资紧张状况。

有效的制度做保障能督促大学与中小学合作培养教师的顺利进行，工作能够顺利进行，实习生实习也会井然有序地开展，学校教师的增加势必能够缓解中小学教师短缺的现状，从而对大学与中小学合作培养教师工作也会有促进作用。

（二）有利于提高教师自身的能力和素养

完善的师资培训制度是中小学在职教师专业素质和能力提升的保障，是中小学加强师资队伍建设，巩固学科建设，提高学校教学质量的有效办法。一般师资培训会从理论学习和能力强化两个方面进行。理论学习主要是针对国家教育教学改革的动态，理论联系实际，综合自己学校的实际情况，重点学习基础教育改革的内容。达到更新全体教师教学观念，使全体教师了解教育教学最新动态，提高教师教育自觉性的目的；能力强化训练主要是提高教师适应新课程的能力，提高在校教师教学、科研、专业技能、活动课组织等能力。教师是人类思想文化的传播者，社会的文明与进步都离不开教育，离不开教师的谆谆教导。有效的师资培训有利于教师的终身

第六章 大中小学协同育人的主导——高素质师资协作培养的制度保障

发展,能够不断提高教师的综合素质和整体水平。教师职业在每个阶段都有自己的特点,每个阶段的老师所要面临的教学情况,所要处理的教学问题以及需要自我提升的侧重点也不一样,完善的师资培训制度能够针对教师在每个阶段的不同需求进行培训,从而有针对性地提升教师的教学能力和综合素质。

师资培训制度是中小学教师进修的主要制度,大学与中小学合作培养教师包括对中小学教师的职后能力的提高,有完善的师资培训制度有利于大学与中小学合作培养教师工作公平性的发展,促进了大学与中小学的"双赢"合作。

（三）能够提高中小学教师的科研能力

高校专家教授为中小学教师提供含有课题申报技巧、学术规范的学术交流活动对中小学自身的长远发展来说是不可缺少的,这有利于改进中小学科研能力薄弱的现状,中小学教师教学工作的进步离不开科研能力的提高,教师科研能力的提高能够促进其发现教学中出现的问题并根据教育理论提出解决方案的能力的发展。这对中小学教育的发展能起到事半功倍的效果。含有课题申报技巧、学术规范的讲座是大学方面对中小学进行的帮助,这有利于平衡双方合作,同样有利于大学与中小学合作培养教师工作的"共赢"发展,双方都能获利的合作才能够长远。在某种程度上能够提高大学与中小学合作的热情和积极性。

二、提高大学师范生培养质量的需要

大学与中小学合作培养教师的工作是一项"双赢工作",大学与中小学合作培养教师的制度能够有效保障双方合作的顺利进行,更有利于提高大学师范生培养的质量,这为教师素质的发展提供了有力支持。

（一）高校师范生入学选拔制度的建立能提高师范生的质量

早在《礼记·学记》中就有"凡学之道，严师为难。师俨然后道尊，道尊然后民知敬学"。就是所有的学业当中，尊敬师长是最难做到的，教师受到尊重了，知识学问才会受到尊重，然后民众才会尊重和学习知识。师范生大部分是未来的教师，选出优秀合格的教师是师范教育的职责，对师范生的重视，提高师范生的质量是教育事业发展的关键。

随着高考的扩招，师范生的招生门槛也随之降低，对师范专业以及教育教学了解甚少。师范生入学选拔制度是针对一些拟录取的师范生制定的，为了选拔真正适合师范专业的学生，入学选拔制度从品德、性格、天赋等方面进行选拔。近几年，中小学教师编制短缺，教师待遇问题仍比较紧张，这导致部分师范生责任意识怠慢，实践教学能力自主培养意识不强，对教师职业不够重视，职业认同感不强，师范生选拔制度能够选出适合教师职业的师范生。

（二）合理的大学教师评价制度能够提高教师培养师范生的积极性

合理的教师评价制度，对教师的工作在某种程度上具有指导作用。与教师切身利益密切相关的评价项目，教师对其的重视程度高。同样，大学与中小学合作培养教师的相关工作如果能成为教师评优评先的备选项，那么大学教师对师范生培养工作的重视程度和积极性会相应提高，师范生培养工作的执行质量将会得到提高。合作培养教师工作的制度保障越完善，大学与中小学合作培养教师工作进行得会越顺利。大学教师评价制度能够提高教师培养优秀师范生的积极性，是大学与中小学合作培养教师工作必不可少的一部分。

（三）实践教学交流制度能够提高师范生的质量

专门的实践教学交流制度主要是中小学一线教师到大学为在校师范生提供关于实践教学讲座、演示或指导，是对师范生进行实践教学指导的方式的一种。师范生的培养一般是三年（专科三年）或四年，师范生学习的前两年（专科）或者三年多是理论知识的学习，中小学教师能够对师范生进行专门的实践教学指导、演示或讲座，是直接的经验传授，这对师范生培养具有巨大的推进作用。经过两三年理论知识的学习，同时在实习实践教学过程中得到一线教师的专业指导，观摩骨干教师教学演示或者听取骨干教师传授教学经验的讲座，能够进一步提高师范生的培养质量。

（四）实习评价制度能够提高师范生质量

实习生实习评价制度是中小学为了激励师范生实习，提高师范生实习热情和质量，进而促进教师教育事业乃至整个教育事业的进步而制定的评价制度。中小学每年都有接收的师范专业的实习生，由于实习生并非中小学在职教师，所以他们的学习工作并没有合理制度的监督，在中小学实习基本是"师徒制"，即一个有资历的老教师带一个实习生的模式，该模式在一定程度上保证了师范生实习工作的顺利进行，但不能保障师范生实习的质量。有效的实习评价制度，能够激励师范生的实习热情，提高实习积极性，师范生实习工作的质量也会得到质的提高。专门的师范生实习评价制度有利于改善师范生的实习效果，长远来看，能够促进教师教育的发展，是中小学教育改进的有效途径。

专门的师范生实习评价制度对大学与中小学合作培养教师工作也是非常有必要的，有了实习评价制度，双方的合作就有可参照的依据，师范生实习的整体制度也将更加完善，这对双方的合作也起到了推动作用。专门的师范生实习评价制度能够加强师范生的管理，全面提高师范生的质量。

高素质创新人才培养：三位一体协同育人研究

三、保障双方合作顺利进行的需要

大学与中小学合作培养教师是一个复杂的工程，不仅需要双方的努力，还需要双方为了保障合作的进行而制定相关制度，有了制度保障合作才能顺利进行，合作的质量才能得到保证。

（一）合作伙伴遴选制度有利于双方合作的顺利进行

合作伙伴遴选制度是大学与中小学确定合作培养关系的基本制度，只有选出相互适合的合作学校，合作才会顺利进行下去。在现有的合作伙伴遴选制度中，很多合作伙伴遴选的条件比较相似，如满足相关专业教学计划规定的相应实习环节的教学需要；满足实习生基本生活学习条件；保障实习生卫生安全等。但还需针对学校的不同需要制定一些特殊的遴选条件。

合作伙伴遴选制度的改进对合作培养教师具有促进作用，大学在决定与中小学合作培养教师之前双方就要理清需要什么样的合作，相同的发展理念是双方合作的有力保障。比如与已经被选为改革示范点的中小学合作，面临的压力会比选普通的中小学稍微小一点；双方领导关系比较密切的学校合作起来会比较容易沟通。

（二）政府统筹管理制度是双方合作顺利进行的强有力保障

受我国教育体制的影响，政府及教育行政部门对大学与中小学合作培养教师有很大的影响，各级教研室的设立也为教育行政部门参与大学与中小学的合作提供了条件。政府部门制定有效的教育统筹管理制度势必需要在资金分配、教师评价机制等方面为合作的双方学校提供有力支持。

在政府的统筹管理下，大学与中小学合作培养教师的工作开展会比较顺利。迫于政府的权威以及督查监管，大学与中小学合作双方在工作中不会怠慢，使得相关工作的执行力度大幅提升。同时，由政府参与调解双方在合作

第六章　大中小学协同育人的主导——高素质师资协作培养的制度保障

过程中出现的摩擦相对公平合理，能够保障合作长久实施。

此外，合作的目的不仅是培养高质量的实习生，会改进中小学教育教学实践，而且合作过程中大学与中小学都会因密切联系而直接形成一种良性循环的合作共赢关系，这对各地区的教育生态环境也起着积极促进的作用。地区教育大环境的改变也会促进每个学校的改变，学校教学质量的提高能够带动整个地区人民的整体素质的提高。可见，有效的制度保障不但能够促进合作双方教学水平的提高，更有利于建立良好的区域教育生态环境。

第二节　大学与中小学合作制度保障现状

随着大中小学合作培养教师的不断发展，合作中的问题也不断出现，制度保障是工作有序进行的基础，大学与中小学合作培养教师需要坚实的保障基础。唐代诗人白居易诗云："仁圣之本，在乎制度而已。"杰弗逊也曾说："法律和制度必须跟上人类思想的进步。"大学与中小学合作培养教师没有坚实的制度保障将寸步难行。为了了解 M 大学与 N 中学合作培养教师制度保障发展的现状，分别对合作过程中 N 中学负责与 M 大学合作对接工作的校长、教师进行了访谈，而 M 大学的访谈对象主要包括负责与 N 中学合作的院长、教师及参加实践教学课的学生，也访谈了教学质量评估中心、师资科、组织部、人事处的相关教师，进而从大中小学合作培养教师制度保障缺失的表现和原因两个方面对 U—S 合作培养教师制度保障缺失进行分析。

一、M 大学和 N 中学合作培养教师的制度保障现状

M 大学是 K 地区唯一的一所公办高等师范院校，N 中学是位于我国新疆维吾尔自治区 K 地区众多中学中的一所，K 地区地处祖国西部边陲，地理位

置偏僻，生态环境复杂，是以维吾尔族为主的多民族聚居地，受历史文化和民族风俗的影响，N 中学及其学生有着与内地其他中学及学生不同的环境，需要教师适应多元文化的教学环境。N 中学是目前 K 市唯一一所十二年一贯制的中学，符合笔者的调查需求。N 中学由小学部、中学部、高中部三部分组成，共有教职工 251 人，其中：初级职称 66 人，中级职称 45 人，高级职称 10 人，无职称人数 130 人，年轻教师所占比例达 81.32%，教师的平均年龄在 28.6 岁。M 大学与 N 中学从 N 中学建校开始合作，双方在合作过程中出现了一些问题。

（一）M 大学与 N 中学合作培养教师的现状

N 中学是 M 大学的教学实践基地，双方按照互惠互利、稳定持续发展，以及产、学、研相结合原则进行合作，同时双方合作的各项事宜规定实习学生应遵守实践基地的劳动纪律，处理好与实践基地职工的关系，爱护实践基地的各种物资财产；N 中学在不影响实践基地正常运作的前提下，每年应接收一定数量的学生到学校从事实习活动；实习期间，实践基地应委派数量足够、专业经验丰富的各类技术人员对实习生进行指导，并对学生实习成绩提出客观中肯的考核意见。

（二）M 大学与 N 中学合作培养教师制度保障的现状

制度保障是为了保障大学与中小学合作培养教师工作的顺利进行而制定并实施的一系列规章制度、法律法规。规章制度的制定主要依据合作运行过程中积淀下来的实践经验，是对合作具有针对性的保障措施，保障大学与中小学合作培养教师工作顺利进行。调查发现，现行制度保障还有些不完善的地方，存在一些问题。本次共访谈了 M 大学与 N 中学合作培养教师工作相关的老师、校长、院长等 60 人，M 大学与 N 中学合作培养教师制度保障现状满意程度调查如图 1 所示：

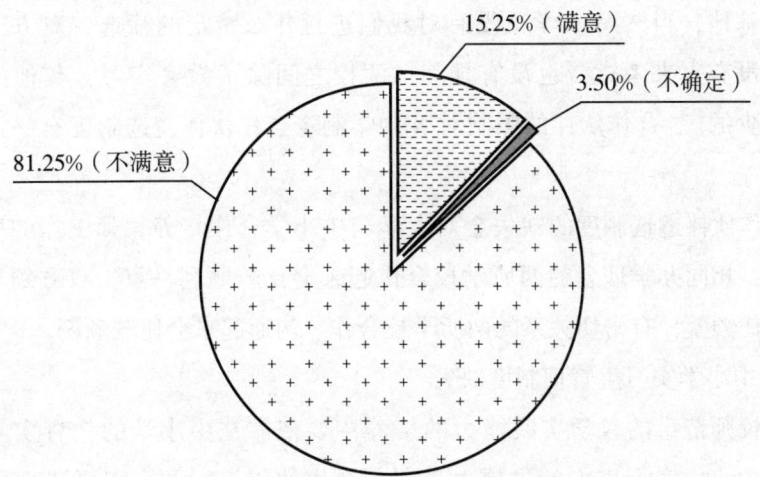

图1　M大学与N中学合作培养教师制度保障现状满意度调查

从调查的结果来看，有42.7%的教师对合作的制度保障不满意，占主导地位；3.5%的教师认为M大学与N中学合作培养教师的制度保障效果不太了解，因此无法判断是否满意；只有15.25%的教师对合作的保障制度表示满意。这意味着M大学与N中学合作培养教师的制度保障存在很大的问题，在一定程度上没有符合教师的实际需求，导致教师对现有制度保障不关心。因此，M大学与N中学合作培养教师制度保障问题亟须解决。

二、M大学与N中学合作中制度保障出现的主要问题

（一）制度缺失影响合作进展

1. 中小学合作伙伴遴选制度缺失

合作伙伴遴选制度是存在于大学与中小学合作双方的制度，由于M大学是南疆唯一的一所高等师范院校，这导致N中学没有太多的选择空间，只能接受来自M大学的实习生。N中学A校长在访谈时也提到"双方院校的合作没有经过什么选拔标准，我们学校没有特意选择M大学，毕竟K市就这一所高等师范院校，M大学的实习生需要实习，需要我们学校为它提

高素质创新人才培养：三位一体协同育人研究

供实习基地，当然 M 大学也没有对我们进行什么特定的筛选，双方工作都很忙的没有人来考察，也没有挂牌，两校之间除了教育实习，其他的交流还是挺少的。"合作伙伴的限制对 N 中学制定合作伙伴遴选制度有一定的局限性。

合作伙伴遴选制度的缺失会对大学与中小学合作培养教师工作的质量产生影响，相同办学理念的两所学校合作起来会比较顺利一点，双方领导或者教师来往频繁，有密切关系的两所学校合作、沟通起来会比较顺畅。

2. 中小学实习生管理制度缺失

高校师范生的教学实践能力的培养主要依靠在中小学的教育实习，师范生在中小学实习工作的进展也是双方合作的焦点问题，需要建立中小学实习管理制度保障教育实习质量。N 中学 A 校长在接受访谈时提到："N 中学对每年来实习的大学师范生是没有专门的管理制度的，既然实习生来到 N 中学实习，那么学校就按照本校教师的管理制度来要求他们，不会区别对待的，当然也没有什么监督机构来监督他们好好实习，学习是自己的事情，他们来到 N 学校只要跟着老师好好学，是能学到很多知识的，但他们要是不好好学谁也没办法，学校事情很多，我们自己学校的事情也忙不完，没有精力再管他们。"可见中小学校对实习生的管理理念比较保守，没有专门监督机构的监督，中小学教师对实习生培养工作懈怠，导致很多实习生工作杂乱无序。因此，实习生在实习中的疑问，不能得到及时、正确的指导，丧失学习的最佳时机。只有建立合理有效的实习生管理制度，才能让整个合作井然有序，也会让整个实习生在实习中真正有所收获。

3. 中小学实习指导教师选拔制度缺失

N 中学刚入职或者入职一两年的年轻教师比较多，这些教师教学经验相对不足。骨干教师比较少，优质的实习指导教师数量紧缺。学校教师培养采取师徒制，有经验的骨干教师要带本校的教学经验不足的教师，实习生指导教师缺乏，能带实习生的教师只能是骨干教师的徒弟即经验不足的年轻教师（图2）。新入职教师能力欠缺，究其原因是其在教育实习时教学能力培养效果不佳，基础不牢固。这也说明中小学对待实习生实习问题不够严肃，没有看到实习生培养的长远利益，导致实习生培养的质量大打折扣。N 中学实习指导教师选拔制度的缺失是 M 大学与 N 中学合作培养教师急需解决的问题之一。

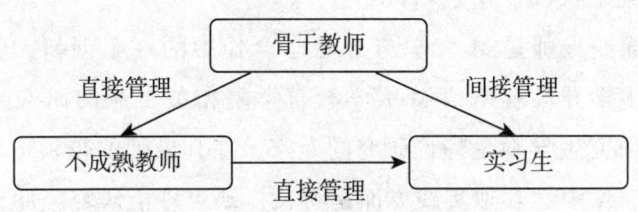

图 2　实习生与指导教师关系图

4. 中小学外聘教师选拔制度未制定

中小学外聘教师选拔制度，是对指 M 大学师范生教育实践课需要外聘的 N 中学的一线教师的一个选拔制度。根据对 M 大学王老师的访谈，笔者了解到 M 大学邀请外聘教师工作进行得并不是太顺利。由于中小学师资短缺，教学工作本来就比较繁重，老师工作压力很大，很多老师都不太愿意来 M 大学兼职实践教学相关的课，N 中学对 M 大学的外聘教师也没有制定相关的遴选制度，这对 M 大学实践教学课的教学质量也有一定影响。

5. 大学师范生入学选拔制度缺失

师范生质量的整体提高不仅需要在师范生培养上下功夫，更要在源头上找原因。师范大学或者大学的师范学院在招师范生时录取模式太过单一，学生对师范专业了解不够，导致不适合当教师的一批学生误入师范学院，这对整个教育事业和学生个人来说都是一种损失。天赋不行或者性格不适合的学生从事教师职业对学生自己来说是一种折磨，不利于其自身的发展，对整个教育事业的进步也是一种阻碍。

M 大学师范生的招生只通过高考这一种传统模式，学生通过高考选择师范院校时，很大一部分学生并不清楚自己是否真的适合当老师，有的道德水平较差的学生严重到不配当老师，M 大学缺少对师范生入学时的选拔，这不利于未来教师队伍质量的提高。

（二）部分制度未落实使合作效果大打折扣

1. 研究生兼职导师制度执行不力

研究生兼职导师是 M 大学与 N 中学合作中的一个创新，但是执行力度不够，N 中学并没有邀请 M 大学教育学院相关专业的研究生到其校做兼职导师，研究生导师是理论研究的专家，在其导师的带领下学生有一定的研究能力，N 中学教师实践方面是特长，缺乏理论研究经验。大学与中小学双方不同的文化背景，工作都比较繁杂，N 中学如果邀请 M 大学相关专业的研究生做兼职导师，能架起大学专家教授与中小学理论实践者之间的桥梁。研究生能够帮助中小学教师捕捉教学实践中的问题，并做简单回答，对于相对较难的问题，研究生可以反映给其导师，建构导师与中小学教师交流的平台，然而在实践操作中，研究生兼职导师制度没有很好执行。

2. 基础教育实践指导行动研究和定期教研交流制度未执行

M 大学与 N 中学已经签订了互惠合作协议，依据互惠合作协议 N 中学是可以邀请 M 大学的专家教授与 N 中学教师一起讨论基础教育实践相关的问题的。N 中学比较了解基础教育实践的现状，改革的动态；M 大学对教育理论研究比较深，了解基础教育实践改革相关的理论基础，双方能够定期举行这种交流会对教育事业的发展必定有促进作用。

3. 实践教学师资交流制度未执行

实践教学师资交流是 N 中学选派骨干教师为 M 大学教育学院学生提供有关实践教学方面的讲座、演示等指导的一项制度，主要是针对理论知识学习阶段的师范生。由于 M 大学与 N 中学合作培养教师制度的不成熟，这项交流活动并没有实现。一方面，N 中学教学任务繁重，老师工作压力大。另一方面，M 大学也没有对 N 中学发出邀请。这使得正在学习理论知识的师范生失去间接接触教学实践的机会。

第六章 大中小学协同育人的主导——高素质师资协作培养的制度保障

(三) 部分制度执行中出现问题使合作受阻

1. 实习生实习评价制度欠完善

实习生实习工作评价制度是 N 中学对 M 大学实习生实习的一个总体评价的制度。现行的实习生实习评价制度，一般只要学生在实习过程中服从学校安排，不出现重大失误就没问题。通过对实习生的调查发现，N 中学并不重视实习生的实行评价，有的实习评价甚至是实习生个人所写，仅有实习结束后的一个总体评价，评价方式太过单一，实习评价制度欠完善。对实习生平时表现，各项工作考评没有及时回应；指导教师与实习生问题交流没有不及时；整个实习评价缺乏系统化过程，评价制度亟须完善。

2. 中小学绩效考评制度不完善

中小学教师参与 M 大学与 N 中学合作培养教师的工作，在关系其切身利益的年终绩效考评中就要有相应的体现，访谈 N 中学 A 校长时笔者了解到，实习生的实习指导教师在做实习生实习指导这项工作时是没有任何酬劳的，在年终的绩效考评中也不做加分项，一线教师到 M 大学实践教学兼职的教师也没有在年终绩效考评中有任何优待。A 校长表示"我们学校教师自己学校的工作压力已经很大了，我们怎么可能把培养师范生的工作和去 M 大学实践兼职教学的工作也作为对我们教师评价的条件呢？实践教学兼职的教师我们是不算假的，这对他们来说就是优待了。"这也说明中小学绩效考评制度的不完善，导致教师对待教育实习的态度不端正、不积极。

3. 大学教师评价制度欠优化

M 大学 L 院长表示"M 大学与 N 中学合作培养教师的工作有签订协议，如果对方有帮助要求，M 大学会配合，但是这项工作还不是教师职称评定、评优评先的评定标准，M 大学教师做这项工作所花费的人力物力是无偿的，人情帮助。"以利益作为标准衡量大学与中小学合作培养教师工作与其他科研工作不同，大学与中小学合作培养教师工作与教师自身利益的距离越近，越容易吸引教师的注意力；相反，当大学与中小学合作培养教师工作与教师自身利益的距离越远，教学就越不容易吸引教师，这样一来，教师对大学与中小学合作培养教师工作花费的精力就会很少。大学评价制度欠优化会影响大学教师对合作培养教师工作的热情。

4. 大学合作伙伴遴选制度执行中存在的问题

M大学合作伙伴遴选制度包括："①能满足相关专业教学计划规定的相应实习（实训）环节的教学要求。②具备学生实习（实训）所需的基本生活、学习条件，具有劳动保护、卫生安全保障，场所与设施能满足教学需要。③具有对学生实习（实训）进行必要的组织、指导和管理能力的专业技术人员。④科学研究、生产管理及资源建设等方面在本地区或本行业具有代表性，具有较为先进的技术、管理水平。⑤相对稳定，每年每次可以按计划同时接受我校规定人数的学生开展实习（实训）"，其中①②③⑤项内容是每个中小学都能符合的基础性条件。只有"科学研究、生产管理及资源建设等方面在本地区或本行业具有代表性，具有较为先进的技术、管理水平"具有甄别筛选性质，具有选拔性。而大学与中小学的合作不但需要双方筛选出具有代表性、有先进技术和管理水平的学校，还需要把大学的教育学院院长和中小学学校的校长在无政府参与时是否平时有比较多的交流，双方是否在某种程度上对彼此的教学理念有一定的认同或者说是双方是否具有比较亲密的私人感情作为选择标准。以前比较多的是大学需要实践基地，主动向中小学寻求，现在也有一些中小学校长思想观念比较超前，认识到中小学的教育教学发展需要大学专家的引领，所以他们也会主动向大学发出邀请建立实习基地。

5. 大学与中小学学术交流制度未定期开展

含有课题申报技巧、学术规范的学术交流讲座是提高中小学教师科研能力的主要途径，也是大学与中小学合作培养教师工作中大学能够为中小学提供的帮助之一。N中学C校长也表示"M大学与N中学除了每年一些实习生来实习的往来，就再无任何合作。就像人与人之间的相处，你帮助了我，我也会为你提供帮助，因为每个人都很忙，都有很多事情要做，如果以后我们两校之间能够形成共建，能够更好地合作，还是希望M大学领导和我们N中

第六章 大中小学协同育人的主导——高素质师资协作培养的制度保障

学领导好好沟通下,比如 M 大学老师的一些课题研究什么的可以让 N 中学的教师参与一下,我们就听从他们的领导,跟他们形成一个合作小组,你们这边有实习生,或者需要调研我们也会积极配合,希望我们能形成共建单位。"能够定期为 N 中学教师提供含有申报技巧、学术规范的学术交流活动,这对提高 N 中学教师课题研究能力有很大的帮助。

6. 组织协调制度的缺失不利于协同工作的进行

美国教育家古德莱德说:"学校若要进步,就需要有更好的老师。大学若想培养出更好的老师,就必须将模范中小学作为实践基地。"双方合作是学校进步的必然途径,也是培养教师的必经之道。大学与中小学合作培养教师工作非常复杂繁重,不仅需要双方院校制定一些制度保障,还需要双方院校为保障双方合作过程的顺利进行及合作质量而制定一些组织协调制度,组织协调制度的缺失不利于双方的对接联络工作,也不利于协同合作中出现的不同观点。

7. 地方政府提供的政策支持不完善使合作缺乏强有力的后盾

政府在大学与中小学合作培养教师的工作中扮演的主要是监督指导的角色。此外,政府还要出台相应的文件,明确中小学在合作中的责任和义务,约束大学在合作中的权利。明确三方合作中的经费分配。领导中小学,监督组织协调机构确保合作的顺利进行。当地政府未为 N 中学提供资金政策方面的支持,未提供合作培养教师方面的制度保障,这导致 N 中学在合作中很多项目的执行力不足。M 大学与 N 中学合作培养教师是两个教育单位之间的合作,合作就避免不了要划分双方的权责,N 中学 A 校长表示"当地政府并没有为 M 大学和 N 中学的合作工作提供什么保障,没有经费方面的政策倾斜,也没有派专门的人员来管理这个工作,仅仅只是 M 大学和 N 中学双方院校向教育局上报供给和需求实习生人数的情况,教育局这边负责实习生的派送,没有为双方的合作制定相关的规则制度,没有对工作进展进行过监督,也没有对双方的工作进行过评估。"由此可见,M 大学与 N 中学合作培养教师,当地政府提供的制度保障并不够。

高素质创新人才培养：三位一体协同育人研究

三、合作制度保障主要问题的原因分析

大学与中小学合作培养教师工作不断深入，合作中出现的问题也层出不穷，找出合作培养教师工作中出现主要问题的原因是改善大学与中小学合作培养教师现状的前提。

大学与中小学合作培养教师过程中制度保障出现问题的原因复杂多样，特殊的地理位置造成的教育基础薄弱和多民族杂居的复杂环境是不受人们意识控制的主要客观原因。

1. 教育发展基础薄弱

N中学基础教育比较薄弱，发展比较落后，边疆工作环境恶劣，很难吸引优秀人才，也很难留住人才，这些都造成整个地区师资力量薄弱的客观原因。由于距离远，与内地众多教育教学先进中学的交流工作进行得很困难，N中学只能主要依赖网络接受外校先进的教育教学思想。

2. 受环境影响，传统观念深入

传统观念主要是指当前比较流行的观念，虽然属于主观因素，但它不是主体自身的问题，笔者把它视为受大环境影响的客观因素。K市是一个少数民族为主体的城市，不同民族之间文化背景不同，人们的思维方式和生活习惯不同。特殊的地理位置，外界先进思想传入较晚，人们对新思想接受能力也有待提高，教育者受周围环境影响、节奏慢，不注重合作，工作低效率，导致大学与中小学合作培养教师的制度保障出现很多问题。

3. 特殊区位因素影响

N中学位于祖国西部边陲，特殊的地理位置使很多制度没有得到完善，处在特殊的地区，平时任务非常繁杂，在一定程度上会冲击正常的工作，很多相应修改完善或者该做的工作没有做，这对大学与中小学合作培养教师的制度保障工作的进行又会有一定影响。

4. 大学与中小学合作制度保障问题的主观原因分析

不受人为控制的客观原因是影响大学与中小学合作培养教师制度保障问

题的一个方面。另一方面就是人们思维意识的不同，立场不同而引起的主观原因不同，人们主观意识方面的差异也会导致制度保障的进行受到阻碍。

(1) 各参与主体未认识到合作的长远利益

大学与中小学以及地方政府三方主体在观念上存在差异。各参与主体未认识到合作培养教师工作带来的长期收益，对于在合作中应尽的责任义务认识不清。三方主体对合作认识得不够，导致对合作比较懈怠。M大学要与N中学通力合作，N中学为M大学提供实践现场和经验资源，M大学与N中学教师共享教学经验、课程开发和研究成果，政府对其进行调解监督。只有真正开放的教师教育环境，M大学的实习生才能有充足的时间训练，N中学的在职教师才能在专业上不断发展进步，从而实现M大学与N中学的互惠共赢。

(2) 合作意识和习惯欠缺

参与M大学与N中学合作培养教师工作的相关工作人员合作意识和合作能力没有得到相应的培训。M大学与N中学及地方政府各参与主体由于平时没有接受过关于合作培养教师的专门的培训，即是参与主体认识到了合作的重要性以及合作的长远利益，也不知道怎么进行合作，这在某种程度上对大学与中小学合作培养教师制度保障的运行也会产生一定影响。

(3) 部门本位主义思想浓厚

大学与中小学合作培养教师制度保障出现的问题还受本位主义思想的影响，大学、中小学、地方政府三方主体能看到合作的长远利益，但只从自己所在的职位和所处的区域去思考问题，衡量事情的好坏，只关心对自身有利的方面，没有厘清合作三方的关系。大学与中小学合作中政府没有参与进来，"G—U—S"模式没有建立起来，政府没有起到引领合作的作用，监督也不到位。政府也没有相应的政策和资金支持，政策资金的筹集方式没有明确，导致大学与中小学合作的积极性不高。

1) 大学本位主义

大学只看到自己的利益，每年只是送师范生去中小学接受教学实践，要求中小学教师为合作培养教师付出时间和精力，并没有中小学提供教育理论等方面的帮助，比如 M 大学每年都往 N 中学输送实习生，并对实习生培养的质量提出众多要求，却没有解决 N 中学教师需要的让其参与 M 大学教师的科研项目工作，N 中学教师以教学实践为主，对课题研究不太擅长，需要 M 大学专家教授提供帮助，M 大学校方的帮助却没有落实。M 大学邀请 N 中学骨干教师到大学来兼职实践教学课，却没有为 N 中学老师做过含有课题申报技巧、学术规范的讲座或报告。大学本位主义行为的产生对双方以互惠共赢为原则的合作造成了阻碍。

2) 中小学本位主义

中小学本位主义是只看到对中小学发展有利的事情，对中小学无利的事情就消极对待。比如 M 大学每年输送大批实习生，需要耗费 N 中学教师大量的精力和时间，对 N 中学来说无利，因此勉强指导。M 大学邀请 N 中学骨干教师上的实践教学课，准备不充分，勉强应付。上外聘教师课程的学生在访谈中表示"我们上的课都是老师在给中小学学生上课时的课件，感觉不是特意为我们准备的，听课情况也不太理想，很多学生都在玩手机，那些知识都是我们中小学就学过的，所以对同学们也没有太大的吸引力。"笔者发现到 N 中学教师并没有特别重视在 M 大学兼职课程的准备工作。

3) 地方政府部门本位主义

地方政府部门本位主义主要表现在认为大学与中小学合作培养教师工作与政府关系不大，不重视，不管理。M 大学与 N 中学合作培养教师工作政府没有监督管理，没有明确合作双方应负的责任和义务；也没提供政策资金方面的支持，这造成大学与中小学合作双方的合作积极性不高，对合作不重视，合作效率低下。地方政府部门本位主义对合作培养教师工作具有致命的打击，地方政府部门的态度对大学与中小学合作培养教师工作能否顺利进行起着决定性作用。

第六章 大中小学协同育人的主导——高素质师资协作培养的制度保障

第三节 合作培养教师加强制度保障的策略

大学与中小学合作培养教师制度保障方面出现的问题复杂多样,不同的问题产生的原因此不尽相同,本节主要是有针对性地对大学与中小学合作培养教师制度保障方面的问题提出建设性的改进策略。

一、建立保障合作相关制度

(一)建立中小学实习生管理制度

中小学实习生实习管理制度是对实习生在中小学实习时的所有工作进行管理的专门制度。有专门的实习生管理制度对实习生平时管理、实习指导教师分配、实习生评价工作都会有促进作用,能够明确实习生的责任和义务,也为中小学教师怎么培养实习生指明方向。

中小学实习生管理制度应该由大学和中小学双方讨论完成,管理制度要明确实习生实习工作的内容,明确对其教学能力培养的要求;还要建立合理的实习指导教师选拔制度,为每个实习生挑选优秀的实习指导教师,规定工作交流汇报的时间和次数;实习生评价工作要制定统一的标准,由大学教师和其实习指导教师共同参与在对实习工作进行全面的考核后做出公平的评价,对实习先进的优秀学生进行奖励。

(二)建立高校师范生入学选拔制度

随着基础教育改革的日益深入,师范生教育的重要性及其发展路径问题受到普遍关注。高校师范生入学选拔制度是为高校筛选合适的师范生而制定制度，能从源头上提高教师的整体素质，为教师队伍素质的提高做出重要贡献。

大学与中小学合作培养教师需要有相应的师范生选拔制度，需要成立专门的师范生考试改革委员会，研究制定专门的师范生考试模式，逐步形成分类考试综合评价多元录取的高校考试招生制度。同时，在师范生入学之后，需要有科学的心理测试筛选出学生；组织面试再次筛选。综合三次筛选结果，选择最合适的师范生。

二、切实执行保障合作相关制度

（一）定期执行大学与中小学学术交流制度

含申报技巧、学术规范的讲座是大学专家教授为提高中小学教师的课题研究能力而在中小学进行的学术交流活动。讲座是大学与中小学合作培养教师的模式之一，是大学对中小学的一种回馈方式。不仅能提高中小学教师的课题研究能力，而且能缓解大学与中小学合作培养教师工作中合作双方的关系，促使双方实现互惠共赢，有利于大学与中小学合作的长期可持续发展。

含有申报技巧、学术规范的学术交流活动的进行需要大学与中小学双方领导共同商议决定，关于讲座进行的次数和时间及讲座地点和费用，需要大学与中小学教师共同商议由双方领导共同决定，由政府部门进行监督。

（二）切实执行实践教学师资交流制度

实践教学师资交流主要是指大学与中小学合作培养教师工作中，N 中学优秀一线教师为 M 大学在校师范生提供关于教学实践的演示和讲座并对师范生做出指导的活动，有利于师范生更好地理解书上的理论知识，从而为以后的实践教学打好理论基础。

实践教学师资交流制度的建立需要大学与中小学及地方政府部门三方沟

第六章　大中小学协同育人的主导——高素质师资协作培养的制度保障

通并定下交流的次数和内容，并就费用和地点等问题达成共识。地方政府对实践教学师资交流活动地进行监督，保障交流活动进行的质量。

（三）切实执行基础教育实践的指导行动研究和定期教研交流制度

基础教育薄弱是 N 中学的显著弱点，切实执行基础教育实践的指导行动研究和定期举行教研交流活动对强化 N 中学的基础教育有重要作用，对促进学校整体教学工作的进步也有重要作用。大学与中小学在制定执行基础教育实践的行动研究和定期教研交流时要邀请地方政府参与讨论，制定活动进行的次数和内容，政府要提供资金和政策支持，并监督活动的质量。

三、完善保障合作相关制度

（一）完善中小学教师绩效考评制度

中小学教师绩效考评制度是中小学每年对教师整体工作质量做出考评的制度，考评的结果直接影响教师的现金奖励、评优评先、晋升机会，是对教师工作的有效激励，对调动中小学教师的积极性、提高中小学教师队伍整体素质、促进基础教育事业发展具有重要作用。完善中小学教师的绩效考评制度是改善大学与中小学合作培养教师制度保障现状的有效途径。

中小学教师的绩效考评条件不仅要与教师平时的工作挂钩，还要把师范生培养工作、实践教学兼职工作列入其中，Linda Darling-Hammond 认为解决不良的学校教育的办法，在很大程度上在于理解什么是有力的教师教育、它能够做什么并采取必要的措施保证所有的教师都能获得这样的培养。把大学与中小学合作培养教师工作作为其绩效考评的一个标准，能够保证中小学教师培养师范生的热情，继而保障师范生培养的质量，这样才能使双方的合作朝着互惠的方向发展。

高素质创新人才培养：三位一体协同育人研究

（二）优化大学教师评价制度

大学教师评价制度是每年对大学教师工作进行评定的制度。评价多以教师在学术领域获得的成就，也就是教师的科研成果和发表论文的情况作为标准，没有把大学教师与中小学的交流合作纳入考核之中。

大学教师评价制度的标准对教师工作努力方向起指引作用，是教师们工作动力的来源。在趋利心理的作用下，大学教师对科研及论文发表非常重视。多数教师尤其是职称还有待提高的教师工作重心偏向学术领域，倾向于阅读文献并进行理论创作，而不是投身于中小学的教学实践中。

总之，现行的大学教师评价制度存在很多弊端，不利于大学与中小学合作培养教师工作的进行，其需要大学教师评价制度的改进。大学教师评价制度要把合作培养教师相关工作作为教师评优评先、职称评定的标准，同时把执行开展含申报技巧、学术规范的讲座、实践教学师资交流、执行基础教育实践的指导行动研究和定期教研交流工作作为职称评定的加分项，这会促进中小学之间的交流工作，也会从本源上促进大学与中小学合作培养教师的效果。

（三）完善合作伙伴遴选制度

合作伙伴遴选制度是大学与中小学双方进行合作的筛选制度，由于整个地区只有 M 大学一所高等师范院校，N 中学没有选择余地，就没有制定自己学校的合作伙伴遴选制度，这不利于 N 中学找到适合自己学校发展的实习生。M 大学合作伙伴遴选制度太过单一，除了基础性的筛选条件，具备选拔性的筛选条件只有"科学研究、生产管理及资源建设等方面在本地区或本行业具有代表性，具有较为先进的技术、管理水平"，不利于选出真正适于合作的学校。

N 中学要制定适合自己的合作伙伴遴选制度，这样能够明确学校自身发展需要，找到合适的合作伙伴，M 大学要扩充合作伙伴遴选条件，要把大学与中小学双方是否交流频繁,对双方的教学理念在某种程度上有没有认同感,双方有没有比较要好的合作基础等作为筛选标准。这样才有助于寻求思想观念、教育观念比较超前的中小学校长,有助于寻求主动配合大学合作培养教师的学校。

四、建立 G—U—S 模式

(一) 加强政府统筹管理制度

政府在大学与中小学合作培养教师的工作中有着不可或缺的地位,政府的统筹管理对大学与中小学合作培养教师工作是巨大的支持,对大学与中小学合作培养教师工作的顺利进行起主导作用。政府统筹管理要明确大学与中小学在合作培养教师中的权利与义务,发挥政府的监督作用,与 G—U—S 教师教育联盟相互监督,同时为大学与中小学合作培养教师工作提供政策支持和资金保障。

政府的统筹可以减少大学与中小学合作过程中的摩擦,促进大学与中小学共同发展。由于大学与中小学合作培养教师不是临时性任务,而是一项繁杂互惠的长期合作,所以政府统筹管理不仅需要规则制度还需要组织保障。因此,政府需要在教育行政部门里指定专门的管理办公室,并赋予监督审核管理的相关权利,并确保职能的实施。中央集权的教育管理体制有利于政府部门的统筹管理,政府统筹管理能促进大学与中小学的互惠合作。一方面,中小学在接受政府赋予的培育师范生义务的同时也接受政府部门的监督。另一方面,政府可以通过直接参与大学与中小学合作培养教师的管理和协调工作,为合作培养教师的顺利进行创造条件。同时,大学和中小学在政府的统筹下,建立合作培养教师领导小组和协调小组,管理合作培养教师的相关事务,以此形成内控为主、外控为辅的组织机构和管理机制,为大学与中小学合作培养教师提供制度保障。

（二）建立 G—U—S 教师教育联盟

"G—U—S"是英文 Government-University-School 的缩写形式，是"政府部门—大学—中小学"合作培养教师的一种组织模式，"G"代表的政府部门包括新疆维吾尔自治区教育厅、地方教育行政部门、教师进修校等，"U"代表 M 大学，"S"代表 N 中学。G—U—S 教师教育联盟是在省级政府的带头领导下大学、地方政府和中小学合作培养教师的互惠合作模式，是对大学与中小学合作培养教师工作起到重要促进作用的合作组织。

G—U—S 教师教育联盟是促进大学与中小学合作培养教师工作的重要模式，大学与中小学合作培养教师的工作需要在教师教育联盟中设定有秩序的制度，以此明确参与教师教育联盟的大学与中小学、政府三方主体在组织、合作、协调、评价等方面形成的责权共担和利益共享的关系。这有利于三方主体在彼此相互制约、相互促进的关系中完成合作培养教师的共同目标。教师教育联盟接受来自地方政府部门的监督，并有权监督政府在合作培养教师中的工作，双方形成相互制约的关系。G—U—S 教师教育联盟的建立有利于合作培养教师工作中所有制度保障的顺利执行，对整个教师教育的发展具有促进作用。

大学与中小学合作培养教师是教师教育的重要途径，已有研究中关于大学与中小学合作培养教师运行机制的研究层出不穷，双方合作的制度保障通常只是作为研究中的一个对策出现，关于大学与中小学合作培养教师制度保障的专门研究比较罕见。选取大学与中小学合作培养教师制度保障研究为题，以 M 大学与 N 中学的合作为案例系统的研究。

互益是大学与中小学合作培养教师制度保障的前提，应该尊重合作双方院校的利益，一方获益的合作方式不能长久，制度保障的研究要能确保双方互惠互益，还要重视政府的作用，政府能够在政策上给予保障，这会让双方的合作如虎添翼。同时，还要能从师范生的入学模式上进行反思，确保生源

第六章 大中小学协同育人的主导——高素质师资协作培养的制度保障

质量。合作双方的选择也是重要方面，要选出适合的合作对象，先进的教师评价制度也是促进双方合作的重要动力，能够在本源上调动双方教师的合作积极性，这无疑能大大提高合作效率。制度保障的建立与完善关系到整个教师教育的发展状况，只有合作双方不断地进行沟通合作，双方才能在合作中真正获益。

第七章　我国高校与中小学协同办学的策略

可以看出，我国高校与中小学从合作办学到协同办学后，整体水平并不高，并没有实现国家教育战略规划所倡导意义上的适时推进高校与中小学办学的有机衔接，通过不同类型与层次学校等联合办学形式，推进教学、科研和实践等紧密结合的"三位一体"办学机制，形成办学机制、办学渠道和人才培养机制灵活的开放型办学体系。究其原因，这和高校、中小学各自发展目标和管理机制差异性有相当关系，但如果把协同办学水平不高主要归因于高校与中小学各自的管理体制，未免有失公允。如前所述，我国高校与中小学协同办学整体水平不高的主要原因在于与我国高校与中小学封闭的管理体制机制已经远不能适应新形势需要。因此，要从根本上提升我国中小学与高校协同办学水平，必须建立和健全与高校、中小学相关性的体制机制，提升协同办学的专业化水平。

第一节　我国协同培养创新型人才的原则与措施

根据创新型人才应具备的基本素质，结合我国中小学和大学的特点，针对当前我国创新型人才协同培养中存在的问题和不足，我国协同培养创新型人才必须坚持一些原则，并在实施措施上寻求突破。

第七章 我国高校与中小学协同办学的策略

一、协同培养创新型人才的原则

（一）长期培养

创新力是一种综合能力，不能希冀一夜之间就造就出创新型人才，创新力是一个长期积累的过程，需要潜移默化的教育。在基础教育阶段就想看到学生取得创新成果一般来说比较困难，这个阶段也较难凸显创新教育的成效。但是中小学生只有奠定了充分扎实的知识基础，激发起对创新和探索的热望并拥有积极、主动和进取的创新精神，才能在大学进一步探究高深学问和提高学养，这样的学生在高等教育乃至走入社会后才能有持续的出色的表现，大学才真正履行了作为创新人才的终端"产地"的使命。

（二）多元评价

评价标准一直是我国教育改革的重点，当前，创新教育将多元评价、多维评价作为教育评价的改革导向，但多数高校仍然将分数和成绩作为学生学业评价的主要手段。以考试来衡量一切的评价观与思维方式，不利于学生想象和创新力的发挥，影响了他们独立思考和解决问题能力的形成与培养。因此，对教育的评价要用多元化取代单一化，从基础教育到高等教育要多标准、广角度、多维度和全方位地评价学生，营造和提供良好氛围与条件，以促进学生的创新潜能的发展、全方面素质的提高。

（三）合力发展

基础教育和高等教育存在着相互依存、彼此制约的关系。基础教育的发展影响高等教育的发展，而高等教育作为实行创新教育过程中重要的一环，其发展在相当程度上也影响着基础教育的发展。前提是必须了解并遵循创新人才成长的规律，构建能够激励创造潜能发展和发挥的教育环境与运行机制，

高素质创新人才培养：三位一体协同育人研究

使创新教育的理念和思路贯穿于整个教育系统，通过全面系统的教育促进创新人才的成长和发展，这样才能把每个人所具有的创新潜能转变为现实的创造能力。如果基础教育和高等教育能够很好地适应这个要求，切实形成创新型人才培养的合力和氛围，那么通过系统教育就可能源源不断地培养出大批创新型人才。

（四）个性化教育

《国家中长期教育改革与发展规划纲要（2010—2020年）》提出：注重因材施教，关注学生不同特点与个性差异，发展每一个学生的优势潜能。提出要更新人才培养观念，树立多样化人才观念，尊重个人选择，鼓励个性发展，不拘一格培养人才。

个性与创造性有着密切的联系，发展个性是培养创造性的基础，要实现创新教育，个性化教育是基础和关键，也可以说，创新教育的实质就是个性化教育。而根源深远的传统人才培养模式与盛行的应试教育是我国创新教育面临的最大的难题和困境，所以我国教育要真正改革创新人才培养模式，就要真正确立以学生为本的教育理念，推行个性化教育。其主要有以下几条途径：

（1）更新教育观念

我国伟大的教育家陶行知先生曾说过："处处是创造之地，天天是创造之时，人人是创造之人。"实施个性化教育的基础和前提是能有一个使学生个性自由宽松发展的氛围和环境，教师要善于营造这样的校园文化环境；要正确看待和引导学生的个性发展，不断提高学校和教师的管理水平与教育水平，不断完善学生的个性品格。

（2）优化课程体系

要突破传统的单一、平面的课程结构为多维、立体式的课程结构，对高等教育和基础教育各课程之间重复或交叉的知识进行归纳合并；增强课程的实践性，贯穿学以致用的理念，增加活动课，充分体现课程内容的应用性；要扩大学生的选择权以及课程的可选择性，丰富选修课的多样性以满足不同层次学生的需要。

(3) 改进课堂教学

一要创设问题情境；二要调动学生兴趣；三要营造自由宽松和民主的课堂氛围。

二、协同培养创新型人才的措施

(一) 改革教学方式

《国家中长期教育改革与发展规划纲要（2010—2020年）》提出：注重学思结合，倡导启发式、探究式、讨论式、参与式教学，帮助学生学会学习；注重知行统一；坚持教育教学与生产劳动、社会实践相结合。

第一，两个教育阶段都要树立"以人为本"的教育理念，大力实施研究性教学，认识到并尊重学生个体的差异性以及个性特征。我国《学记》中提出的"道而弗牵，强而弗抑，开而弗达"的启发式教育方式对当前创新型人才的培养具有积极的意义。教师应采取因材施教的教学方法，将过去以"单向灌输"为主的方法转变为侧重对学生的启发和引导，实现师生之间的"互动合作"和"共同研究"，教学过程的主体是学生，教师只是起引导的作用，教学方式要以学生为主体取代教师为主体、教学方法要以多向互动式取代单向灌输式、学习方式要以主动探究式取代被动接受式。

第二，两个教育阶段都要把学生科学思维的培养放在重中之重的地位，要把学生从传统的思维定式和束缚中解放出来，教学生学会思维，培养学生逐渐具备和掌握科学的思维方式与方法，增强科学思维的能力。同时在教学中要教学生学会学习，培养和提高学习能力，尤其是提出问题和解决问题的能力，教学过程要实现引导学生能发现、提出、研究问题并引导学生找出解决问题方法的过程，这才是研究式教学的核心和本质所在。

第三，高等教育位于创新人才培养的终端产业出口，必须增强学生的实践能力，必须把实践教学环节放在重要位置，培养和促进学生将理论和实践相结合，以达到会动手、能创造的目的。要将讨论式教学、研究式学习的教学组织形式与项目团队等形式结合起来，要多召开各种学术会议实现学生观念和思想的沟通和交流，还可以包括举办丰富多样的学术论坛，及时了解学科最新发展动向，让学生最终学会自主学习并形成独立科研能力；改变课堂讲授课时过多、实践课时过少的状况，增加综合性与设计性实验的比例，完备实验室开放、良好的运行管理机制，激励学生进行自主实验和创新；制订合理方案，确保各实践教学环节诸如社会实践、课程、论文及毕业设计等顺利进行，从而保证这些环节的时间和效果。

(二) 改革课程设置

首先，要把基础教育和高等教育的课程内容放在一个统一的框架内来认识和设置，要科学合理地安排课程内容，有效地实现课程内容的连贯和统一。"基础教育的课程内容，构建的是每个学生知识大厦的基石，是各学科都囊括在内的综合教育，基础教育阶段在课程内容的构建中，既要普及知识的一般性原理，也要尽可能地涉猎获得知识的途径，以培养学生独立思考和学习的能力。"而大学进行的是专门教育，大学的本质特征之一即专业性，也是高等教育区别于基础教育的本质特性。因此高等教育在课程内容上最显著的特征之一就是专业与研究方向的明晰化，而高等教育又是创新型人才成长的关键阶段，因此不仅要强调课程内容的基础性和全面性，而且要更加强调课程内容的整合性和融通性，更多地反映现代教育发展规律和创新人才成长规律，为学生步入社会打下扎实的基础和必要的准备。

其次，要大力加强人文和科学的相互渗透，减少必修课，加大选修课的范围，让学生拥有更多的选择。选修课作为核心和必修课程之外的课程，能为每一个学生的个性发展提供帮助，使学生能够在自己感兴趣的领域取得进步。我国高中选修课程主要围绕必修课程来进行，大部分课程都是为了学生更好地学习主课，选修课在某种程度上成为必修课的附庸，因此，我国要改革选修课程内容和教学方式，充分激发学生学习兴趣、努力培养学生创造性思维和能力。如北京市教委以高中课程改革为契机，自2008年年初，成立北京市青少年科技创新学院，并启动了"翱翔计划"。该计划以高中课程改革为依托，定位于高中课改的补充和延伸，通过充分挖掘和利用北京丰富的社会、教育、文化与科技资源，激发学生对科学的兴趣，培养学生的科学素养、创新精神和实践能力，由此探索创新人才的培养机制。而必修课偏多，选修课较少且划分不够细致的问题是我国大多数大学总体课程设置方面的通病。因此，实现课程设置的选修化是高校课程改革的首要选择，大学内各分院应普遍开设灵活、广泛的选修课程，并逐步增加选修课比重，将普通必修课与专业选修课两者联合起来，强调和增强基础教育，于专业课程中增加选修课比例，适当缩小必修课范围，要更多安排跨学科的综合性课程。

最后，可以借鉴美国的 AP 课程模式，在我国高中阶段建立大学课程先修制度。AP 课程是美国高中的大学预修课程，每一个学生都可以选修，选修 AP 课程的学生，在高中时代就提前学习和参与大学水平的课程和考试，这直接为他们进入大学后打下学习基础，因此他们在大学学习中可以获得更快的发展。我国大学也可以把一些大学的基础性课程提前移至高中，让一些有爱好、有专长、学有余力的高中学生通过各种方式，学习部分大学基础课程。学生修得的高校课程的考试成绩包括学习能力鉴定可以作为高校录取的参考依据，选修课程所修得的学分可以转移到高校学分档案，进入大学后可以免修对应课程，从而尽量给年轻的学生创造大量的宽松发展的空间以自由学习和成长。如江苏省天一中学在高一、高二开设了 60 多门校本选修课，并引进了美国的 AP 课程，为学生提供大量的可供选择的课程，为培养创新型人才做出可贵的探索。另外高中与高校还可以打破培养方式的疆界，实行订单式培养。

（三）改革教育管理方式

1. 改革学生评价标准

钱学森在回忆当年就读北师大附中学习生活时指出，当时的数学老师傅仲孙先生提倡创新，在给学生的测试评分时独出心裁，如果出 5 道题，学生都答对了，但解法平淡，只给 80 分；如果答对 4 题，但解法有创新，就给

高素质创新人才培养：三位一体协同育人研究

100分，还要另加奖励。钱学森回忆这种创新评价方式给他的成长以很大影响。因此，培养创新人才，就要建立一个普遍的多元化的评价标准，以达到通用的目的。除课业成绩外，还应包括学生在认知因素方面的提高，更应该包括学生的情绪情感、意志个性、人格品质等非认知因素的发展，这才是真正能体现学生全面素质的多元化评价指标体系；在通过笔试和标准化测试评估之外，还可以实施多种方法全面评价学生在情绪意志、个性态度、价值观念、创新精神和社会实践等方面的提高和改变。中小学可以将考试与劳动、竞赛、课内外活动等评价方式相结合，可以尝试运用活动法、学生课堂情况记录法、学生学习档案收集法等评价方式，最后综合评定学生的学习成绩。如北京四中改变以分数进入"道元班"的唯一标准，其选拔标准是：凡学生在某一领域具有浓厚的兴趣甚至达到迷恋、痴迷的程度，有着扎实的基础和超越同龄人的学习潜力，且在此领域具有超常的认知能力、思维能力、敏感性和创造性，申请加入"道元班"可以降低中考分数。至于高校可以在学生分数的评定中考查学生的社会调查、家庭作业、实验、科研项目以及平时课堂上小组讨论时的参与程度等，采用分级累积计分制，以避免单一指标进行评估。教师还应该把学生平时进行课堂讨论的主动性、是否积极参与研讨、社会实践的效果、论文的组织和科研能力等等纳入考核范围，按照比例全面、综合的整体评价学生的学业成绩。

2. 改革教育评价体系

"更新教育观念，深化教学内容方式、考试招生制度、质量评价制度等改革，减轻中小学生课业负担，提高学生综合素质。"我国目前的教育评价尚未形成系统的体系，在评价主体上比较单一，评价标准上不尽合理，因此，要尽快尽早建立以学生整体素质全面发展标准为主的科学合理、多元化的教育评价体系。而我国的大多数高校仍实行传统的一元化（学习成绩）评价体系，因此，大学应建立起以能力评价为主的多元化的教育评价体系。一是针对各个学生的差异，建立多元化的标准。二是评价过程中关注重点要变化。新的评价体系不应该只是看到学生是否达到定量评分的标准，而更应该关注学生在原有的基础上取得的变化和进步。三是评价主体要多元化，坚持自评为主。

情感目标评价更要采取主要通过学生自评的策略,并进行个人纵向比较,从而感觉到进步的喜悦。四是建立发展性评价体系,改进校内评价,采取把学生课内学习成绩与生活成长记录两者结合起来的综合评价方式。这种评价体系最能恰如其分的反映学生的发展与变化。五是建立形式多样的大学生奖励制度。高校应制定多元化和多样性的大学生奖励制度,如学业进步奖、社会实践优胜奖、发明创新奖、学术突破奖、文艺、体育优秀奖等,同时促进大学生智力因素和非智力因素成长。

3. 创新人才培养的评价策略

第一,创新人才的培养需要长效评价。创新人才的培养需要时间来磨砺、需要岁月来积淀。其培养过程是长期的,是持续的。与此相应的,创新人才的评价也应是长效的,目光应是放眼长远、聚焦未来的。人才培养效果的好与坏、优与劣不能够在短时间内判断。我们既要观察他们平时的种种表现,也要对他们未来的发展进行跟踪研究,统计他们步入大学、走向社会的相关信息,进行不断的沟通、交流、反馈,并据此对现有的模式调整、改进、完善。

第二,创新人才的培养需要多元评价。要从根本上改变传统评分择优,凭分录取的单一途径,注重人才的全面发展和特色培养,注意培养他们的思维力、研究水平、专业发展潜质;要将智力因素与非智力因素相结合,德智体美多元发展。评价方式既要有教师评价,也要有学生评价、自我评价、社会评价等。评价的内容既要包括学生的学习能力、学习成效,也要包括学生的学习过程、学习态度等。

第三,创新人才的培养需要发展评价。随着社会的发展、时间的推移,以及学生由中学升入大学走向职场,人才是不断变化的、发展的。所以人才观评价机制也应是发展的。这就要求我们不断地对培养对象、培养模式进行研究,思考,依据实践进程来不断改进。

综上所述,对于大中小学协同培养创新人才而言,我们要通过创新这条主线,将大中小学相互贯通,使两者一体化、协调化;突破中学以"高分升学"为主要目的,大学以"就业求职"为核心导向,以宏观的态度、

高素质创新人才培养：三位一体协同育人研究

长远的目光、有效的行动逐步提升学生的各项能力；要优化大中小学人才培养理念、教学原则、教学方法、授课手段、课程教材等的衔接，促进大中小学教师之间的沟通交流，让彼此相互学习、共同促进；开展大中小学合作活动、实施大中小学协作共通，以此促进中学生创新能力的培养和综合水平的提高。

三、我国协同培养创新型人才的成功范例

基础教育和高等教育在创新型人才培养过程中分别扮演着不同的角色，其核心问题是如何通过中学和大学之间的有效衔接点达到培养学生创新素质的目的，并形成一个系统的、开放的、灵活的机制，如何形成一个操作性强的渠道和可供多种选择的人才培养机制？如何在学校人才培养的过程中，以自己的方式改变这种状况？如何改变大中小学在人才培养中各自为政的局面？如何更好地形成大学与中小学在人才培养中的"协同效应"？在多年的实践中，上海理工大学携手附属高中、初中、小学给出了满意的回答。

上海理工大学党委副书记、常务副校长白苏娣说，"创新人才的培养依赖于基础教育与高等教育的牵手。只有不同教育阶段相互衔接，不同层次学校贯通培养，创新型人才的培养才会取得实效"。其认为，在大学与中小学之间建立连接点，修复"教育链"，贯通创新人才培养的立交桥，首先需要的是载体与机制。"上理之星"的评选就是一个重要的载体，从2008年起，上海理工大学教育发展基金会通过"上理之星"年度颁奖的形式，在各附属学校开展了"上理之星"评选活动。投票选出的"上理之星"不完全依靠分数，而是重在积极鼓励发展兴趣特长、增长创新精神，"上海大学先修班之星"合理地选择技术、智慧、艺术、体育、公共服务等各个单项奖，要让"同样的生活，拥有不一样的精彩"。而"联席会议制度"则成为上理工与附属学校"牵手"的保障机制，为了保证这个"共同体"的正常有效运作，理工学院和附属学校于2007年开始，每学期定期开展四所学校的联席会议。大学对附属学校的课程、教师专业发展和学生的需求，将在第一时间内回应，并安排

第七章 我国高校与中小学协同办学的策略

相关学院或系有效对接附属学校。通过开放教育资源的研究和开发创新教育的校本课程以及科技创新和文化活动，使小学和中学的学生能够进入大学实验室进行科学实践，中学的学生能够提前选修大学课程，院士、教授能与小学和中学的学生接触，激发学生的创新思维，培养他们的创新精神。因此，依靠高等教育学科资源优势，以建设相衔接的、立交桥式的基础教育和不同的初始结构人才的畅通渠道，这是在整个教育链中发挥带头作用的教育的改革方向。

白苏娣认为，高校与中小学的联动并不是简单的大学在中小学开设课程或者中小学生到大学参加活动，而是要在内涵上下功夫，建立全方位的创新支持体系，而只有建立集合双方智慧的校本课程体系才能真正有效地、可持续地呵护与发掘学生宝贵的创新意识和创新能力。为了解决这个问题，附中建立创新的教学和研究，主要是本校的教师与上海理工大学的教师开展合作攻关。学校课程建设逐步走向针对不同层面需求分层设置：一是面向全体高一年级学生的普及型微型必修课程；二是针对有兴趣的学生提高型拓展课程；三是面向高一、高二特长学生的专题型研究课程。不同发展水平的课程群的开发，形成阶梯课程，以满足不同程度学生的需要。从一个简单的"移植"过程变为"DIY"种植课程，课程实际效果的反应非常好，大大增加了学生的人数。

2009年，上海理工附中、附初、附小、延吉二初、扬帆学校组成了"五校联盟"，联合开展了高中、初中、小学的创新意识、创新精神的培养，以实现创新后备人才培养的目标。自那时以来，五所学校的科学和技术活动不再局限于学校，他们抱团合作，开展教学和科研环境的联合发展。"五校联盟"形成了大学校园、科学和科技园区、公共社区三区联动合作开发，与延吉市延吉街合作的"我的创意我做主"杯，与杨浦科创集团共同主办的五个高新技术企业"创建智慧漂流活动"，现在已成为一个品牌项目。随着不断成熟的联动机制的操作，上海理工大学逐渐实现与该地区外的小学和中学实现合作。

上海大学附属中学"心创溢"占主导地位的新赛季联盟开展"创智漂

流"的活动长达6个月,开展各种形式的创意课程和项目服务,覆盖现场讲座、体育等八大类,得到大学、企业、社会各界的广泛响应。上海理工大学与附属中学的合作,从十年前的第一次"无缝对接"到今天的"共同发展",成功帮助了教师和学生的创新发展,同时也为我们合作文化推广创新人才培养模式提供了一个典型的范例。

基础教育与高等教育采取多种形式和措施,加强两大教育之间的协调和沟通,其目的就是要将创新人才培养的思路和探究学习的方式从基础教育延伸到高等教育,实现基础教育和高等教育培养体系的科学衔接。目前,除上海理工外,还有一些学校在积极进取行协同培养创新人才的探索。如江苏省天一中学大力推进"名人课堂"项目,让高校知名教授、知名企业CEO、社会各界精英走进天一课堂,让他们成为学生成长的精神导师,助推学生拓宽视野。该校还与南京大学、南京航空航天大学、康明斯公司等重点大学、重点企业联办"项目实验室",给学生创设"创新、创意"的实践平台,帮助学生发展兴趣特长;与中国科技大学、南京大学等高校学生社团加强合作,形成一批富有特色与影响力的学生社团,让学生在社团活动中发展领导、交际、合作能力等关键素质。上海市"普通高中学生创新素养培育实验项目"启动;南京市第一中学开设"崇文班",学生将由南开大学、南京大学、东南大学、南师大等院士级的一流科学家主导制订培养计划,一批优秀的大学教授、专家将参与到中学的教育教学中来,"班级导师制"成为"崇文班"的一大特色,这些都是当前我国一些中学在创新型人才培养上的积极探索。

上海理工附属学校的育人合作模式在上海产生深远的影响,相信在这种模式的示范带动下,我国的学校将更加依靠拥有雄厚的科学和教育资源的高校,突破传统的教育界限,获得小学、中学、大学联合培养的路径,构建创新教育的社会机制,大力培养建设创新型国家的后备人才,为我国的创新人才培养做出积极的贡献。

第七章 我国高校与中小学协同办学的策略

第二节 合理定位协同办学主体的职责

一、教育行政部门：宏观调控者

在西方发达国家，教育行政部门竭力承担起协同办学的相关性责任。在英国有"伙伴关系小组"，在美国有"联络小组""多方协调委员会"等多方行政机构调控协同办学，这些行政部门人员来源广泛，有高校与中小学教师、中小学校长和一些行政管理人员，他们在协同办学中的制度建设、管理、效果评价和反馈机制等方面进行细致分工又有合作。在对玉林市中小学教师的访谈中得知，当地教育行政部门（教育局）积极介入了高校与中小学协同办学建设之中，主要以宏观调控者的角色在政策支持、资金和人员投入等方面推动协同办学建设。当地教育行政部门还创造性地将本科生实习支教与中小学的置换培训和校际交流工作有机结合起来，有效解决了高校教学实践基地建设的问题，促使中小学积极利用"校际交流"和"置换培训"开展了提升教师业务水平的活动，很好地避免了高校与中小学由于自身发展目标的狭隘性、功利性带来协同办学的不确定性。教育行政部门可以通过目标协同、资源协同和机制协同等方式推进协同办学进行，具体如表7所示。

表7 影响大学与中小学合作的因素

中小学教师	・对合作目标的了解 ・对合作伙伴（大学教师及大学文化）的了解 ・参与的自驱性 ・参与的时间投入 ・参与合作的利益 ・固有的经验，如教学的信念、课堂教学实践，以及抗拒改革的取向等 ・清晰的角色扮演

	续表
大学教师	·了解合作的旨趣 ·对合作伙伴的了解 ·与个别教师发展良好关系 ·尊重教师的经验 ·提供专业支援和技术支援 ·初始阶段取得校长的信任 ·平等交流
学区及学校行政	·对自己机构的使命、远景等有清晰的认识，并为合作提供支持 ·提供足够资源

在我国，政府作为管理公共事务的唯一权威部门，它理所当然承担起协同办学的职责，政府拥有政策制定、资源分配的优势，只有政府才能成为协同办学倡导者和宏观调控者的可能。从上述实证调查中发现，我国教育行政部门多从形式倡导方面支持高校与中小学协同办学，但在一些资源投入机制、运作管理机制和评价机制上尚缺乏提供实质内容上的支持。如果教育行政部门不能有效介入高校与中小学协同办学中，协同办学将很难实现在广度、深度和空间等方面实现跨越式发展，协同办学管理机制将很难有突破性进展。首先，教育行政部门要充分认识高校与中小学协同办学的重要性，将协同办学纳入教育发展规划予以支持。其次，教育行政部门应提供足够的政策设计与制度供给。教育行政部门要为协同办学提供良好发展的政策制度环境支持。由于高校与中小学处于教育系统中的不同层级，他们具有相对独立性，而协同办学又促使双方有着不可分割的关系，因此，教育行政部门在制定协同办学政策时，要充分考虑双方的办学实际与优势所在，为高校与中小学优势的整合、转换、利用提供政策上的可行性支持。同时，教育行政部门要支持构建的协同办学机构，吸收专业人才，设立专业性机构。再次，教育行政部门要保障有充足的投入，在保障基本教育投入的基础上，政府作为教育投入的主体要给予高校与中小学以稳定的财政支持实现协同办学，以确保协同办学

第七章 我国高校与中小学协同办学的策略

的公益性。经济是一切发展的基础,协同办学只有取得教育行政部门充分的投入,才会有发展的根本物质保障,例如,我国香港的高校与中小学协同办学在这方面就有较好的做法,拨款50亿港元成立"优质教育基金"及"优质教育基金督导委员会",促进中小学进行各种提升教学效能及教育制度的计划,其中包括由高校与中小学协作的项目;教育统筹局获立法会财务委员会通过拨款5.5亿元,设立"教育发展基金",订立五个支持项目,以期在未来五年内向各学校提供校本专业支持服务,使学校提升专业效能,进行各项教育改革措施。最后,教育行政部门要积极探索出适宜的高校与中小学协同办学模式,只有教育行政部门才能有威力与效力去有效推广协同办学模式。例如,玉林师范学院与玉林市中小学协同办学就得到了广西壮族自治区教育厅和玉林市教育局的支持,从2004年开始,学校就与10个教育局以联盟形式,共建教师教育改革创新试验区和实验基地,与中小学构建的实践基地达到了121个。玉林市玉州区教育局与云南师范大学积极开展合作,于2004年在整个玉林市中小学就率先引用并实施了"EEPO有效教育","EEPO有效教育"是玉林推进高校与中小学协同办学成果的集中体现,为高校与中小学联合培养小学全科型免费师范生提供了理论指导与实践经验。

二、高校:专业引领者

高校在与中小学协同办学中要起专业引领角色主要的原因如下。首先,高校对于中小学教学课程改革具有强有力的塑造作用。目前,我国初等教育阶段正在努力推进课程改革,高校专家正走向中小学课堂教学改革中。例如,在玉林师范学院,教学的学科带头人常常利用假期集中为玉州区中小学定期开展寒暑假"院校培训",并且以玉州创新实验区为基地开展与中小学教师的"校本培训",使得玉林市中小学教师的教育理念和知识结构更新得以充分提升。与此同时,玉林师范学院课程中正加大实践课程的比重,与中小学的课程与教育有密切结合点。其次,高校对于中小学制度建设有示范作用。现代高校普遍重视科学研究、服务社会、服务地方、倡导开放型组织管理等,这类系统性制度建设会深刻影响着中小学。以科研为例，现代高校十分突出科研地位，高校课题建设中众多是中小学教学改革课题和校本课题，这就充分显示出高校对于中小学教育教学积极辐射与服务的作用，例如，玉林师范学院正在推行学术自由和教授治校，对于玉林市中小学探索新型校政关系、校本管理机制创新和谋求中小学教师的科研突破有较大影响，玉林市中小学以学校联盟形式与玉林师范学院开展了4次"玉林市中小学新型校政关系构建与模式创新论坛"。最后，高校内含着的品质对于中小学的影响。现代高校具有高校的理性、独立、自由、宽容、开放、民主、批判与创新精神等品质对中小学发展有着有益的启示。通过学习高校特有的文化风骨与内在精神气质，将对当前中小学产生塑造的动力维度与向度。高校在与中小学协同办学中的专业化角色要求高校做到以下几点。

高校的教育院系要积极参与教育问题的研究，承担起为教育服务的职能。高校尤其是地方院校要积极参与教育问题研究，这样对促进高校自身发展与地方社会发展都会帮助。而与中小学进行协同办学是高校服务教育事业的最佳实现方式。这就要求高校院系在基础研究和学科性研究同时，加强对教育实际问题的研究，充分发挥高校院系在教育问题研究的专业引导作用，为中小学教师教育和发展困境提供学科性研究和专业引导。

高校研究人员发挥着协同办学引领者角色。高校研究者对教育、教师、学校教育过程及教育改革的认识具体化、深化的过程，是专业人员在改革实践中形成认识实践、从实践中生成理论的能力以及与实践者互动的能力与水平提升的过程。高校研究人员由于理论优势在协同办学中长期处于专业引领者角色，他们要有效利用理论研究优势，为解决中小学教育发展困境、中小学教师专业发展和理论素养提高等提供实质性的帮助。当然，此种引导绝不是高校研究人员包办一切，也不是将中小学教师彻底沦为配角，而是帮助中小学教师提高专业技能，获得成长的乐趣，增强他们的研究意识和反思能力，进一步激发他们参与协同办学的积极性。

建立有效的高校教师介入制度。高校与中小学协同办学是一项全方位系统性的办学工程，除了高校研究人员、权威专家，还需要激发包括普通教师在内参与的积极性,为此,可根据中小学教育发展需要把教师资源进行分门别类管理,通过建立教师资源库来解决实际性的教育问题。首先,可组建起高校课程教师专家,高校课程教师专家可参与新课改的推广活动,加速他们对国家课程建设新政策的理解,又可以加快中小学教师对新课改应用速度与机会;其次,可组建高校学科教师专家,这些教师应当具备扎实学科的理论知识和实践运用能力,中小学可以聘任方式引入这类教师;最后,可组建起高校心理学教师专家,中小学教育教学面临着诸多中小学生存在不良心理的困境,中小学生作为未成年人不同程度地存在着自卑、自负、焦虑和学习动机不良等心理障碍,高校心理学教师专家的介入可从具体中小学教学实践中找出带有普遍性的纠正方法。

三、中小学:主要行动者

在传统合作办学中,中小学只充当辅助性角色,只作为高校实验、实训和研究基地,由于受制于理论研究和办学条件,在合作办学中未能起到应有的、主体意义上的作用,最终沦为"被合作者"的配角。在协同办学中,中小学可成为协同办学主要行动者角色,他们不仅充当起合理协调和有效组织双方分工办学角色,为协同办学提供实践平台,提供其他必要的物质支持,还可协同办学注入特有的组织文化气质,中小学既是协同办学中教学的实践场,又是协同办学中的研究场所。中小学应从过去配角转为主要行动者角色。

中小学校长——协同办学直接推动者。我国中小学实施校长负责制,中小学校长对学校发展具有根本性的决策权,相对高校而言,中小学校长更是学校的行政首长,具有突出的领导地位;校长是学校的当家人,具有管理地位;校长更是学校教师之师,具有教育地位;校长是学校的设计师,具有改革地位。事实上,中小学发展最终取决于校长决策与管理能力,中小学校长在学校金字塔结构居于核心地位,如图 3 所示。因此,高校与中小学协同办学取得中小学校长支持至关重要,中小学校长参与协同办学的意愿和态度将直接决定着其实现可能与发展质量。一方面,中小学校长可以广泛利用学校交流平台了解中小学参与协同办学的意愿,另一方面,中小学校长可以通过更为便捷方式制定激励机制来推进协同办学进行,与高校不同的是,离开了中小学校长支持,中小学教师与教育资源几乎很难进入协同办学系统中。

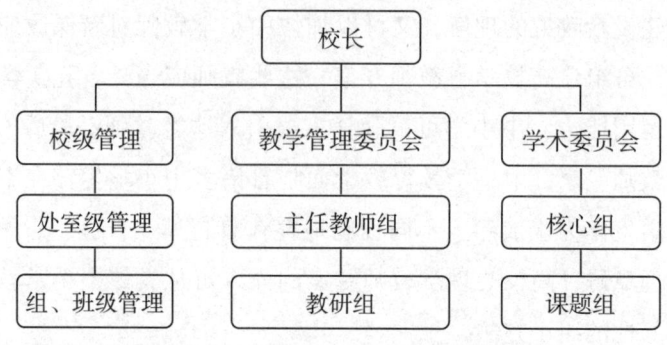

图 3　中小学校长管理结构框架图

中小学教师——协同办学的主体。中小学教师长期处于教学实践的第一线,他们有着丰富的教学实践素材,他们对教学的专业结构调整、课程内容改进和教学方法转变最具有发言权。中小学教师在协同办学中,可通过访问高校、观摩大学课堂教学,积累和交流教学经验,结合本校实际参与制定学校发展规划,推动学校教育教学改革。中小学教师除了做好具体教学工作外,还进行着大量的指导大学生实习活动,这本身就是协同办学的重要内容。从实证部分研究看,中小学教师参与协同办学的规模、意愿和影响等大大超过了高校教师,因此,中小学教师是协同办学的主体参与者。为了实现其主体角色,要求中小学教师具备下述三种能力:一是自我意识能力。中小学教师不应受制于高校教师的理论指导,中小学教师对于许多实践教学有直接的体会,应有一定的话语权,具有自我意识和判断能力。二是自我发展能力。中小学教师在协同办学中要利用好相关合作平台不断提升专业能力,他们可以利用联合培养、进修和专业教育等多样化方式不断学习,以此提升其专业化水平与能力。三是不断创新能力。协同办学本身就是一个不断创新的行为活动,中小学教师要改进墨守成规的思维方式和教学风格,突出实践问题导向,在实践教学和理论研究中不断总结和创新。中小学教师要不断加强理论学习,他们只有不断加强理论学习,才能领会协同办学的理念,了解理论作用,知

第七章 我国高校与中小学协同办学的策略

晓理论与实践关系,从而在协同办学中充分发挥其主动性;中小学教师要学会自我反思和学习,增强研究意识,以研究者角色不断审视和解决教学中的困境,不断丰富和改进教学,将日常教学与教学研究融为一体,塑造中小学教师的专业生活方式;中小学教师要进一步加强与高校教师合作与交流,多利用交流互动的机会,积极与高校教师进行思想、教学和科研等方面的交流。

第三节 加大协同办学的制度供给力

一、强化协同办学的顶层制度设计

交易费用理论认为,构建起良好的制度与法律体系可大大降低交易成本与费用,进而可规范与推进市场交易行为。对于高校与中小学协同办学也是如此,协同办学中存在着利益分配、责任承担、管理权限等众多问题,如果能得到明确厘清,就会减少各种纠纷与摩擦,增强彼此信任度,推进协同办学的顺利开展。我国协同办学开展的时间还比较短,与之相关性的制度体系不全面且较为分散,我国没有一项关于协同办学的专属性或有操作性政策,《教育部关于实施卓越教师培养计划的意见》等政策制度仅仅涉及高校与中小学协同办学的原则性问题,内容多为倡导性的,缺乏实践的可操作性,难以解决协同办学中实际存在着的利益分配、管理权限等困境。因此,需要通过国家层面制定出具有前瞻性、科学性与可操作的政策,并进一步完善相关性的配套制度,为我国高校与中小学协同办学开展提供良好的制度支持。与此同时,教育行政部门在中观和微观的制度设计也应能与顶层制度设计相匹配,具体包括:第一,项目管理制度设计,协同办学大多以项目的形式出现,项目管理将影响着协同办学成效,教育行政部门要加强对协同办学项目的动态监控,以资源投入与利用率、项目推广价值为管理指标,对协同办学项目实施相应的激励管理,实现对协同办学项目有效约束的目的;第二,组织管理制度设计,我国高校与中小学协同办学时间较短,单靠高校与中小学的内生系统将无法稀释和处理协同办学中深层次矛盾，教育行政部门有责任也有义务担当起协同办学的组织者和引导者角色，对协同办学进行领导与协调；第三，资源投入制度设计，协同办学作为教育公共产品，仍然具有资源投入大、周期长、不确定强的特征，社会和市场主体难以也不愿意进入协同办学领域中，教育行政部门要加大在资源投入方面的制度设计，拓宽协同办学的资源投入渠道，可通过财政担保和提供补贴等方式吸引市场、社会主体参与协同办学。

二、健全协同办学的激励评估制度

有效的激励与评估制度可为协同办学提供动力与保障。首先，教育行政部门要积极调整评估高校的指标，评估指标设置要有利于高校科研优势的发挥，有利于高校实现与中小学教学、与社会实践有机结合，充分发挥出高校服务社会的功能。高校教师要深入中小学教育教学的最前线，与中小学展开广泛的教育教学改革办学与适度的科研合作，促进中小学教师专业化发展和中小学教育事业的发展。中小学也应变革评价机制，构建起具有发展性的评价机制，将中小学教师在协同办学中从事的教学创新、课题研究和专业化培训等贡献列入评价体系，对其进行全方位的评价。其次，完善协同办学的激励机制，切实激发教师参与协同办学的积极性，由于高校与中小学教师要承担起协同办学中新角色和任务，他们负担将明显增加，因此，应对教师晋升和激励等制度进行改革。例如，玉林市玉州区就出台了《玉林市玉州区科研项目管理办法》，规定中小学教师的市级以上优秀科研成果就直接作为专业技术职务晋升和评奖评优的依据，将其赋予一定权重评价值，还给予一般课题3000元立项，重点课题给予6000元立项。玉林市玉州区教育局在实施"EEPO有效教育"中与云南师范大学、玉林师范学院推行了校际联动评估机制，两所高校组织专业性人员分别与协同办学的中小学共同进行教育监督和评价，重点评估协同办学中的校际联合教学质量、组织管理和资源利用率。玉林市玉州区的中小学与云南师范大学、玉林师范学院协同办学活动中，中小学在

第七章 我国高校与中小学协同办学的策略

教学水平提高、校园环境建设和校园文化构建等方面取得了较为满意性的评价。高校与中小学的校际联动评估机制，增强了师生参与协同办学的积极性，实现了高校与中小学互信和资源共享。最后，完善教师绩效考核机制。考核制度设计要以高校专业发展来带动教师的专业发展和凸显教师在一线教学，以及在协同办学中的实践成果为重点内容，实施差异性考核机制，这样能充分保障高校教师积极参与中小学协同办学。中小学教师考核也要重视与高校开展的协同办学项目，将指导学生实习作为考核重要内容。在社会层面上，必须改变"一刀切"的学校评价机制和评价标准。从学校层面上讲，有必要采取创新评价机制和激励机制来保护和激发教师积极参与协同教育事业。比如，目前有相当一部分老师由于较多地开展教育实践和大量承担实践教学而影响"有分量"，这些问题需要科学合理的评价与激励机制来加以调节处理，如教育科学的研究成果与实践成果一视同仁的对待，给予政策倾向等。

第四节 完善协同办学机制

一、改进协同办学过程机制

长期以来，高校与中小学分属于性质差异性较大的两类公共组织，在这样的两个组织体系构建起协同办学关系，难以实现性质完全趋同，转而需要对协同办学过程进行监控，形成相互配合完成协同办学的过程或能力。改进协同办学过程的内容可包括以下几个方面：

1. 建立平等决策机制

琳达·哈蒙德认为，要想使共同决策获得成功，就需要发展和提高各方的决策能力，这种决策能力包括达成一致意见并正确评估这种一致性的能力、在不同组织和文化间进行沟通的能力以及平息冲突的能力。无论是协同办学的战略性目标还是阶段性目标，应由高校与中小学共同而又平等地进行决策，这样才有利于实现决策与管理的民主化，使得协同办学能充分体现合作方的意愿和能力。这就要求协同办学要为参与主体提供平等协商和共同决策机会，包括协同办学的目标确定、资源分配、责任确定、课程选择和教学方法转变等，协同办学系统可定期举行由行政教育人员、高校与中小学教师和校长组成的研讨会，探索两大类组织的民主化对话形式，整合团队凝聚力，理性对待协同办学问题，从而推动协同办学更为深入和长久发展。玉林市玉州区教育局在实施"EEPO有效教育"中就与云南师范大学、玉林师范学院共建了平等决策机制，当协同办学存在问题时，三方就组成一个调研小组和讨论小组，小组由当地教育行政人员、两所高校和当地中小学教师组成，调研小组负责调查有关问题和拟定解决方案，讨论小组负责决策和评价，其中各方具有平等发言权和决策权。

2. 完善权益保障机制

协同办学不只是教师个体交流，也不单是高校专家对中小学教师的指导和一线教师对学生的说教，更不是简单的科学研究，而是高校、中小学各类资源要素进行整体性互动，这就要求必须有可靠的制度予以约束。在协同办学实践中，仅仅依靠道德或者责任力量是不够的，需要有严明的制度，这就要求签订协同办学的协议。协议是各主体行为的准则与规范，它具有制度化、规范化的导向作用。在签订协同办学协议时，要明确各自责任、权益，协议内容尤其是涉及人力、财力、信息等资源投入方面要有明确表述，这样才能实现各方互惠、互赢，避免出现因为一方违约而导致其他方利益受损的现象出现。

3. 搭建沟通交流机制

协同办学由于面临着复杂的内、外压力导致的各种关系紧张和矛盾，这种紧张关系和矛盾可能反映在高校内部、中小学内部、高校与中小学、学校与学区、社会之中。在高校内部，与中小学协同办学仅仅是边缘事情，它可能只会引发一些职称较低或著名专家关注，而不是全员性关注与参与，大部分教师在高校教育中已经形成思维定式和角色定位，要求他们全面积极与中小学协同办学是不现实的，也是被认为"没有面子"的事情，由于利益和地位等原因，无形之中会加剧协同办学中教师群体关系的紧张。从高校与中小学关系来看，他们在办学目标、管理制度、组织文化等方面存在着巨大差异，例如，中小学教师对职前教师的准备担忧，对高校指导教师糟糕的指导进行批判；职前教师会感觉指导教师思想僵化，且其教学方法陈旧；高校教师也会批评指导教师的教学和指导技能。协同办学中存在着事实中的诸多矛盾与问题，充分的协商与交流是明智之举和有效应对方式，这种交流应能深入解决实际问题，而不是徒有形式、华而不实。首先，可以召开教师共享会议进行交流，这样的会议一般是参与协同办学的初任教师和在职教师交流，也可以是协同办学中教师与学生的交流；其次，可以进行跨地域访问交流，这种交流方式主要是高校与中小学相互学习和互访，也可以通过专业发展学校网络的形式进行交流；再次，可通过研究报告形式进行交流，可成立调研小组对协同办学的成效进行调研，以问题为导向，以改进措施为目标，充分反映高校与中小学在协同办学中的作用；最后，开展常规性会议进行交流，常规性会议主要包括指导教师培训会、办学促进会议、教学年度会议或例会等，哈斯林指出：在协同办学中，每周举行专业发展会议，高校与中小学各抒己见，商讨对策，有利于彼此思想交流和增进了解与友谊。常规性会议要明确会议目标、精心组织、实施与评估，要有利于协同各方构建起牢固可信的关系。

4. 落实有效执行机制

高校与中小学协同办学过程中会有整体性目标、阶段目标和计划。无论何种目标，其关键在于落实程度和力度。首先，要有充分的人员保障和时间保障，高校要选派乐意而又有能力的教师或专家，他们要在协同办学中起到指导和培训作用，中小学教师在保障正常教学的情况下，尽量让他们少参与不必要的会议和行政管理任务，这样保障中小学教师有足够机会参与协同办学；其次，要在协同办学全过程中实施质量监控制度，可从课程选择、教学效果、阶段性考评和整体性评估等方面做出详细规定，保障协同办学过程的时效性；最后，管理稳定性和创新性，协同办学要注意管理稳定性，避免因突发性变动而造成的混乱，做到制度的传承。

二、改进协同办学执行机制

高校在人才培养、科学研究和服务社会、服务实践等方面承担着多重任务，在协同办学中，高校要立足于发挥人才、学科优势，积极承担起制定协同办学的章程，合理分配资源，协同各类冲突与矛盾等责任。中小学在协同办学中影响学生实践能力和教师执教素养塑造等方面发挥着难以替代作用。因此，创新我国高校与中小学协同办学的执行机制，要充分把握社会需求和学生成才规律，充分发挥高校与中小学的办学优势。

1. 协同办学的组织管理机制

为了实现对于高校与中小学办学的整体协同目标，就要纠正协同办学中长期存在着的条块分割、管理缺失等问题，必须建立和创新管理机制，突破制约协同办学的内外部机制障碍，构建新型的管理机制，实现服务式的管理。管理协同是基于管理客体的协同规律，凭借一定方式使得协同办学系统出现整体与系统化的管理方法，促使协同办学组织系统内部要素之间的协调。首先，协同办学可创新跨学科、跨专业的协同管理机制。高校学科专业方向与中小学不一样，高校有更为细化的大类学科、专业，为此，在高校与中小学协同办学中要构建统一的办学标准，对于跨学科、跨专业的教学与科研活动可实施矩阵式的组织管理模式。从纵向上看，对于学科和专业可实施耦合的组合方式，为实施跨学科、跨专业的教育和科研提供更为灵活的组织结构，从横向上看，实施扁平化管理，尽量减少繁文缛节和办事程序，实施服务化的柔性管理；其次，根据社会实践和学生职业能力发展需要，打造多样化的教育和科研平台，按照集中管理、分类指导的原则建立相对稳定的办学平台，这样有利于拓展协同办学的空间，强化理论研究，增加实践机会和积累实践经验；最后，要注重发挥第三方在协同办学中的作用，高校与中小学对协同办学过程实施统一管理，对多种利益进行整合，就要打造一个教育行政部门—高校、中小学—第三部门的创新模式，可以以此模式组建管理理事会，管理理事负责协同办学重大事项的决策，促进各方在保持各自身份同时，实现各方互动与融合，进行协同办学的持续创新流。当前，尤其要重视将家庭和社区纳入协同办学中。例如，美国马里州高校与中小学协同办学中，他们组建了协调委员会，该委员会包括：高等教育机构联络成员、学校校长、学校行政人员、学校改进小组主席，还包括实习生父母、教师（社会指导教师）和部分社区成员。协调委员会定期召开会议，监控 PDS 运行情况并适时调整目标，这种机构充分反映代表的多样性和管理思维民主性，成为 PDS 持续开展可靠的组织保障。

2. 协同办学的责任分担机制

推行协同办学的另一大障碍来自责任分担缺失，其原因主要在于，高校在协同办学中处于优势地位，大多数协同办学都是在高校倡导和领导下进行的，高校对协同办学过程中进行过多过细的干预，使得教育行政部门、高校、中小学的责任更加隐蔽，这就容易造成各方相互推诿和逃避责任，协同办学主体的权益得不到保障。考虑到我国协同办学的实际形势，构建起协同办学的责任分担机制尤为必要，这样可以平衡政府、高校和中小学之间权利和义务关系，弱化传统高校作为单一责任主体的地位，推动协同方以更为专业水准、更为积极和负责态度去发展协同办学事业。首先，明确行为主体的法定责任。要规范协同办学的法定责任，最主要措施是规范协同办学的合同，《合同法》第二条规定合同是平等主体的自然人、法人、其他组织之间设立、变更、终止民事权利义务关系的协议。依法成立的合同，对当事人具有法律约束力。当事人应当按照约定履行自己的义务，不得擅自变更或者解除合同。在签订合同时，要明确协同办学的内容、时间期限、费用构成、各方权利义务关系、合同解除、违约责任等条款，避免由于签订合同时随意性大、漏洞多和约束力不高导致协同办学开展的困难。其次，要落实协同办学的问责制度，我国协同办学存在着问责程序混乱、问责范围笼统、问责主体不明确、问责标准随意化等问题，这就要求在推进协同办学中，引导问责意识，不断拓展问责的信息源，加强问责的配套制度建设，探索高效的问责机制，可实施由教育行政部门、高校和中小学组合的异体问责机制。最后，可以制定协同办学的风险分担机制。由于协同办学涉及多类性质不同的组织，不同组织管理机制和工作机制大相径庭,使得协同办学存在着一定的不确定性,甚至蕴含着风险,这类风险包括经济风险、法律风险、社会名誉风险和安全风险等,如果风险无限扩张,会大大降低协同方参与的热情,造成损失也难以弥补,应尽量避免出现由于认知不到位、管理不善引发的办学风险。因此,为了保障各方利益,必要的责任保险和职业保险可引入协同办学中,用保险来规避由于不确定性带来的风险,抑制意外的风险发生。

3. 协同办学的利益分配机制

协同办学中的教育行政部门、高校、中小学拥有不同的办学资源。一方面,他们由于相互融合互补获取共同发展的资源,另一方面由于需求差异和能力差异会发生利益矛盾。在协同办学中,不同参与主体有着不同的价值观、目标与利益诉求,他们既有协同活动又有博弈行为,利益的合理分配兼顾"博弈局中人"各方的利益和意愿,完成"非零和博弈"均衡,有助于确定各培养主体的利益范围与责任边界,维护及巩固协同创新培养主体的合作关系。利益分配机制反映了协同办学方的利益关系,极大影响着协同办学成效实现的长期性与稳定性。首先,要制定出合理的利益分配标准,充分考虑各方意见,制订出合理的利益分配方案,此方案既要考虑协同办学的公益性与基础性,又要考虑协同办学中的创新性,以国家相关性制度为基准,以协议、合同和章程等为准则规范各利益相关者的行为活动,要能充分尊重各方的实际投入和贡献度,按照人才培养过程各个环节贡献的比例,采用各利益相关者能接受的方法或协商方式确立分配的原则,对各利益相关者的利益分配比例和方法做出清晰、明确的规定。其次,高校作为协同办学责任者,应充分发挥自身的人才优势、智力优势、资源优势和信息优势,在协同办学中体现自身价值,为其不断注入活力。高校要有开放心态和宽广胸怀,不与其他主体强争利益,根据协同办学的需要提供充足的教育资源、人力资源和文化等支持。同时,高校还应克服故步自封的意识,不断进行换位思考,站在中小学和教育事业的整体性发展角度去思考协同办学,在理论研究和教育教学创新的不同阶段促进主体的发展,强化与中小学沟通,帮助教师解决实际教学和科研问题。最后,中小学要成为协同办学的直接受益方。中小学为提高自身声誉与办学特色,迫切期待与高校互动和智慧共享。因此,中小学在责权利对等前提下虚心接受高校指导,完善与高校的资源共享,实现教育教学效益运行的最优化。基于此,高校与中小学都应是协同办学中的利益共同体,公平公正的利益分配才能激发中小学参与协同办学的积极性。因此,遵循激励相容、公平客观的原则,充分调动和保护而不是挫伤和打击参与成员方的积极性,客观、科学的利益分配制度对每个利益相关者积极参与创新活动都有重要意义。

三、改进协同办学保障机制

由于我国协同办学实践时间不长,可供借鉴的模式和经验不多,高校与中小学开展协同办学中众多问题成了教育研究与探索的难点。我们需要根据系统分析方法,依托现有组织与制度框架进行分析,实现协同办学各环节的紧密组合,实施不间断的质量控制,形成目标明确、职责分明、共享发展的质量管理系统,以上即协同办学保障机制的重要内容。

1. 资源投入机制

弗·冯·维塞尔的分配理论提出,多种要素共同作用才能生产产品,在这个过程中,每一种生产要素对过程做出了相对性的贡献,同时也理所当然地获得相应报酬。协同办学过程中,各协同主体要实现资源的合理配置与享受协同办学发展带来的成果,实现协同办学资源成本最少化,就必须基于各协同主体的利益诉求和意愿表达,科学合理地分配和配置资源。从理论与实践看,协同办学的资源投入涉及人力、物力、财力和其他无形资源,所有这些资源都应在法律框架运行,法律作为核心的制度框架在前面部分已有论述,如图4所示。

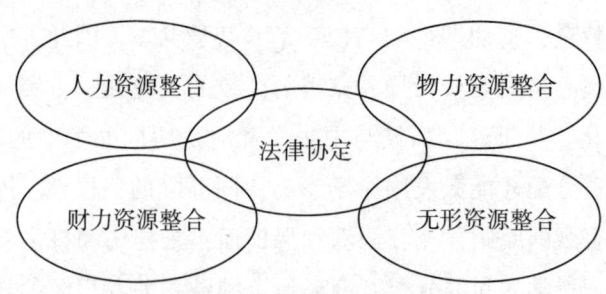

图 4　协同办学资源投入框架

人力资源投入整合。人力资源管理学家詹姆斯认为，如果缺乏必要的激励措施，个体潜能最大的激发程度为 20%～30%，如果有足够的激励机制，个体潜能最大的激发程度可高达 80%～90%，与协同办学相关性的领导、行政人员、教师和学生等主体都具有相当大的创新空间，只有根据协同办学系统的实际需要，发挥这些人员的积极性，才能实现各类主体的自我发展与协同发展。人力资源整合需要借助相应的激励机制，对于两类组织体系，高校与中小学需要在薪酬机制、奖励机制、培训机制、晋升机制等方面要进行改革。玉林师范学院出台了《关于加强与中小学办学的人事管理规定》，其中规定，与中小学进行教学、科研合作的教师，其教学课时按照 1∶1.3 比例计算，一年超过 3 个月参与中小学教学和科研活动的教师，除了正常工资之外，还额外发放每月 600 元的生活补贴。在岗位管理中，实施了高校系列与小学系列联动的岗位设置于岗位评估制度。

物力资源整合。物力资源主要由与协同办学中相关性的技术设备、基础设施，图书资料等构成。在基础设施和技术设备方面，要以具有丰富物力资源的高校为主要依托，实现与中小学相似资源的互补配置，这样可以改善中小学在基础投入的困境和降低管理费用，提高资源的综合利用率。在图书资料方面，图书资料在协同办学中成为高校与中小学沟通的重要载体，对于提高各自教学水平和科研能力有着重要作用。高校可以开放更多的图书资料给中小学，定期开展图书讲座和图书月活动，方便中小学师生借阅。玉林师范学院与玉州区中小学就实施了"图书资源共享工程"，凡玉州区中小学教师可凭借玉林师范学院图书系统免费利用电子信息资料，周

第七章 我国高校与中小学协同办学的策略

末期间,还为他们开设专门的阅览室,玉林师范学院图书馆中的中小学图书利用率达到89%。据统计,在发达国家中,美国公共图书馆藏书利用率为234%,英国公共图书馆藏书利用率达到了500%,而我国高校图书馆的利用率仅为30%左右。这个指标可充分说明玉林高校与中小学协同办学符合了社会期望,高校积极承担起了服务中小学教育教学、服务社会发展的责任。

财力资源整合。协同办学校合作办学需要更多的开支,高校尤其是中小学本来办学资金就紧张,很难有专门满足协同办学的经费需求。首先,政府要加大协同办学的资金投入,政府不仅需要强化其在协同办学中的使命,政府不仅是作为政策设计和倡导者,更要承担起资源投入的主体责任,毕竟协同办学本质上属于公共教育范畴。政府要加大协同办学的资金投入力度,划拨专款,可以按照参与协同办学的生均综合指标定额拨款、绩效拨款和奖助拨款。政府还应对与协同办学相关的协同课程教学平台、协同重点实验室、高校与中小学联合培养基地等给予优惠政策,完善专款投入体系,加大专项资金的投入力度,构建按照以投入方向为重点的绩效评价制度。其次,高校与中小学也要加大对协同办学的资金投入。高校要重视与中小学的协同办学,加大资金投入,建立健全项目管理和项目资助制度,依托自身优势的师资、信息、理论研究和文化传承等资源,可引入灵活的资金管理机制,聘请教学名师、培训机构中的教学人员和中小学教师等作为协同办学的指导教师,和他们在课程改革、教材分析、教学方法探索、教学推广与应用等方面进行探讨。最后,还引入多渠道资金的投入,在协同办学中,可将行业企业和社会贤达人士引进来,引导他们设置专题研究基金、奖助学金,为师生提供实习岗位和锻炼机会,构建起社会、行业参与协同办学的出资、捐赠的资金激励机制,弥补协同办学资金不足的问题。

无形资源整合。无形资源可包括信息、社会权威、组织文化等内容,有效整合这些无形资源,有利于发挥协同办学的整体合力。无形资源的整合需要高校与中小学强化合作机制,可以通过领导过问与指导、定期会议协商和网络平台协调等形式去实施,有效整合行政资源、知识资源、学术资源和信息资源,实现在协同办学中创新组织文化建设,增强协同各方的凝聚力与创造力。

2. 技术保障机制

高校与中小学协同办学是创新的教育发展新形态,是知识社会创新下的教育发展形态与经济社会发展形态共同演进的结构。"互联网+"反映在其他领域就是"互联网+各个传统行业",它是一种新型的社会形态,协同办学运用"互联网+",就可充分发挥互联网在教育资源配置中的优化与集成价值,实现教育整体的创造力与活力,形成更为广泛的以互联网为基础和实现手段的教育发展新形态。运用"互联网+"特性来分析协同办学实践有相当匹配的契合性:第一,跨界融合性,融合主要就是身份融合,有新伙伴参与和群体智能融合。协同办学既可以实现教育内部系统中高校、中小学、学区和教育行政部门的融合,又可以实现教育外部系统中家长、企业、第三部门和社会贤达人士的融合。第二,创新驱动性,"互联网+"的创新驱动主要是用互联网思维求变与革新,发挥创新创业的力量。协同办学正是经济社会和教育发展新形态创新的驱动所致,是有效整合教育资源,创新教育教学模式的结果。第三,重塑结构性,"互联网+"将会打破组织中原有的社会、经济、地缘和文化结构的差异,形成更加柔性和人性化的组织结构。协同办学将会组建高校与中小学、学校与教育行政部门、学校与社会参与的多层面组织,这显然不同于传统单一主体的办学结构,各种主体在权力、议事规则和话语权等方面会发生较大变化。第四,尊重人性,"互联网+"最大特征就是对人体验的敬畏、尊重人的创造性。协同办学将对高校、中小学教师的管理采取更多柔性化的激励方法和管理手段,既不断改进教学模式,贴近社会发展需要,又是对高校和中小学需求的回应与尊重。第五,开放生态性,"互联网+"将化解过去制约创新的环节,用创新打破信息孤岛。协同办学本身就是开放系统,会将各类组织发展中的制度、人力资源、财力、信息等不同要素重组,进而形成新的开放型办学系统。结合"互联网+"和协同办学特点,要大力推进旨在促进教师专业素养的重塑、高校与中小学科研与教学融合的微课建设。微课凭借着时间灵活、资源丰富和实践性强等特征,成为新时期在线教育的

第七章 我国高校与中小学协同办学的策略

"宠儿",对于协同办学而言,微课能推动教与学方式的转变,促成现代教育与技术的有机结合,微课应成为协同办学中具有较强实用价值的教学方法和学习资源。

首先,教师要树立现代思维。从教育心理学理论看,在混合学习、在线学习和传统面对面讲授三种教授方式中,混合学习方式效率是最好的,其次为在线学习方式,效率最低的方式为面对面讲授。教师要将微课教学贯穿于学习、教学与科研中,利用好微课教学,学生可以预先通过在线学习方式找出知识重点与难点,在课堂上进行与教师面对面的学习,实现教与学相长。玉林市玉州区在推广 EEPO 教育模式活动中,主要实现载体就是微课。玉州区对中小学教师进行 8 轮微课制作与教学培训,开展了 6 次微课比赛,来自云南师范大学、玉林师范学院的 47 人次担任过培训教师和专家。

其次,重视网络平台搭建。微课是以网络平台为实现基础的,网络平台可以通过微课 QQ 群、微信等方式实现。高校与中小学为了自身专业提升,为了更好共享隐性知识,他们可以通过网络平台借助群体经验和智慧力量去实现教学创新。在微课的网络信息平台建设中,教师如遇到问题可向同行求助,不管是高校教师,还是中学教师均可以共同帮其解决,同时,教师还可以自发组织成立志同道合型的互补学习伙伴关系。

再次,要加强微课信息库建设。建设多样化的微课信息库是提升教师专业化技能的重要途径,学习资源匮乏是困扰教师专业技能提升的重要原因,微课则较好有效解决上述问题。在微课信息库建设中要注意:保障微课网络平台的开放性和互动性,微课网络平台是向参与协同办学系统的所有群体开放,可自主发表评价,以此使得高质量的微课脱颖而出;要加强对微课的评选活动,微课具有很强实践性和开放性,要发挥高校学术团体和中小教学名师力量,引导建立一批有代表性的优质微课群。

最后,要利用好微课进行反思性教学。"教学反思、科研引领"是协同办学促进高校、中小学教师专业成长的重要途径,微课恰好为此提供新思路和视野。教师在日常的教学中会遇到一些小问题,倘若教师能够抓住这些有价值的小问题、小课题以及小策略,反思自己的教学并进行深度的微课研究是

"发现小问题—梳理问题—寻找策略—解决问题","研究—实践—反思—再研究—再实践—再反思"的循序渐进、螺旋上升的过程。

3. 文化浸润机制

高校与中小学组织文化的差异是制约协同办学的重要因素，这种差异反映出两种文化的碰撞与摩擦。高校文化重视理论研究、重视反思，强调理论与实践融合，中小学对经验与行动实践重视，关注具体教学情景。从教学与科研任务看，中小学有明确量化标准并开展实践行动，高校则关注数据推导下的建构理论。中小学看重专业实践的体验，高校注重理论价值与推广。高校认为，实习生遵从中小学指导教师传统的流行的教学模式，是一种失败。在高校与换、学合作伙伴的城堡体系中，高校教师一般被视为精神领袖，中小学教师则处于追随者的地位，因而感觉丧失了权利。要实现高校与中小学有效的协同办学，必须解决高校与中小学文化冲突的问题，在研究型文化与教学型文化、反思型文化与操作型文化寻找二者共存的平衡点，促进协同办学向纵深层次发展。

首先，高校培育创新型文化具有主导责任。高校自其诞生以来一直以人文教化和大众启蒙为其重要功能，人才培养的协同创新实践行为一般要通过具有"神"特征的创新文化来引领。高校在与社会的互动中形成彰显自己卓尔不群的精神气质，师生群体所具有的特定的价值观、情感和信仰构成了高校文化的核心。高校作为文化创新与传承的摇篮，它有着自身独特的文化价值取向和精神内核，高校要重视中小学的创新型文化总结与塑造，注重增进与之交流，产生文化互动，要对参与协同办学师生的价值观念、行为习惯和伦理道德进行理性引导，改变其陈旧思维与习惯。其次，要实现高校与中小学文化的耦合，从文化差异看，高校与中小学由于目标定位、利益诉求和管理模式上有一定差异，但是作为教育育人的组织，高校与中小学都应担当起培育人才和文化传承的使命，如果双方本着宽广胸怀和兼容并包的意识开展协同办学，就能消除彼此文化上的隔阂，在满足双方需求基础上创设出新的协同文化。为了实现协同办学的文化融合，高校要走出文化高深的象牙塔，俯身去了解中小学需求和文化形态，走进中小学课堂开展调查，与中小学协

第七章 我国高校与中小学协同办学的策略

商人才培养目标、课程选择、实践活动与学术研究。对于中小学而言，在教学模式选择、课程建设、建章立制等方面，要不断努力学习高校的平等、自由、民主、开放的精神与品质，学习高校独特创造力和思想生命力，实现高校与中小学文化的耦合。最后，营造良好的社会文化氛围，协同办学是联动型办学，整个社会要发挥着高校—中小学—政府—社会的文化联动机制，为其发展创造良好的文化氛围，增加社会对协同办学的认同感，对其发展前景充满信心。

第五节 实现大中小学课程建设的协同

课程是教育改革的核心议题，历史上重要的教育改革与创新都是以课程改革为先决条件的。20世纪80年代以来，以美国代表的西方发达国家进行的"优质教育"改革就是以课程为核心突破口，重点进行了调整培养目标、课程体系，制定课程评价标准，融合了学术性科目与基基础性科目的教学，其中学术性科目与基础性科目的教学就很好地实现了高校与中小学教育教学优势互补的协同办学。在西方国家，教育课程改革正在建立基础性与学术性、社会性相协调的课程体系，在高校课程体系中，注重课程与人文科学、社会科学的平衡，重视学术研究课程和艺术、体育课程的平衡，在高校与中小协同办学课程体系中，课程结构凸显出实用化（如校本课程开发）、多样化（如高校的必修课、选修课）、综合化（如跨学科课程）的优势。在我国，随着协同办学与教育专业化的发展，教师要努力成为研究型、专家型、行动研究型、反思实践型教师，实现课程建设、教师发展与学生获益的协调性发展，实现科学研究与教学实践的融合，是课程改革对于协同办学的必然要求。

高素质创新人才培养：三位一体协同育人研究

一、培养方案的协同

要实现高校与中小学课程的有效连接，课程设置上要反映出中小学与高校课程的连贯性。中小学课程是人生知识大厦的基础，未来学科教育元素都可从中小学教育中寻觅到依据。中小学培养方案，要在普及一般性知识基础上，也要培养有利于学生具有独立思维和学习能力。高校实施的是专门性教育，高等教育是人才培养的关键，其课程设置必须突出专业化。因此，高校培养方案既要满足中小学课程基础性的要求，又要突出课程专业性，强化课程的多学科融合，既要与中小学课程有内在衔接性，又要反映出现代教育发展规律和社会需求，培养出创新型人才。

培养方案要注重人文与科学的渗透，使得学生有自主选择课程的机会。培养方案除了有核心课程、必修课程外，还要有一定的选修课程，让学生根据自身学习行为、学习能力选择学习的课程。培训课程主要分为"影子教师"课程模块和"园本研修"课程模块，主要培训以高中课改为基础与补充，同时又通过广泛挖掘文化教育与科技教育资源，大力推行非物质文化课程和科技课程的教学，这样既提高了培训者的专业素养，又提高了中小学教师的教育管理、领导力与理论分析能力。

二、课程教学的协同

中小学与高校课程体系具有一脉相承的传承性，因此，可在我国高中教学阶段中实施高校课程先修制度，类似西方国家的高校预修课程。在美国高中教育中，推出了高校预修课程——AP课程。课程规定：每个高中生都可以自由选择AP课程，参加课程考试，课程考试成绩可以作为大学学习成绩的补充参照分。在推进我国高校与中小学协同办学中，也可以借鉴上述做法，将高校一些基础性课程放在高中阶段学习，使得一些有学习余力、有爱好和特长的学生能预先进入大学学习模式中，这些课程教学可以聘请

第七章 我国高校与中小学协同办学的策略

大学教师利用各类假期时间给中学生上课。学生修得的课程成绩可作为学习能力的部分，以此作为高考录取的依据，选修课学分可以档案形式转移到高校，其成绩可作为中学生进入高校免修对应课程的依据，这样可为年轻学生创设自由空间进行学习与思考，锻炼他们自主学习能力，为学生提供大量可供选择的课程，为培养创新型人才提供可借鉴的探索模式。高中与高校可实行订单式培养，这样可以突破培养方式各自为政的疆界。在我国高校招生部分实行自主招生形式下，订单式培养可成为高校与中小学协同办学中的重要探索模式。

三、课程内容的协同

课程是协同办学的重要载体，课程内容要根据办学对象、培养方案、培养目标进行设定，协同办学是教育系统内外资源不断整合的办学行为，因此，其课程设定不应是封闭单一的，而应是开放的，课程内容要突出实用的价值取向，又要有利于高校与中小学师生的个性化选择性。要构建起高校与中小学协同办学的应用型特色课程体系，应做到：突出实践的价值取向，课程构建要反映出对学生的尊重和对学习规律的遵循，关注高校与中小学教学中的鲜活实践，有利于教师与学生进行面对面的零距离交流，使得师生都能以主体心态参与教育教学实践中，教师与学生在实践中反思、在实践中学习与在实践中成长；构建鲜明特色的课程，协同办学的培养过程必须调整课程内容，以教师专业化为准则，实现理论与实践融合，彰显协同办学的特色。

《教育部关于加强师范生教育实践的意见》（2016）提出：将教育实践贯穿教师培养全过程，整体设计、分阶段安排教育实践的内容，精心组织体验与反思，促进理论与实践的深度融合。在师范生培养方案中设置足量的教育实践课程，以教育见习、实习和研习为主要模块，构建包括师德体验、教学实践、班级管理实践、教研实践等全方位的教育实践内容体系。为了使得协同办学课程能更加体现高校与中小学共同需求，玉林师范学院教育学院在与玉林市玉州区、北流市等中小学开展协同办学的实践中，创设出了核心课程、特色课程、专业拓展课程和实践课程等课程模块。核心课程在课程体系处于核心地位，它最能体现学生的基本知识结构、基本素质与能力构成，对其他专业有较好的引领价值。玉林师范学院教育学院的核心课程主要包括：①教师职业道德修养；②教育学原理；③中小学教学方法；④科研基本技巧；⑤青少年健康；⑥素质发展等。这些核心课程有利于高校教师与本科生了解一些基本教育素养与技能，更好地推进高校与中小学开展教学与科研合作。特色课程是协同办学下的优势体现，特色课程要能提升教师的专业技能与科研能力，又要能帮助学生认识所学课程的基本原则、目标、方法等，提高学生运用所学知识认识与解决实际问题的能力。玉林师范学院教育学院的特色课程主要包括：①教师基本技能实训；②课程与教材研读方法；③教学设计与资源运用；④中小学教学测量与评价等。专业拓展课程主要是为了拓展学生的核心职业竞争力和回应学生兴趣而设置具有知识深度与广度的课程。玉林师范学院教育学院的专业拓展课程主要包括：①学校教育管理学；②班主任工作管理；③学科学习理论与实务；④现代教育技术与开发等。实践课程是协同办学最为突出的课程设置，师生通过实践课程教学，使得教师在实践教学中获得专业发展和成长乐趣，学生在实践教学中提升实践适应力。玉林师范学院教育学院的实践课程主要包括：①微课制作；②微格教学；③教育实习与调研；④课程教学视频评析；⑤课堂实务管理；⑥教学反思等。

第六节　实现教师队伍建设的协同

培养具有理解协同办学目标与具有相对娴熟教学能力、科研能力的教师队伍是协同办学顺利实施的前提与保障。在我国协同办学中，已初步培养了一批具有良好职业道德、高超业务水平的新型教师队伍，但是，由于管理体制、机制等原因，师资力量还远远滞后协同办学形式发展，一些学校由于人员变动而使协同办学经常处于动荡之中。高校与中小学要根据协同办学目标，改变传统的教师培养模式，在管理方式、管理内容和管理幅度等进行调整，

第七章 我国高校与中小学协同办学的策略

以确保为协同办学提供更多的创新型高水平教师。

一、设计科学评价教师的指标体系

协同办学系统是一个具有一定结构层次与功能的系统，因此，教师胜任力下的评价指标也应有与协同办学系统相适应的评价层次指标。每个层次指标既要有质的规定，也要有量的指标，既要能全面反映出教师职业的胜任力和科研能力，又要能为学校制定出协同办学目标、办学模式和创新机制等提供理论支持。《教育部关于加强师范生教育实践的意见》（2016）指出：对进行教育实习的教师以指导教师评价为主，兼顾同伴评价、自我评价、学生评价和实践基地评价，综合运用课堂观察、学生访谈及教育实践档案分析等多样化的方式，全面客观评价师范生教育实践。玉林师范学院教育学院在对参与协同办学教师队伍的考核中就制定了出相对明确与规范的考核指标。考核指标分为职业胜任力与科研能力两大类指标，其中职业胜任力分职业道德、专业能力、教师情感和教师智慧等二级指标，科研能力包括学术素养与科研素养等二级指标。二级指标分为赋权重值的三级指标，其中职业道德分为职业伦理、责任意识、教育理想等三级指标，专业能力包括教学设计能力、资源运用能力、教学反思能力、教育创新能力等三级指标，教师情感分为职业认同感、性格态度和生活态度等三级指标，教师智慧包括教育理论修养水平、教育洞察水平和教育决策水平等三级指标。

二、确定参与协同办学的教师比例

保障协同办学有充足的师资力量，应从协同办学的管理特点、教学规律和学校实际需要出发，充分考虑参与协同办学的教师除了承担起理论课教学外，还承担着社会实践和教学等繁重工作。因此，教育行政部门包括高校与中小学应保障协同办学有一定的教师比例，可采取定岗与不定岗的双向结合办法，以此满足不同层次办学需求。玉林师范学院教育学院特别设置了一个

高素质创新人才培养：三位一体协同育人研究

教学秘书岗位作为进行协同办学的固定岗，还把学院办公室作为协同办学的总协调机构，同时，有学院领导班子、行政人员和部分教师共同参与的不定岗。按照专职与兼职的不同方式进行管理，这样有利于保持教师队伍参与协同办学的活力与积极性，又有提升协同办学实效的新途径。

三、加强对中青年师资队伍的建设

目前，在协同办学中，中青年教师构成其中的行动主体。中青年教师思维敏捷、综合业务能力强，尤其他们懂得现代信息技术，能够实现协同办学中的业务与技术有效地衔接。同时，中青年教师在协同办学中发挥着独特建构性作用，学生面对其年龄与差距不大的中青年教师，他们比较容易影响学生们的价值观、人生观和生活态度，中青年教师自然成为学生人生导师与良师益友；中青年教师是协同办学重要的人力资源，协同办学事业离不开中青年教师人才储备，他们有助于教学革新，他们大多受过良好高等教育，有着良好理论修养，对科研有着极大热情，又是未来科研的主体梯队；中青年教师又可以赋予协同办学清新的组织氛围，他们依托协同办学系统通过教学改革与管理创新，最大限度地发挥他们积极向上的正能量，为协同办学注入新鲜血液，赋予时代气息，这是协同办学的动力，又能使得协同办学形成健康向上的组织文化。玉林师范学院教育学院在培养中青年教师队伍中，采取了多项政策，形成了"院长负责、教学督导专管、骨干帮教"的帮扶体系，采取了"同步移植"和"四个一"等管理措施，"同步"即同年级同学科教学进度同步、考试同步，"移植"即教学设计、教案和教法的移植，"四个一"即每个学期，中青年教师要有一套满意教案、一次基本课展示、一堂汇报课和一个满意教学体会报告。

第七章　我国高校与中小学协同办学的策略

第七节　实现教学模式的协同

《国家中长期教育改革与发展规划纲要（2010—2020年）》主张进行启发式、探究式、参与式、讨论式等教学方法，要学生能够自主学习，同时在教学过程中要坚持知行合一、坚持教育教学和社会实践、生产劳动的结合。协同办学作为一种直接以理论与实践、科研与教学结合目标的办学模式，更应坚持上述原则与要求，创新协同办学的教学模式。

一、小组教学法

小组参与教学方法有利于打破传统思维与惯性理论的制约，学生通过小组研讨分享自我体会，弥补个体思维单一与知识视角的局限，通过集体提出问题、分析问题和解决问题等教学方式，提升学生个体与群体的认知能力和实践能力。玉林市在推行"EEPO有效教育"中就广泛采用了小组参与教学方法，其基本的教学流程为：学生自主学习（初步感知）—小组讨论学习（解决问题）—组内评价和组间交流（掌握知识）—教师评价（辅导作用），小组参与教学方法应用使得学生提升学习兴趣和实现"我要学"的学习主人，教师不再是传统自导自演的角色，他是导演，又是演员与观众。EEPO教育将小组合作操作模式细化，从小组构建目标、合作标准、关注边缘人物与成果展示等要素做出了细致规定，实现了互助性办学，教学效率得到优化。

二、案例教学法

案例教学法就是通过典型事例，将事例的运行状态全部展示在学生面前，学生运用所学理论去审视案例中的事件。案例教学有利于学生了解教育的原生态环境，通过实践体会来拓展学生视野，促使教学理论与实践的融合。"案

高素质创新人才培养：三位一体协同育人研究

例教学是建立在对教师自身实践的反思基础上，特别是借助于教育理论观念下的案例解读，积极积累而成的富有个性的教育实践的见解与创意。"案例教学基本要求包括：教师要确定典型性的案例，让学生预先进入所预设的教学场景，然后学生对案例进行分析，形成他们特有的感受，最后形成反思与总结。EEPO 教育在案例教学中，要求学生在事先设计好的个性化案例基础上参与，培养他们的积极主动探究精神，最后还要进行多次反思，调整修改方案，再做、再反复。在案例选取中要求能使学生有"两个值（想与做）"的体验，如，扶盲人过马路体验乐于助人的心理。

三、教学反思法

教学很难完全按照教师预定好的目标进行，如果教师缺乏必要感悟与反思，学生学到的知识也是虚无、缺乏生命力的。通过教学反思，可了解教育课程标准、领会基础教育的教学要求、熟悉教学的实施环节，全面、深入、客观地了解受教育者的年龄特征、认知特点和学习方式，才能学会不同教育主体间的沟通与合作，知道应当如何去组织、开发和利用课程资源、教学设计和实施教学活动，才能对自己的教学过程进行有效的反思和监控，对自己的教学水平进行修正与完善。在 EEPO 教育模式中，重点实施了经典性教学评价和项目性教学评价。经典性教学评价主要在知识性传授（个性发挥）、师生互动和生生互动情况等方面进行评价，项目性教学评价主要是对学生的看、讲、想、做、动、静等要素的交替情况进行评价。

四、互动教学法

互动式教学就是通过调节师生关系及其相互作用，形成和谐的师生互动、生生互动、学习个体与教学群体中介的互动，以产生教与学共振，达到提高教学效果的一种教学结构模式。玉林师范学院在 EEPO 教育影响下，大力推行了翻转式课堂教学和多师生互动教学方法。以多师互动教学方法为例，玉林师范学院教育学院的核心课程一般安排两位以上教师,教师共同完成教学大纲与教学计划修订,期中和期末上课时,参与上课的教师一起来教室进行集体上课,回答学生各种问题,实现师生互动,同时教师之间又可以互动,教师们观点可有差异,甚至可以展开学术辩论,多师互动质量评价主要依据学生填写的评价记录,将其作为上课质量重要依据。

五、讲授法

教师通过准确、到位、生动的语言向学生们传递知识、发展能力。教师既要注重讲授的科学性,又要注意趣味性,要与学生的认知基础相联系;要科学地组织教学内容,善于设问解疑,让学生积极主动地学习知识。在创新人才的培养中,尤其注意对学生的启发、引导,带动他们的学习热情、兴趣,提升他们的素养、自信心,以一种开放式、包容式的态度进行教学。

六、讨论法

学生在教师的引导下,以班级、小组,或几个同学为单位,围绕某一主题,探讨、发言、辩论、各抒己见。这样的方式可以最大限度地提高学生的积极性、主动性,激发他们的学习兴趣与热情,提高他们的表达能力与思考能力。创新人才需要发散思维、大胆想象,讨论式的教学方法可以刺激每个同学踊跃思考、勇敢表达自己的意见,而且经过同学相互之间的交流、探讨,可以更大程度地活跃思维、拓宽眼界。

七、练习法

学生在教师的指导下,通过练习来巩固、掌握知识。练习既可以是语言的练习,也可以是书面的练习,还可以是实际操作的练习。当前我国学生的实践能力低、操作水平不足是一个很严重的问题，创新人才的培养要重视这一问题。教师要引导学生将书本的理论知识化为亲身的实地行动，帮助他们在练习、实践中探索真理、反思规律，通过行动的方式查找不足、完善提高。

八、任务驱动法

教师给学生布置探究性的学习任务，学生查阅资料、寻找线索、归纳方法、发现答案。任务驱动法既可以以小组为单位，也可以以个人为单位。在创新人才的培养过程中，任务驱动法让学生以某一特定主题为目标，在实践中增强自己分析问题、解决问题的能力，获得探索研究、勇敢前行的精神。学生通过这样的机会，既可以活跃自己的思维、锻炼自己的水平，也可以培养信心，提高应对难题的综合素养。

九、参观教学法

参观教学法即教师组织学生进行实地的调查、研究、学习。学生通过参观、思考实地的情况，可以在切身感受中学习经验、掌握道理，并逐步学会如何将理论与实际相结合。对于创新人才培养而言，这种方式可以督促学生积极思考、帮助他们开阔眼界，并且巩固他们已学的知识、弄清学习中的疑虑；还可增强学生兴趣、丰富其知识储备，为未来的创新发展奠定基础。一般意义上讲，创新式的教学方法就是要将以教师为中心的方式，如讲授、演示、论证等，与以学生为中心的方法，如全班讨论、小组探讨、独立探索等很好地结合到一起。同时，多加运用实践的方法，如实验室学习、参观学习、任务式学生等。唯其如此，学生的创新能力才可得到更大程度的提高。

高等教育与中小学是我国教育系统中两个重要的子系统，实施二者相互推动、相互发展的协同办学，构建起科学的现代协同办学体系，是推进我国教育持续性发展的要求，是21世纪我国教育改革的重要任务。协同办学是理

第七章 我国高校与中小学协同办学的策略

论研究新热点又是富有实用价值的领域,在全面推进改革事业宏大的时代背景下,高校与中小学协同办学如何服务于高等和初等教育共同发展,如何适应新课改和素质教育全面发展,如何服务于社会、服务于现代化实践,这是教育决策者、管理者、理论研究界、实践界乃至全社会需要面对和定位的新问题。在此背景之下,以玉林市的高校与中小学协同办学为实证分析对象,对我国高校与中小学协同办学执行水平和执行情况进行系统性的阐述,分别从协同办学中的政策设计协同、主体协同、机制协同、艺术信息协同、组织文化协同和课程协同等几个层面进行了全面总结、问题审视和成因探析,最后,尝试为我国协同办学水平与质量提升构建出具有针对性和可行性的对策与建议。

通过对协同办学的检视,我国高校与中小学协同办学取得了长足发展。我国已初步有协同办学的顶层制度设计和基本制度安排,从而使得协同办学操作层面有制度性和原则性保障。同时,我国协同办学是在原有合作办学形式上发展而来的,其办学导向、目标、范围、时效性、平台要求和体制创新程度等方面实现了内涵式发展,教育创新的溢出效应十分明显。当然,在看到我国协同办学取得成绩的同时,应清醒看到我国协同办学存在的问题,解决问题的复杂性与困难性,需要找准原因,对症下药。

第一,现阶段,我国教育正在实现由知识本位教育向能力本位教育、同质化教育向个性化教育转型。目前,我国推进的教育供给侧改革中,实现高校与中小学协同办学在统筹教育办学力量,调节教育办学行为,实现教育与经济社会发展、文化昌盛相适应等方面作用前所未有,高校与中小学协同办学成为全面推进教育供给侧改革中的重要内容,协同教育成为现阶段教育发展的新常态。

第二,协同办学是以高校、中小学、教育行政部门等组织为核心要素,以企业、社区、家长包抵社会贤达人士等为辅助要素的多元主体互动与协同的办学模式创新。这种模式创新是一个优势互补、共存共荣的办学过程,也是责任缺失、权限不明和风险偶发的过程。其中,教育行政部门对于协同办学责任和监管等不作为现象事实存在着教育行政部门要承担起协同办学事业中政策设计、协调、监督和评估等的责任；高校承担着培养专门性高级人才、促进现代化建设和发展社会科学文化的重要任务，高校有优势的人力资源、理论研究、信息技术和社会影响等资本，它是协同办学发展的主要力量源泉，要继续充当起有限主体的责任者角色；中小学要改变过于依附高校的合作办学角色，中小学校长和教师要敢于担当，成为协同办学的主体与生力军。

第三，我国高校与中小学协同办学存在诸多显性与隐性问题。从显性层面看，协同办学仅仅是高校与中小学的"表层"合作，协同办学是在不平等和不协调环境中进行的，高校与中小学办学的藩篱尚未根本性打破，各办各学，千人一面，造成有限教育资源的浪费，人才培养均质化现象严重，协同办学层次不高、协同办学深度不够、协同办学动力不足；从隐性看，与我国有关协同办学的制度设计与制度安排有直接关系，协同办学的顶层制度设计指导性和操作性不强，中观制度与微观制度设计缺失或不完善，在此形势下，与协同办学的体制机制缺失、不健全，使得协同办学的动力机制、共享机制、责任机制和利益分配机制等存在着诸多先天性不足和实践运行困境。

第四，针对我国协同办学层次、水平和质量不高等问题，需要决策者与管理者对协同办学进行总体定位，对现行协同办学中的管理制度、运行机制进行改革创新和重新设计，对协同办学中的公共政策制定、利益整合、体制创新、组织文化塑造和课程协同等进行精准式的制度设计与机制定位。

第五，应该看到，协同办学是我国全面推进改革开放事业和正在进行的教育供给侧改革新形势下的办学新模式，其办学目标、办学内容、办学形式、办学时效性和体制创新程度与传统合作有着根本性区别，是一种内涵式的办学模式，但是协同办学并不是一种万能的办学模式，它并不足以解决高校教育与初等教育发展中的困境，在我国实践中，协同办学并不完全展开，许多问题亟待实践检验，并不意味着协同办学可以完全代替传统合作办学和联合办学、学校改进、大中小学教育联盟等形式，传统办学的合理内核仍然是协同办学发展不断汲取的动力源泉。

结　语

创新能力事关国家兴衰。当今世界，经济全球化深入发展，科技进步日新月异，由此而来的创新型人才资源争夺日趋激烈。从某种意义上说，创新型人才发展状况决定一个国家竞争力的大小强弱。所以，世界各国都竭尽全力开发创新型人才资源，积极为经济社会发展提供创新型人才保障。面对这种严峻竞争形势，破解"钱学森之问"已经成为中国特色社会主义实践所面临的最紧迫的课题。

创新型人才发展问题事关国家振兴和民族进步根本大计，涉及政治、经济、文化等多个领域，需要进行长期、系统、深入的研究。因此，希望通过粗浅研究，能对解决我国创新型人才发展问题有所益处；更为重要的是，能抛砖引玉，以求引起学界对创新型人才发展方面存在的突出问题和深层原因给予深入探讨，继续研究寻找创新型人才发展良策，为促进中国创新型人才发展提供理论支持。我们坚信，随着中国经济实力、综合国力及国际影响力的不断提升，创新型人才发展环境将不断优化，一个创新型人才大量涌现、大显身手的局面将会出现。

我国基本实现教育现代化、基本形成学习型社会、进入人力资源强国行列。《教育规划纲要》部署的教育改革发展任务不断推进，取得了多方面的明显成效，但许多深层问题还需要继续探索和实践。促进大中小学有机协同、更新人才培养观念和模式问题做一个初步分析。

一、大中小学有机协同是现代国民教育体系完善的重要体现

从一定意义上讲，现代国民教育体系是传统教育体系的推陈出新，内部

构成及外部因素发生了巨大变化。回溯五千多年来的中国文化发展，公元前1100年就有学校的雏形，长达千余年的封建社会官学私学体系日渐成熟，尤因科举制度的牵引，以乡学私塾为基石，形成纵向连贯的传统教育体系。19世纪末20世纪初，清政府及国民政府参考日美及欧洲一些国家学制，以改立、兴办大中小学堂及学校为主线，在外来资本主义和本土封建传统的综合作用下，建立了近代意义的学制。

新中国成立后，迅速完成了对旧中国教育制度的改造，向工农敞开教育之门。1951年政务院公布《关于改革学制的决定》，确立了各级各类学校面向学龄人口、劳动人民和工农干部服务的制度路径，在实施正规学校教育的同时，开展扫盲和工农干部文化补习教育，规定了专业技术教育和业余教育的地位。新中国的教育向各行各业输送了大批文化水平较高的劳动者和专业技术人才，彻底改变了国民教育水平落后的境况。改革开放以来，我国教育事业取得举世瞩目的成就，探索出一条中国特色社会主义教育发展道路，特别是进入21世纪以来，城乡免费义务教育全面普及，职业教育快速发展，高等教育进入大众化阶段，教育公平迈出重大步伐。当前，我国拥有世界最大规模的教育系统，形成了中国特色社会主义现代教育体系，不仅保障了人民群众的基本教育权利，而且为全面建设小康社会、加快社会主义现代化提供了有力支撑。

纵观全球200多个国家的大中小学在学规模结构，呈现金字塔形的往往是发展中国家，而呈现正梯形及柱形的约占1/3。从小学到大学，越往上越需要更多资源条件，大中小学规模结构反映的是一国公共财政水平和公民支付能力，其深层次原因还与该国农业经济、工业经济及知识经济结构有关，与城镇化水平也有一定关联。新中国成立之初教育基础薄弱，20世纪50年代大中小学结构呈倒T形分布；60—80年代历经艰难曲折后全面恢复，属于顶部较尖的金字塔形；90年代加快普及九年义务教育、发展高中阶段教育，呈现顶部变钝的金字塔形；21世纪第一个十年全面普及九年义务教育，高中阶段教育普及步伐不断加快，高等教育扩招导致规模稳步增长，故从2010年起呈现准梯形，这从一个侧面显示我国人力资源开发处于世界上发展中国家较好水平，实现了从人口大国向人力资源大国的历史性转变。

观察近现代大中小学的递进连接方式，往往是一个教育阶段终结与另外一个教育阶段开端的连接，这种连接既可是直接贯通，也可是竞争选择；既可是柔性的，也可是刚性的。当大中小学在学规模处于金字塔形时，教育供需之间关系紧张，教育机会越是供不应求，越倾向于刚性的、竞争选择的连接；当其结构转为正梯形乃至柱形结构时，教育供需关系趋于缓和，不同层级之间会出现柔性、直接贯通的连接。因此，当前我国大中小学规模结构呈现准梯形，不仅意味着不同学龄段人口依法入学和选择就学的机会同步增大，而且对现代国民教育体系完善提出新的更高要求，从而迫切需要在新的供需关系下来认识大中小学有机协同、更新人才培养观念和模式的问题。

二、大中小学有机协同、系统培养人才已经纳入国家政策范畴

我国的国民教育体系不断完善，是与改革开放和社会主义现代化的进程紧密联系在一起的。要形成比较完善的现代国民教育体系、形成全民学习、终身学习的学习型社会的目标；党的二十大报告为全面建设社会主义现代化国家、全面推进中华民族伟大复兴而团结奋斗新要求，强调届时"现代国民教育体系更加完善，终身教育体系基本形成，全民受教育程度和创新人才培养水平明显提高"，党中央的宏观决策，为完善现代国民教育体系厘清了方向，也为《教育规划纲要》新的部署定下了基调。

按照《教育规划纲要》对未来10年教育发展的战略部署，我国向世界范围公认的人力资源强国发起冲击，已具备体系结构及支撑能力等有利条件。然而，基于数量规模的结构形态跃上新的阶段，不过是现代国民教育体系趋于完善的一个特征，今后的关键在于，通过持续更新人才培养观念和模式完成质的飞跃。对此，《教育规划纲要》将"完善中国特色社会主义现代教育体系"作为指导思想的重要组成部分，从多个维度提出了具体要求，把坚持以

人为本、全面实施素质教育作为教育改革发展的战略主题,在部署人才培养体制改革时特别指出,"深化教育体制改革,关键是更新教育观念,核心是改革人才培养体制,目的是提高人才培养水平",深刻阐释了更新人才培养观念事关教育体制改革全局的重要意义,并对树立五个方面新观念提出了具体要求。

第一,"树立全面发展观念,努力造就全面发展的高素质人才"。这是素质教育的核心理念,最具教育的本质性特征,在所有新观念中起着引领全局的重要作用。第二,"树立人人成才观念,面向全体学生,促进学生成长成才"。这一理念比较接近国际社会倡导的全纳教育,在一定意义上也反映了现代教育的民主性和普惠性。第三,"树立多样化人才观念,尊重个人选择,鼓励个性发展,不拘一格培养人才"。这是全面发展与个性发展统一理念的折射,闪烁着传统因材施教思想的光芒。第四,"树立终身学习观念,为持续发展奠定基础"。这是当代社会公民生存发展的客观要求,也与学习型社会的建设密不可分。第五,"树立系统培养观念,推进小学、中学、大学有机协同,教学、科研、实践紧密结合,学校、家庭、社会密切配合,加强学校之间、校企之间、学校与科研机构之间合作以及中外合作等多种联合培养方式,形成体系开放、机制灵活、渠道互通、选择多样的人才培养体制"。上述一系列要求,与改革开放以来历次全国教育工作会议主文件尤其是第三次全教会关于素质教育决定的精神一脉相承,而且与时俱进,也是对所有新观念的整体概括。

《教育规划纲要》号召树立的五个新观念,相互之间关系非常密切,构成了有机整体。相比其他观念,最后的"系统培养观念"涉及面更广、内容更为丰富,所以《教育规划纲要》通过不同关系组合,做出多个角度的论述,这是在国家政策范畴内对大中小学有机衔接、系统培养人才做出的重点部署,集中体现了新世纪新阶段党和国家对更新人才培养观念和模式的总体要求,完全符合时代需求、教育规律和人民期待,对于准确把握大中小学有机协同、系统培养人才的政策要点,具有重要的导向作用。

三、落实大中小学有机协同、系统培养人才政策的若干要点

回顾《教育规划纲要》的调研过程，关于人才培养模式创新的研讨是比较热烈的。在义务教育趋于全面普及、高中阶段毛入学率超过 80%、普通高校年招生 600 多万人形成的"准梯形"格局中，教育质量问题空前凸显，尤其是"钱学森之问"更为社会各界及学校提供了辩论热点。总的来看，围绕系统培养人才观念的讨论尚多，但聚焦构建模式的政策设想偏少，教育和人才的体制机制方面还存在一些掣肘因素。按照《教育规划纲要》的要求，落实大中小学有机协同、系统培养人才政策的要点，近期主要可分为以下四个方面。

第一，课程改革整体设计应摆在更为重要的位置。人才培养模式的创新，重点是适应国家和社会发展需要，遵循教育规律和人才成长规律，深化教育教学改革，创新教育教学方法，而课程体系建设是教育教学的基础性环节。在大中小学课程体系建设中，需要深入研究、确定不同教育阶段学生必须掌握的核心内容，形成教学内容更新机制。以德育为例，最近，教育部在贯彻党的十七届六中全会关于全面加强学校德育体系建设的要求时提出，要通过整体规划科学设计，形成由浅入深、循环上升、有机统一的大中小学德育课程体系，把德育融合到学校教育教学各个环节。这一举措将使社会主义核心价值体系融入国民教育全过程收到更好实效，其他学科课程改革的整体设计，也应借鉴德育课程体系模式进行探索。为此，还需在政府主导下建立有利于大中小学课程体系内容有机协同的统筹协调机制。

第二，教师队伍建设具有举足轻重的重要作用。教师是推动教育事业发展的生力军，是更新人才培养模式的决定性因素。相对不同教育阶段学生流动而言，大中小学教师之间更易受长期职业分工影响而疏于交流合作。通常有利于大中小学教师建立制度性联系的就是教师教育体系，《教育规划纲要》强调要构建以师范院校为主体、综合大学参与、开放灵活的教师教育体系，要求在教师队伍建设规划中，通过研修培训、学术交流、项目资助等方式，

培养教育教学骨干、"双师型"教师、学术带头人和校长，造就一批教学名师和学科领军人才。这些政策举措，都可以从大中小学有机协同、系统培养人才的新要求出发，创造性地落到实处，而且可以与其他政策融会贯通。例如，旨在促进义务教育均衡发展，实行县（区）域内中小学教师、校长交流制度，是可以发挥师范院校教师积极性的；再如，教师要全心全意帮助学生全面发展，做学生健康成长的指导者和引路人，大中小学教师之间也有相互切磋交流教书育人经验的必要，共同提高专业发展水平。在此，也需积极发挥行业协会、专业学会等社会组织的作用。

第三，校际合作与协同创新具有很大的拓展空间。人才培养模式的创新，一贯呈现"自上而下""自下而上"不同流程。《教育规划纲要》充分吸收社会意见，针对人才培养体制改革，既提出涉及全局的宏观要求，又在地方和学校层面给足探索的空间，强调关注学生不同特点和个性差异，发展每一个学生的优势潜能，确认推进分层教学、走班制、学分制、导师制等教学管理制度改革的必要性，特别提出在建立学习困难学生帮助机制的同时，改进优异学生培养方式，在跳级、转学、转换专业及选修更高学段课程等方面给予支持和指导。目前，部分地区正在探索贯穿各级各类教育的创新人才培养途径，组织开展改革试点，包括有条件的高中与大学、科研院所合作开展创新人才培养研究和试验，建立创新人才培养基地。与此相关的校际合作，也开始从同一教育阶段拓展到不同教育阶段，而且不同层次学校在系统培养人才方面的合作与协同创新，从考试招生制度改革延伸到教育教学改革各个方面，乃至进展到联合办学的深度。同时，还应开展校企之间、学校与科研机构之间合作以及中外合作等多种联合培养方式的改革试验。对此，国家政策将予以必要支持。

第四，网络文化与教育信息化关系必须引起高度重视。信息技术对现代国民教育体系建设具有革命性影响，进入21世纪第二个十年，教育体系越来越感受到网络文化的冲击。网络文化形成的亚文化现象，与现代国民教育体系所负载的传承创新文化使命的关系变得非同寻常。从积极意义上看，网络文化改变人的交流交往模式，形成新的思维方式、美学观念、文化创造方式，主题内容虽是社会经济生活映像，但已纳入独特的话语空间。从消极影响看，儿童期上网可改变观察外界的思维方式，网络对少年期、青春期群体的影响，明显有图形依赖、抽象思维弱化和浅阅读等，对未成年人具有明显致瘾效应。面对错综复杂的形势，《教育规划纲要》要求，充分发挥现代信息技术作用，搭建教育资源公共服务平台，包括用好农村中小学现代远程教育工程政策，促进优质教学资源共享，近期国内大学推出优质公开课的做法十分值得肯定。涉及大中小学有机协同、系统培养人才，在网络文化深刻影响下，应当研究和适应青少年儿童和成年人不同群体的读书学习、交流交往等方式，本着积极兴利除弊、寓教于健康向上活动之中的原则，合理利用现代信息技术载体，不断增强现代国民教育体系促进全民终身学习的整体能力。

从长远看，我们必须让系统培养人才的观念和模式贯穿学校教育、家庭教育、社会教育各个方面，使系统培养过程由学校辐射家庭及社会。这样，才能将大中小学有机协同建筑在坚实的基础之上。实践表明，政策要取得实效，不仅在于决策前利益相关方的基本共识，而且在于政策执行中各方行动的一致性；政策取得实效后，若要形成长效机制，更需要各方从认识到行动的高度协调。

2021年3月，根据党的十九届五中全会精神制定，经第十三届全国人民代表大会第四次会议审查批准的《中华人民共和国国民经济和社会发展第十四个五年规划和2035年远景目标纲要》，将建成教育强国作为到2035年基本实现社会主义现代化的远景目标之一，明确提出了建设高质量教育体系的要求。而高质量教师队伍在高质量教育体系建设中的重要作用已成共识。大学、中小学与政府合作培养高质量教师队伍已成为教师教育人才培养的基本模式，其中大学与中小学合作则是该模式的关键环节。大学是中小学教师的供给方，这是双方合作的重要连接点，也是双方合作发展的基础。

首先，从世界范围内大学与中小学合作的发展起源和历程来看，大学与中小学合作最早可以追溯到19世纪末，以杜威的实验学校作为开端，其目标指向培养新教师、为在职教师提供进修和提高的机会、开展教育研究三方面。

20世纪初，哈佛大学校长组织召开大学与中小学联合会议是双方直接合作的开端。20世纪60年代，斯滕豪斯进一步明确大学与中小学在合作行动研究中的角色，提出"教师成为研究者"。20世纪80年代以来，英美等国家在讨论打破大学与中小学的隔绝关系时主张要改变大学与中小学各自独立的运作、发展模式，形成系统、多方参与的运作模式。直至1983年《国家处在危险之中：教育改革势在必行》报告发表，许多美国学者开始提议大学与中小学要建立互补互益的合作关系。此后，大学与中小学合作成为教师教育发展的趋势。20世纪90年代"U—S"合作（大学与中小学合作）的教育研究和发展模式得到广泛应用，随后许多学者致力于大学与中小学合作的研究。

其次，从大学与中小学合作的内涵和特征来看，大学与中小学合作的特征主要表现为：大学与中小学有共同的目标，有共同的兴趣，有平等的权利和义务。"U—S"合作不是短期利益的交换，也不是技术层面的交流，而是合作双方为实现共同发展进行的文化交往，是两种既有区别又有联系的文化之间的相互影响和相互促进。大学与中小学合作应体现基于平等的对话关系，而不是指导与服从的关系。从合作的主体、架构、过程、结果和性质解释，大学与中小学伙伴合作的基本内容：双方合作出自一定的背景和动机；合作需要一定载体或机制加以联结；合作是互动、生成的过程；合作追求互惠的结果；合作双方共守规则，共同承担责任。

再次，从合作开展的方式和目标来看，我国大学与中小学伙伴合作的基本方式从"U—S"（"高校地方政府中小学幼儿园"）协同育人模式发展到一所大学与多所中小学合作，形成"一对多"模式。根据不同的合作目标，大学与中小学合作可以分为：教师主导、学生主导、任务主导、机构主导等。从理论与实践两方面分析，大学与中小学合作形式可以概括为校本教研模式、课题研究模式和教师发展推进模式。从更加具体的人才培养目标的角度探讨"U—S"协同共创。中小学教师和高校教师普遍存在有经验缺乏理论或有理论欠缺经验的问题，并且从突破教学策略与教学行为转换"瓶颈"出发，构建"U—S"共同体，实现教学策略在理论和实践层面的"双向共创"。

最后，从大学与中小学合作的要素和路径来看，双方合作要诚心履约、平等协作，要恪守合作规则、共建合作平台、谋求合作互利、加强合作指导、统筹合作资源、共享合作成果。徐国梁提出：为教师发展提供"专业引领"和共享资源，帮助教师"脱贫致富"，组建"校际联盟"，帮助教研组"消除短板"，以"教学小课题"为抓手促进教学研究与专业发展的深度融合。尤其随着我国基础教育课程改革的不断深入，要采取更加多元化的策略促进校本课程发展中大学与中小学的合作关系。

在教育不断发展变革的今天，传统、封闭的教育模式难以适应教育改革与时代发展的要求。大学与中小学的深度合作作为教育实践的创新方式有助于实现大学与中小学的共同成长与发展。随着大学与中小学合作内容不断增加、合作范围不断扩大，地方教育行政部门在促进大学和中小学交流对接的过程中也进行着积极的探索。但从目前大学与中小学合作的途径、内容、深度、数量和效果来看，双方合作依然面临着诸多困境，难以实现可持续发展的共生共创。而大学与中小学要实现深度合作、协同共生、可持续发展，就需要注重融合型合作。融合型合作乃是双方合作的基调和发展方向。基于此，笔者通过探讨大学与中小学协同合作关系及其协同性特征，分析大学与中小学合作关系中协同性的缺失因素，探索构建大学与中小学的协同育人模式与策略。

培养高素质创新人才，关键是更新教育观念，核心是改革人才培养体制，目的是提高人才培养水平，方法是完善创新人才选拔体系。

（一）优化有利于创新人才培养的环境

第一，更新人才培养观念。一是要树立全面发展观念，造就德智体美全面发展的高素质人才。二是树立人人成才观念，每个学生都有想象力和创造力，教育要面向全体学生，促进学生成长成才。三是树立多样化人才观念，尊重个人选择，鼓励个性发展，不拘一格培养人才。四是树立终身学习观念，为创新人才的持续发展奠定基础。五是树立系统培养观念，推进小学、中学、大学有机衔接，教学、科研、实践紧密结合，学校、家庭、社会密切配合，加强学校之间、校企之间、学校与科研机构之间合作以及中外合作等多种联合培养方式，形成体系开放、机制灵活、渠道互通、选择多样的创新人才培养体制。

第二，树立科学用人观。创新驱动发展，创新人才以用为主：一是需要建立以岗位职责为基础，以品德、能力和业绩为导向的科学化、社会化人才评价发现机制；二是应强化人才选拔使用中对实践能力的考查，克服社会用人单纯追求高学历和人才高消费的倾向。

推进创新人才培养，教育观念创新是最大的问题，应宽容多样，允许失败，克服认识上的误区。目前对"教育公平"的误读产生了忌讳心理，不敢理直气壮地讨论培养创新人才，不敢大张旗鼓地提倡拔尖创新人才培养，仿佛一强调创新人才培养就违背了教育公平的原则，就同均衡教育对立起来。从一些地方政府的各种举措来看，将均衡曲解为平均，将公平简化为"一刀切"。其结果是以牺牲少数高智商学生为代价推进教育均衡，这就有些矫枉过正。让高智商的学生去重复做一些低层次的试题，浪费了大好光阴，错失了开发科学潜质的宝贵时光。目前，我们不缺潜在的创新人才，但缺少创新人才培养的土壤与机制。

（二）探索有利于创新人才成长的培养模式

适应建设创新型国家的需要，坚持育人为本，以特色发展为重点，以提高质量为核心，全面实施素质教育，推动教育内涵发展，探索高中阶段、高等学校创新人才培养模式。

创新人才的成长有两个不可或缺的因素：兴趣和需求。解决兴趣问题，就要从基础教育阶段开始全面实施素质教育。解决需求问题，一是学科专业结构要适应经济社会的需求；二是人才培养过程要加强实践环节。注重学思结合，倡导启发式、探究式、讨论式、参与式教学，培养学生的批判性思维能力、团队合作能力、心理抗压能力、逻辑推理能力、快速反应能力、沟通表达能力、倾听和收集信息能力，帮助学生学会学习。激发学生的好奇心，培养学生的兴趣爱好，营造独立思考、自由探索、勇于创新的良好环境。注重因材施教，关注学生不同特点和个性差异，发展每一个学生的优势潜能。推进分层教学、走班制、学分制、导师制等教学管理制度改革。改进优异学生培养方式，在跳级、转学、转换专业以及选修更高学段课程等方面给予支持和指导。健全公开、平等、竞争、择优的选拔方式，改进中学生升学推荐办法，创新研究生培养方法。由注重传承的教育转向注重创新的教育，由注重选拔的教育转向注重选择的教育，由注重文本的教育转向注重实践的教育，由注重灌输的教育转向注重启发的教育。

（三）开辟包容创新人才的绿色通道

通过对"诺贝尔奖"现象的分析发现，近年来诺贝尔奖得主很少有前几名的学业成绩。如2012年医学奖得主英国的约翰·戈登在中学时理科成绩全班垫底，曾被老师称为"笨得完全不应该学自然科学"。许多案例表明，人才的成长和成功与学历并没有非常明显的关系。很多杰出人才是在某方面有特长而不是全才，几十年前之所以华罗庚、钱伟长这些人能够入学，是因为录取他们的人敢于赏识他们，敢于选择有特长的人。

现在用总分评价的方法并不公平，而是为了操作简便。多年来，教育评价过分强调甄别和选拔功能，过于注重学业成绩，而忽视全面发展和学生个体差异，以传统的纸笔考试为主，过多地倚重量化的结果，基本上还是一考定终身。因此，评价应该从过分关注学业成就转向对综合素质质的考查上来。创新人才需要特殊的成长通道，如实行"一制三化"的模式，即导师制、小班化、个性化、国际化培养，让学生尽早进入科学研究过程，尽早参与重大项目。抓住科学研究和社会实践这个创新人才成长的关键环节，建立创新人才成长的动力机制。

（四）打通阻碍创新人才系统培养的学段壁垒

长期以来出现一个现象，即中学生严进严出，学习负担过重；大学生严进宽出，学习负担相对较轻。而这源于一种错误观点：中小学阶段的主要任务是学习知识，打好基础，创造力的培养是大学阶段、研究生阶段的任务。在培养方式上普遍存在着学生记的多，思的少；做题多，分析少；注重知识教学，忽视思维方法的训练；强调复杂、烦琐的计算能力的培养，忽视学生的个性、需要、兴趣、选择、判断等。

高中改革仅限高中系统，无论如何难免"应试教育"；大学改革仅限大学系统，无论如何难免生源大战。双方难以在培养创新人才方面达成共识和形成合力。

创新人才培养需要打破教育体系各阶段之间的分割。通过多模式合作的方式，将大学的创新人才培养理念和方式向中学延伸，将与中学的合作从简单的生源输送提升到与中学联合为国家培养创新人才。可以通过成立"全国拔尖创新人才培养研究与资源中心"，构建适合我国中学拔尖创新人才早期培养课程体系，并在教育部至各省市的教育厅（教委），设专人管理、规划这项事业的科学发展。在全国成立拔尖创新人才早期培养基地，积极探索并建立一个多样化、全方位、分层次、广辐型的中学生创新素养培养体系。创新人才培养提前的举措包括：以延伸教育创新理念为根本，构建多样化人才合作培养模式；以学生志趣为导向，打造全方位创新素养课程体系；以发挥各中学特色为主旨，开展分层次创新人才培养；以早期培养基地为依托，发挥广辐型创新人才培养引领作用。使大学和中学更好地衔接，将早期选拔变成早期联合培养。大学与高中在课程和教材方面要打通，学校之间要联合，国家应组织专门人员进行研究，建立网上平台，打破地域限制。

（五）加强创新人才培养的研究与实验

在创新人才培养的理论研究与实践探索上，我们较落后于发达国家，一些错误的教育文化观影响着孩子的发展，因此加强这方面的研究与实验非常重要。

完善创新人才选拔体系。学校如何科学选拔人才，一个是选拔标准问题，如果所有学校都用一把尺子来衡量，这把尺子又主要侧重知识而忽视能力，就谈不上科学选拔；另一个是选拔方式问题，如果学校不是根据自己的办学特色、定位和培养要求体现选才的主动性和针对性，也谈不上科学选拔。适宜于创新人才培养的科学选拔体系应该是学生高考成绩、高中学业成绩、中学生综合素质评价和高校自行测评等"多位一体"的综合评价体系。高校自主选拔，主要选拔具有学科特长和创新潜质的学生，凡是通过高考能实现考查目的的，就没有必要通过自主考核再去做，选拔的标准、方式、过程都要体现学科的特色，发挥专家学者的作用。各学校根据自身的实际情况大胆探索，也鼓励大胆引进国外学校的成熟做法。

创新人才早期培养，育人是基础，能力建设是核心，人格养成是根本。创新人才培养并非只依赖于开设某些课程，而是要体现一种精神的培养，并贯穿学校教育的各个环节；创新人才培养并非只是培养学生的某些能力，而是要培养一种品质，并体现在学校教育的方方面面；创新人才培养不能只是一种理性说教，而要增强一种感性的体验，通过不同层面的实践活动使之得以升华；创新人才培养并非仅仅面向学生，教师自身必须身体力行。

构建以因材施教为核心的个别化、个性化教学模式，建立规定性课程与选择性课程相结合的课程体系，实行均衡分班与按程度、分层次教学相结合的教学组织形式，采用逐级递进与跳级、跳科、导师制相结合的教学管理方法，实施考试成绩与特长认定（等级证书）相结合的考核制度，构建以研究性学习为主导的特长培养体系，组织学生参与跨国合作项目研究与学习，培养和造就一支富有创新性的教师队伍。

培养高素质创新人才，政府是主导，学校是基础，教师是关键，要加强顶层设计和系统规划研究，摆正冒尖与拔尖、个人和整体、公平与质量、精英与大众、学术与应用的关系，加强大中小学的协同创新，整体构建学生高考成绩、高中学业成绩、中学生综合素质评价和高校自行测评等"多位一体"的创新人才综合评价体系，加快培养各类创新人才，促进创新型国家建设。

参考文献

[1] 徐侠侠. 习近平关于创新人才重要论述研究［D］. 西安理工大学，2020：65-80.

[2] 田慧生. 新时代创新人才培养模式应高度关注的几个问题［J］. 中国教育学刊，2019（01）：43-45.

[3] 在中央人才工作会议上强调：深入实施新时代人才强国战略加快建设世界重要人才中心和创新高地［N］. 人民日报，2021-09-29.

[4] 中共中央文献研究室. 习近平关于科技创新论述摘编［M］. 北京：中央文献出版社，2016：35.

[5] 潘天波. 考工记. 与中华工匠精神的核心基因［J］. 民族艺术，2018（4）：47-53.

[6] 任静. 习近平关于创新人才的重要论述及其实践方式研究［D］. 西南大学，2022. DOI：10.27684/d.cnki.gxndx.2022.000310.

[7] 陈劲协. 协同创新［M］. 杭州：浙江大学出版社，2012.

[8] 李喜先. 国家创新战略［M］. 北京：科学出版社，2011.

[9] 王树国. 乘势而上协同创新推动世界一流大学建设［J］. 中国高等教育，2011（17）.

[10] 罗维东. 高水平行业特色型高校在协同创新体系中的定位思考［J］. 北京教育，2012（1）.

[11] 薛正斌. 大学与中小学合作文化的冲突与融合［J］. 现代中小学教育，2015，31（04）：14-17.

[12] 冯海英. 大学与中小学合作培养教师的问题及对策［J］. 学术论坛，2015，38（04）：135-139.

［13］刘雪莲. 教师流动视野下的大学与中小学合作［J］. 教育现代化，2015，5，81-84.

［14］崔少琳，吉标. 大中小学合作三十年研究与反思［J］. 教育参考，2017，3，27-33.

［15］曾红. 基础教育和高等教育协同培养创新型人才研究［D］. 河南大学，2013.

［16］唐彰新. 高校与中小学协同办学机制研究［D］. 华中师范大学，2016.

［17］徐向东. 大学附中培养创新人才的研究［D］. 华东师范大学，2016.

［18］邓秀华. 新时代工匠精神的时代价值及培育路径研究［J］. 湖北开放职业学院学报，2023，36（07）：49-50+61.

［19］陈梦云. 工匠精神的时代价值及培育路径研究［D］. 武汉理工大学，2020.

［20］吕标. 云南科技领军人才培育的探讨［D］. 昆明理工大学，2008.

［21］马香莲，邵怡雯. 大学与中小学融合型合作关系及其构建——基于共生哲学的视角［J］. 教师教育学报，2022，9（04）：10-18.

［22］刘彭芝，周建华，张建林. 整体构建大中小学创新人才培养新模式的研究与实践［J］. 教育研究，2013，34（01）：58-64.